박영선의
다시 보는 사사기

박영선의 다시 보는 사사기

2015년 9월 14일 초판 1쇄 발행
2025년 1월 14일 초판 4쇄 발행

지은이 박영선
기획 강선
편집 문선형, 정유진
디자인 잔
경영지원 함초아
펴낸이 최태준
펴낸곳 무근검
주소 서울특별시 송파구 올림픽로 4길 17 A동 301호
홈페이지 lampbooks.com
이메일 book@lamp.or.kr **전화** 02-420-3155
등록 2014. 2. 21 제2014-000020호
ISBN 979-11-952368-5-5(03230)

ⓒ 박영선 2015
이 책의 저작권은 저자와 무근검이 소유합니다.
신저작권법에 의하여 한국 내에서 보호받는 저작물이므로 무단 전재와 복제를 금합니다.

이 도서의 국립중앙도서관 출판시도서목록(CIP)은 서지정보유통지원시스템
홈페이지(http://seoji.nl.go.kr)와 국가자료공동목록시스템
(http://www.nl.go.kr/kolisnet)에서 이용하실 수 있습니다.
(CIP제어번호 : CIP2015022747)

무근검은 '하나님의 영광은 무겁고 오래된 칼과 같다'라는 뜻입니다.

박영선의
다시 보는 사사기

／ 박영선 지음 ／

이스라엘 자손이
또 여호와의 목전에 악을 행하매
(삿 4:1)

차례

서문 • 8

1 **기록** 사사기 _ 계속되는 역사　삿1:1-7 • 11

2 **인문학** 가나안 _ 삶의 조건　삿1:27-36 • 31

3 **컨텍스트** 보김 _ 반복되는 반역　삿2:1-10 • 55

4 **시험** 사사의 날들 _ 본문을 담아내는 시간　삿2:16-23 • 81

5 **사랑과자유** 이방 민족들 _ 타협하지 않겠다　삿3:1-6 • 105

6 **선택** 옷니엘 _ 배신을 수용하시다　삿3:7-11 • 123

7 **목적** 에훗 _ 하나님 웃으시다　삿3:16-25 • 147

8 **권력** 드보라 _ 이름 없는 자의 명예　삿4:4-10 • 171

9 **역사** 드보라의 노래 _ 경탄이자 비명　삿5:12-16 • 193

10 **정체성I** 기드온1 _ 억지로 끌려간 촌부　삿6:6-10 • 217

11 **정체성II** 기드온2 _ 에봇을 만들다　삿8:22-28 • 243

12 **현실** 아비멜렉 _ 모두가 처한 자리 삿9:7-15 • 265

13 **인생** 입다 _ 모순마저 품은 은혜 삿12:1-7 • 289

14 **일상** 삼손 1 _ 한심한 그리고 위대한 삿14:10-14 • 309

15 **신앙** 삼손 2 _ 보복을 넘어선 묶임 삿16:27-31 • 335

16 **정체성 Ⅲ** 미가 _ 타성과 안일을 깨트리시다 삿17:1-6 • 359

17 **전쟁** 기브아의 불량배들 _ 살육의 반복 삿20:1-10 • 385

18 **공의** 미스바 총회 _ 모순과 비극을 보라 삿21:1-7 • 407

에필로그 _ 하나님이 못 담을 자리는 없다 • 429

성구색인 • 451

서문

사사기는 이스라엘 역사의 비극적 시대를 증언합니다. 하나님을 외면할 때 어떤 삶이 펼쳐지는지, 그 역사적 진실을 말하고 있습니다. 인간은 하나님 없이 자유를 누릴 수 없습니다. 생명이 없이는 어떤 존재도 자라나거나 찬란할 수 없는 것처럼 말입니다. 이스라엘이 보여준 비극적 진실은 그들을 비난하거나 그들에게 분노한다고 해서 교정되거나 거부될 수 없습니다. 우리가 외면할 수 없는 인간의 진실이 여기에 있기 때문입니다. 하나님 없이는 진리도 없고 자유도 불가능하다는 것이 인류 역사와 우리 각자의 인생에서 반복하여 확인하는 사실입니다.

하나님을 섬기는 일은 어떤 규칙이나 명분 정도로 다 표현할 수 없는 것입니다. 순종은 인격의 헌신입니다. 하나님은 우리에게 자유를 주셔서 스스로 하나님께 나아오라고 하십니다. 그렇게 우리를 인격적 존재로 대하시려고 우리 인생을 구원하셔서 지금도 돌보시는 것입니다. 순종을 명한다는 것은 우리가 이미 하나님의 의지와 은혜의 대상임을 전제하고 있습니다. 우리가 누리는 모든 조건과 자격은 하나님의 권위와 성품에 의존하고 있습니다. 우리는 이런 터전 위에서 순종의 길로 초대받습니다.

성경이 가르치는 믿음, 소망, 사랑이 이와 같습니다. 우리를 사랑하셔서 온갖 복들과 함께 자유까지 주시는 하나님, 그분의 형상을 품고 진리 속에 자유를 향유할 수 있는 인간 사이에서 일어나는 복된 관계가 여기 있습니다. 사사기를 통해 우리에게 부여된 특권인 진리와 자유가 무엇을 전제로 하는 것인지, 그리고 그 특권을 어떻게 명예롭게 책임져야 하는지에 대해 지혜를 함께 나누려고 합니다.

2015년 8월
박영선

일러두기

- 이 설교집은 박영선 목사가 2014년 8월부터 2015년 1월까지 남포교회 주일 예배에서 설교한 '다시 보는 사사기'를 펴낸 책입니다.

- 이 설교집에서는 개역개정판 성경을 인용하였습니다.

- 성경을 인용할 때, 절의 전체를 인용할 경우에는 큰 따옴표(" ")로, 절의 일부를 인용할 경우에는 작은 따옴표(' ')로 표기하였습니다.

- 본문에 《　》로 표기된 것은 도서를, 〈　〉로 표기된 것은 작품을 가리킵니다.

Chapter 1

사사기_
계속되는 역사

1 여호수아가 죽은 후에 이스라엘 자손이 여호와께 여쭈어 이르되 우리 가운데 누가 먼저 올라가서 가나안 족속과 싸우리이까 **2** 여호와께서 이르시되 유다가 올라갈지니라 보라 내가 이 땅을 그의 손에 넘겨 주었노라 하시니라 **3** 유다가 그의 형제 시므온에게 이르되 내가 제비 뽑아 얻은 땅에 나와 함께 올라가서 가나안 족속과 싸우자 그리하면 나도 네가 제비 뽑아 얻은 땅에 함께 가리라 하니 이에 시므온이 그와 함께 가니라 **4** 유다가 올라가매 여호와께서 가나안 족속과 브리스 족속을 그들의 손에 넘겨 주시니 그들이 베섹에서 만 명을 죽이고 **5** 또 베섹에서 아도니 베섹을 만나 그와 싸워서 가나안 족속과 브리스 족속을 죽이니 **6** 아도니 베섹이 도망하는지라 그를 쫓아가서 잡아 그의 엄지손가락과 엄지발가락을 자르매 **7** 아도니 베섹이 이르되 옛적에 칠십 명의 왕들이 그들의 엄지손가락과 엄지발가락이 잘리고 내 상 아래에서 먹을 것을 줍더니 하나님이 내가 행한 대로 내게 갚으심이로다 하니라 무리가 그를 끌고 예루살렘에 이르렀더니 그가 거기서 죽었더라 (삿 1:1-7)

사사기는 역사서다

사사기는 역사서입니다. 앞에 있는 출애굽기나 여호수아와 마찬가지로 역사서이지요. 사실을 기록한 것입니다. 역사서는 교훈을 주려고 설득하거나 감상을 전달하는 데 목적이 있지 않습니다.

사사기를 읽으면 대부분 당혹스러워합니다. 이런 내용이 성경에 들어 있다는 것 자체가 불편하지요. 성경에 있는 책이라면 충성이나 결단, 그로 인한 신앙적 업적 같은 내용을 담고 있어야 할 것 같은데 사사기에는 그런 내용이 한 줄도 나오지 않습니다. 그래서 사사기를 읽을 때 우리는 대개 분노합니다. 이럴 수 있는가 하면서 말입니다.

하지만 사사기는 그런 당혹스러운 일이 정말 일어났다는 것을 말하고 싶어 합니다. 우리 마음에 드느냐 안 드느냐와 상관이 없습니다. 성경은 일어난 일에 대해 감정을 배제한 채 담담히 전달하고 있는데, 우리는 읽으면서 자꾸 화를 냅니다. 사사기에 입문하려면 이 대목을 잘 음미해야 합니다. 사사기는 어떻게 읽어야 할까요?

사사기 바로 앞 책은 여호수아입니다. 여호수아 24장에는 임종을 앞둔 여호수아가 남긴 유언이 기록되어 있습니다. 1절부터 봅시다.

여호수아가 이스라엘 모든 지파를 세겜에 모으고 이스라엘 장로들과 그들의 수령들과 재판장들과 관리들을 부르매 그들이 하나님 앞에 나와 선지라 여호수아가 모든 백성에게 이르되 이스라엘의 하나님 여호와께서 이같이 말씀하시기를 옛적에 너희의 조상들 곧 아브라함의 아버지, 나홀의 아버지 데라가 강 저쪽에 거주하여 다른 신들을 섬겼으나 내가 너희의 조상 아브라함을 강 저쪽에서 이끌어 내어 가나안 온 땅에 두루 행하게 하고 그의 씨를 번성하게 하려고 그에게 이삭을 주었으며 이삭에게는 야곱과 에서를 주었고 에서에게는 세일 산을 소유로 주었으나 야곱과 그의 자손들은 애굽으로 내려갔으므로 내가 모세와 아론을 보내었고 또 애굽에 재앙을 내렸나니 곧 내가 그들 가운데 행한 것과 같고 그 후에 너희를 인도하여 내었노라 내가 너희의 조상들을 애굽에서 인도하여 내어 바다에 이르게 한즉 애굽 사람들이 병거와 마병을 거느리고 너희의 조상들을 홍해까지 쫓아오므로 너희의 조상들이 나 여호와께 부르짖기로 내가 너희와 애굽 사람들 사이에 흑암을 두고 바다를 이끌어 그들을 덮었나니 내가 애굽에서 행한 일을 너희의 눈이 보았으며 또 너희가 많은 날을 광야에서 거주하였느니라 내가 또 너희를 인도하여 요단 저쪽에 거주하는 아모리 족속의 땅으로 들어가게 하매 그들이 너희와 싸우기로 내가 그들을 너희 손에 넘겨 주매 너희가 그 땅을 점령하였고 나는 그들을 너희 앞에서 멸절시켰으며 또한 모압 왕 십볼의 아들 발락이 일어나 이스라엘과 싸우더니 사람을 보내어 브올의 아들 발람을 불러다가 너희를 저주하게 하려 하였으나 내가 발람을 위해 듣기를 원하지 아니하였으므로 그가 오히려 너희를 축복하였고 나는 너희를 그의 손에서 건져내었으며 너희가 요단을 건너 여리고에 이른즉 여리고 주민들 곧 아모리 족속과 브리스 족속과 가나안 족속과 헷 족속과 기르가스 족속과 히위 족속과 여부스 족속이 너희와 싸우기로 내가 그들을 너희의 손에 넘겨 주었으며 내가 왕벌을 너희 앞에 보내어 그 아모리 족속의 두 왕을 너희 앞에서 쫓아내게 하였나니 너희의 칼이나 너희의 활로써 이같이 한 것이 아니며 내가 또 너희가 수고하지 아니한 땅과 너희가 건설하지 아니한 성읍들을 너희에게 주었더니 너희가 그 가운데에 거주하며 너희는 또 너희가 심지 아니한 포도원과 감람원의 열매를 먹는다 하셨느니라 (수 24:1-13)

여호수아는 지금 역사를 말하고 있습니다. 이스라엘의 역사를 되짚으며, 그 모든 것이 하나님의 일하심이었다고 말하고 있습니다. 하나님께서 사백 년의 노예살이를 깨뜨려 애굽에서 구원하시고 그렇게 꺼낸 백성에게 광야 길을 걷게 하셨습니다. 만나와 메추라기, 구름기둥과 불기둥으로 사십 년을 보호하시고 결국 약속의 땅에 들이셨습니다. 그 땅에 살고 있던 적들을 내쫓으시고, 이스라엘에게 그 땅을 기업으로 주셨습니다.

여호수아의 유언은 하나님의 일하심을 확인하고 되새기게 합니다. 이 본문에서 가장 중요한 단어는 '내가'입니다. 곧 하나님이지요. 아브라함을 불러내셔서 그에게 이삭을 주신 이는 하나님입니다. 이삭에게 야곱과 에서를 주시고, 에서에게 세일 산을 주신 이도 하나님이십니다. 4절의 주어는 '내가'가 아닌 '야곱과 그의 자손들'로 되어 있지만, 이들이 애굽에 내려간 일조차 하나님이 요셉을 앞서 보내어 계획하신 일이라는 것을 우리는 알고 있습니다. 5절부터 13절에는 이스라엘이 애굽에서 나온 일, 홍해를 건넌 일, 광야 생활을 거쳐 가나안 땅에 들어가 그 족속들을 몰아낸 일이 사람의 행사가 아니라 하나님이 궁극적 주체로서 역사役事하신 것임을 드러내고 있습니다.

역사의 주관자이신 하나님이 야곱의 후손들에게 일어난 모든 일을 행하셨다고 기술하는 것이지요. 하나님이 모세를 보내어 어떻게 야곱의 후손들을 꺼내셨던가, 어떻게 그들로 광야 길을 걷게 하셨으며 어떻게 가나안 땅의 적들을 몰아내셨던가, 어떻게 그들이 짓지 않은 집에 살고 심지 않은 것을 먹을 수 있게 하셨던가를 구체적으로 언급하고 있습니다. 역사를 되돌아보며 그런 하나님의 일하심을 발견하고 있습니다. 역사를 보아 하나님이 누구신지 분명히 알라는 것입니다.

이제 이런 역사가 사사 시대로 이어집니다. 사사기는 무엇을 말하게 될까요? 이 백성이 젖과 꿀이 흐르는 땅에 들어왔으되 내 말을 듣지 아니하였다, 그래서 내가 사방에서 적들을 일으켰다, 이 일로 나 하나님과 한 약속이 무엇인지 그들로 다시 확인하게 하였다, 그들의 인생이 어디로 가고 있는지, 그것이 얼마나 잘못된 길인지 계속 보여주려고 나는 이 백성과 씨름했다, 이것이 사사기가 담고 있는 내용입니다. 역사를 이끄시는 하나님은 지금껏 이스라엘을 그렇게 인도해오신 것처럼, 사사 시대의 불순종에도 불구하고 역사를 주관하시는 일을 중단하지 않았다고 사사기는 말하고 있습니다.

사사기에서 얻는 유익

사사기를 읽으면 우리는 대개 분노합니다. 이런 분노의 근저에는 종교성에 바탕을 둔 비난이 깔려 있습니다. 이 비난이 무엇인지 잘 들여다봅시다. 이해를 돕기 위해 말씀드리면, 이런 비난은 사춘기의 특징에서 유사한 예를 찾아볼 수 있습니다. 사춘기는 자아에 대해 눈을 뜨는 시기이지요. 우선 이 시기에는 자신이 타인과 어떻게 다른가를 발견합니다. 그리고 그렇게 자신을 타인과 구별하다 보면, 인간의 가치가 무엇인가 하는 질문에 닿게 됩니다. 이처럼 사춘기는 자기의식이나 자기가치에 대해 처음으로 눈뜨는 시기입니다.

이 시기에는 '진심과 순수함만 가지면 모든 것이 다 형통하리라'고 착각합니다. 환상, 사춘기적 환상이지요. 그러나 이 사춘기적 환상은 곧 환멸로 이어집니다. 현실이 내 맘 같지 않다는 것을 확인한 데서 오는 환멸이지요.

예수 잘 믿는 우리 부모님이, 교회만 가면 방긋방긋 웃으며 봉사하시는 우리 부모님이 이웃과 싸울 때는 극악무도한 사람으로 돌변하더라는 것을 보게 됩니다. 잠들기 전 자녀의 머리맡에서 기도하며 축복할 때는 온갖 은혜로운 단어들을 읊조리다가 이웃과 싸울 때면 성경에 있는 모든 저주를 퍼붓더라는 사실을 알게 됩니다. 이 상반된 두 경우를 이을 수 없어 환멸을 느끼게 되지요.

그래서 고등부나 대학부 때 열심히 교회에 나오는 녀석들은 수상한 놈들이라고 저는 생각합니다. 아직 환상에 젖어 있거나, 교회 아니면 갈 데가 없어 괜찮은 사람인 양 가장하고 있는 건 아닐까 싶습니다. 그 나이에 벌써 잘하면 좀 곤란합니다.

우리가 열심히 신앙 생활하는 때는 언제입니까? 뭘 잘 모를 때입니다. 체중이 늘고 키가 막 자라야 할 때는 하나님이 사정없이 응답하십니다. 먹으면 먹는 족족 살이 되고, 책을 보면 보는 족족 지식으로 남습니다. 도대체 남들은 왜 아픈지, 왜 공부를 못 하는지 도무지 이해가 안 갑니다. 그런 시절을 거쳐 드디어 그게 전부가 아님을 알게 되는 날이 옵니다. 이게 뭔가, 공부 잘하면 어디에 써먹나, 체격이 좋아지면 어디에 쓰나, 하는 회의가 찾아옵니다. 왜 이런 생각을 하게 되었을까요? 이전과는 달리 인생이 즐겁지도 만족스럽지도 않기 때문입니다. 삶의 어떤 문제에서 받은 답이 인생의 다른 과제에도 답이 되는 것은 아니라는 사실을 깨닫는 자리에 온 것입니다.

그래서 사사기를 읽게 되면 분노하는 것입니다. 무엇이 불안해서 분노하는 것일까요? 너희는 선민이잖아, 너희는 열 가지 재앙을 보았잖아, 하나님이 갈라주신 홍해를 너희는 걸어서 건넜잖아, 반석에서 물을 마셨잖아, 그런데 이 모든 기적을 누린 너희가 못하면 나는 도대체 어떡하라는 말이냐, 이런 비난이 숨어 있는 것입니다. 겁이 나는 것이지요. 이스라엘이 그 많은 복과 약속을 받고서도 그처럼 실패했다면, 나라고 별 수 있겠는가, 이렇게 큰 기적으로 불러내신 백성을 하나님이 실패하게 놓아두신다면, 그리고 이처럼 벌을 주신다면 나 같은 사람은 어찌 되겠는가, 하나님이 나를 버리실까 봐 겁이 나는 것입니다. 사사기처럼은 되지 말아야겠다고 생각하지만 막상 그렇게 살 실력은 없으니 겁이 나는 것입니다.

하지만 사사기를 읽으며 마음에 채워야 하는 것은 이스라엘에 대한 비난이 아닙니다. 사사기를 통해 우리는 인간의 한계와 죄의 무서움을 깨달아야 합니다. 그렇게 하여 더 깊은 신앙의 자리로 나아가야 하지요. 인간이란 정말 한심한 존재이구나, 죄는 정말 무서운 것이구나, 하나님이 개입하시지 않으면 인간이 겪을 참상은 이런 것이겠구나, 인간의 이런 한심한 모습과 죄의 비참함을 보더라도 자포자기하지 않아야 할 텐데, 하나님, 도와주십시오. 하나님께서 저를 이 자리에 보내셨으니 여기서 하나님의 사람으로 서 있을 수 있는 은혜를 주옵소서, 라는 마음을 가져야 합니다.

이런 깨달음을 가지게 되면 우리는 삶의 자리에서 도망치지 않고 감당할 수 있습니다. 온갖 정황에 맞서며 시도 때도 없이 밀려오는 도전에 응할 수 있습니다. '이번 일만 잘 풀리면 내 것 다 내려놓고 헌신하겠습니다'라며 마치 하나님께 보험을 들듯이 내놓는 고백의 수준을 넘어서게 될 것입니다. 일이 내 마음대로 풀리지 않을 때에도 '하나님, 정말 이러시깁니까' 하는 원망을 떨쳐내게 될 것입니다. 실패의 자리, 죽음의 자리에서도 하나님은 유익을 담으실 수 있다, 비록 지금은 넘어졌으나 다시 일어서겠습니다, 아무리 주의 목전에서 쫓겨났다 하더라도 다시 주의 전을 바라보겠습니다, 하며 고백하는 자리에 서게 될 것입니다.

현실을 드러내는 성경

사사기는 변명하거나 회개하지 않습니다. 사사기는 죄의 무서움을 사실로서 냉정하게 기록하고 있을 뿐입니다. 감상이 배제된 기록입니다. 이스라엘이 어떻게 이럴 수 있었을까 하는 경악에 매여 있지 않습니다. 하나님은 왜 이런 짓을 하게 놔두셨을까 하는 비탄, 그렇다면 우리 같은 사람들은 어떻게 될까와 같은 두려움이나 절망에도 매여 있지 않습니다. 하나님의 일하심의 크기와 엄위하신 하나님의 인도에 대해 묵묵히 써내려갈 뿐입니다. 설명이나 해설을 붙이지 않고 담담하게 써내려가고 있는 것입니다. 이 하나님을 아시겠습니까?

니콜라스 월터스토프 Nicholas Wolterstorff, 1932~ 라는 철학자가 있습니다. 그리스도인이면서 저명한 현대 철학자인데, 성경에 대해 이런 유명한 말을 남겼습니다. "성경은 허위를 벗겨내는 폭로자다." 그렇습니다. 인간이 무엇인지, 죄가 무엇인지, 현실이 무엇인지, 세상이 무엇인지, 성경보다 더 정확하게 말해주는 것은 없습니다.

성경의 증언을 우리는 외면할 수 없습니다. 하나님은 우리로 그저 웃으며 대강 살게 하시지 않습니다. "하나님, 이쯤해서 타협하시죠?"라고 말하게 놓아두시지 않습니다. 성경을 통해 하나님은 우리를 벌거벗기시고 속속들이 해부하십니다. 왜 그러실까요? 하나님은 우리와 타협하지 않겠다고 마음먹으셨기 때문입니다. 하나님이 인간을 향해 품으신 목적을 이루는 일에 타협이란 있을 수 없습니다. 이는 단순히 옳고 그름을 판정하여 끝낼 수 있는 문제가 아닙니다. 신앙의 내용과 목적을 깨달아 항복하는 자리에 이르도록 하나님은 우리를 밀어붙이실 것입니다.

그래서 사사기 읽기가 어려운 것입니다. 우리가 익히 잘 알고 있는 인간의 한계, 비겁, 변덕, 배신, 음모, 더러움, 악의가 역사로서, 사실로서 우리 눈앞에 나열되어 있기 때문입니다. 그것도 반복해서 말입니다. 하나님, 이 부끄러운 일을 꺼내서 대체 무엇을 하시렵니까, 하는 질문이 사사기를 읽을 때 터져 나오지 않을 수 없습니다. 그러니 이스라엘을 비난하여 마치 자기는 그들보다는 괜찮은 사람인 듯 스스로를 기만해서는 안 됩니다. 통곡하고 회개하는 것으로 면제받으려고 해서도 안 됩니다.

회개하면 다 되는 것이 아닙니다. 낱낱이 회개했다고 넘어갈 수 있는 자리가 아닙니다. 우리 존재를 다 동원하여 살아내야 넘을 수 있는 문제입니다. 아무리 미주알고주알 기도로 아뢰고 눈물로 회개한다고 해도 살아내는 일 없이 단지 말뿐이라면, 우리 삶은 사사기와 다를 바 없습니다. 그렇게 말로, 눈물로 넘어갈 수 없습니다. 사사기 2장에서 우는 장면이 나옵니다. 그래서 그곳의 지명이 '보김'입니다. '우는 자들'이라는 뜻이지요. 그러나 그들이 한 것이라곤 그저 우는 게 전부였습니다.

하나님은 대강 넘어가주시지 않습니다. 그러니 하나님을 속이려고 해서도 안되며 또한 속일 수도 없습니다. 인생을 최면 속에서 걸으려고 하지 마십시오. 하나님은 그 너머 경지까지 가겠다고 하십니다. 거기까지 좇아가십시오. 그러면 세상이 주는 것과 비교할 수 없는 참된 것을 경험하게 될 것입니다.

자꾸 우리는 사사기에 나오는 이스라엘 백성들을 비난하여 우리 인생을 떠넘기려고 합니다. 이런 일은 우리 일상에서도 흔히 찾아볼 수 있지요. 아침에 신문을 펼칠 때마다, 저녁 뉴스를 시청할 때마다 누군가를 욕하여 자기 짐을 떠넘깁니다. 잘못한 누구에게, 비난 받아도 싼 누구에게 자기 책임을 떠다미는 것이지요. 하나님은 이런 우리에게 다른 사람을 비난하지 말고 네 자신의 인생을 살아내라, 예수 믿는다는 고백을 가지고 있다면, 세상이 만들어낼 수 없는 무엇을 알고 있다면, 세상을 살아내보라고 말씀하십니다. 다른 사람이 저지른 잘못으로 네가 억울할 수 있다, 그릇된 세상의 방법과 내용 때문에 세상 살이가 불편할 수 있다, 그러나 세상이 추구하는 행복과 안락함이 진정한 내용일 수 없다는 것을 네가 알고 있지 않느냐, 그러니 이 현실의 도전에 부딪쳐볼 수 있지 않느냐, 네 하루를 진지하게 살아낼 수 있지 않느냐, 라고 하나님이 우리에게 물으십니다. 이 만만치 않은 물음을 붙들고 싸우는 현장이 우리의 현실입니다.

선택과 자유

신자로 사는 길은 한 가지 방식만 있는 것이 아닙니다. 사람마다 길이 다 다릅니다. 믿는 가정에서 자라나 성경을 좔좔 외우고, 성경 퀴즈대회에 나가기만 하면 매번 우승하고, 중·고등부 회장 하면서 모범생으로 자라는 것만이 신자로 사는 유일한 방도는 아닙니다. 사춘기 때 교회를 떠나 담배 피우고 술 먹고 나가 놀았다고 해서 신자로 살 기회가 박탈되지도 않습니다. 주께서 부르시면 다 돌아옵니다. 그 모든 날이 헛되지 않습니다. 그 헛되고 잘못 살아온 삶 속에 은혜를 담으셔서, 그냥 바르게만 자라 왔다면 결코 만들어질 수 없는 무엇을 하나님이 만들어내십니다. 나무의 나이테에 무성한 여름만이 아니라 혹독한 겨울도 들어 있듯이 말이지요. 물론, 이 말은 잘못해도 되니 아무렇게나 살아도 된다는 이야기가 아닙니다. 잘못한 것으로 끝나지 않게 하실 것이다, 그러니 하나님의 넉넉하심을 믿고 담대히 살아라, 그것이 성경 전체가 하는 증언입니다. 그 대표적 증언이 사사기입니다.

그러니 자책이나 연민이나 변명에 붙잡혀 있느라 실제 삶을 살아내는 일에 실패하지 마십시오. 잘하느냐 못하느냐는 그다음 이야기입니다. 잘했는지 못했는지는 지금 판단할 수 있는 것이 아닙니다. 먼저 실제 살아보아야 합니다. 하나님이 우리의 인생에, 우리의 부족한 결정에 함께하십니다. 사사기의 바탕에 놓인 분명한 전제는 하나님은 우리의 결정을 존중하신다, 물론 이 존중은 망가져도 괜찮다는 포기가 아니다, 하나님은 우리의 불완전한 결정 속에서도 일하신다, 하는 것입니다. 이것이 사사기의 가르침이자 성경의 가르침입니다. 우리는 이것을 요셉의 인생에서도 발견합니다. 시편 105편입니다.

> 그가 또 그 땅에 기근이 들게 하사 그들이 의지하고 있는 양식을 다 끊으셨도다 그가 한 사람을 앞서 보내셨음이여 요셉이 종으로 팔렸도다 그의 발은 차꼬를 차고 그의 몸은 쇠사슬에 매였으니 곧 여호와의 말씀이 응할 때까지라 그의 말씀이 그를 단련하였도다 왕이 사람을 보내어 그를 석방함이여 뭇 백성의 통치자가 그를 자유롭게 하였도다 그를 그의 집의 주관자로 삼아 그의 모든 소유를 관리하게 하고 그의 뜻대로 모든 신하를 다스리며 그의 지혜로 장로들을 교훈하게 하였도다 (시 105:16-22)

본문은 요셉의 생애를 간략히 설명하고 있습니다. 기가 막힌 증언입니다. 형들은 요셉을 미워하여 죽이려 듭니다. 그때 형들 중 하나가 이렇게 말하죠. 굳이 죽여 뭘 하겠는가, 그냥 팔아버리자. 그렇게 해서 요셉은 이제 애굽으로 팔려갑니다. 형들은 왜 요셉을 미워했을까요? 아버지가 요셉만 유독 사랑했기 때문입니다.

아버지의 사랑을 독차지한 죄 아닌 죄로 팔려간 것이지요. 아버지가 왜 사랑했는지 요셉은 모릅니다. 요셉이 하는 짓이 예뻤겠지요. 형들은 그게 못마땅했을 것입니다.

어쨌든 요셉은 애굽에 팔려갔습니다. 가서 그는 성실히 살았고 시험을 받았으나 이깁니다. 그런데 시험에 이기자 이번에는 억울한 옥살이가 기다리고 있습니다. 어떻게 일이 이렇게 꼬일 수 있을까요? 요셉은 자기가 한 행동에 대한 정반대의 결과를 얻습니다. 그가 갇힌 옥은 보통 감옥이 아닙니다. 중죄인만을 가두어 족쇄를 채우고 쇠사슬로 묶는 그런 감옥입니다. 거기에 얼마나 갇혀 있었는지 모릅니다. 아마 오래 있었을 것입니다. 성경은 그가 감옥에서 넋이 빠졌다고 기록하고 있습니다.

요셉에게는 선택권이 없었습니다. 누가 그를 놓아주지요? 바로가 놓아줍니다. 그리고 이 바로가 요셉을 총리로 앉힙니다. 그래서 누가 구원을 얻습니까? 세상의 모든 백성이 구원을 얻습니다. 요셉의 제안으로 비축해둔 곡식이 기근으로 굶주린 많은 백성을 살려내는 양식이 되지요. 그래서 요셉은 어떤 존재가 됩니까? 바로의 집의 주관자가 되고 장로들을 교훈하는 자가 됩니다. 요셉은 인생에서 자기 뜻대로 해볼 수 있는 것이 아무것도 없었습니다. 그는 막막했을 것입니다. 그러나 나중에 자기 형들을 만나고 나서 깨닫습니다. 자기 인생이 하나님의 손길에 붙잡혀 있었다는 사실을 말입니다. 요셉은 형들의 질투에서 비롯한 불완전한 결정으로 고난과 역경에 휘둘린 삶을 살 수밖에 없었지만, 하나님은 요셉의 삶을 통해 많은 사람을 구원해내셨습니다. 인간은 언제나 불완전한 결정을 내리지만, 하나님은 이 불완전한 결정에도 불구하고 역사를 선하게 이끌어오신 것입니다.

사사기의 중요한 전제는 선택과 자유입니다. 이 전제를 모르고 읽으면, 이 사람들은 왜 이렇게 못난 결정을 했을까, 왜 이렇게 바보같이 굴었을까, 하는 정죄밖에 나오지 않습니다. 그런데 사사기를 읽으면 그들의 잘잘못으로 그들의 운명이 결정되지 않는 것을 봅니다. 그 운명은 그들을 붙들고 계시는 하나님이 궁극적으로 정하실 것입니다. 저들에게 준 자유가 잘못 사용되었으나 하나님은 그것으로 손해보지 않게 하십니다. 순종으로 얻을 수 있는 결과에 못지않은, 기가 막힌 열매를 맺게 하실 것입니다. 그것이 이스라엘 역사입니다. 여전히 신약 시대에도 이어지는 하나님 나라의 방식입니다. 그런데 우리는 하나님의 기다리심과 그 기다리심의 깊이를 모르기 때문에 늘 조바심을 내고 쉽게 판단합니다.

여러분이 왜 그토록 남을 쉽게 정죄하는지 아십니까? 불안해서 그렇습니다. 안심하고 싶어서 그렇습니다. 타인의 잘못을 지적하면, 마치 나는 옳은 사람인 것 같은 생각이 들기 때문입니다. 그리하지 마십시오. 이제는 상대방을 지적하는 일에 매달리지 마시고 자신의 인생을 돌아보십시오. 지금 내가 어디에 서 있는지, 성경 말씀 속 어느 부분의 어떤 내용에 인도되고 있는지 깨어 있어야 합니다. 우리 각각의 생애가 그렇습니다. 다른 사람이 대신할 수 없는 인생을 사는 것이니 그에 맞는 긴장과 기도와 깨어 있음과 무릎 꿇음이 필요합니다. 그렇게 하루하루를 쌓아나가야 합니다.

앞서 보았듯 사사기는 역사서입니다. 일어난 일의 기록입니다. 아브라함을 부르신 일같이, 출애굽 사건같이, 광야에서의 삶같이 일어난 일입니다. 가나안에 들어간 승리가 역사이듯이, 그 안에서의 실패도 역사입니다.

아브라함을 부르신 사건에는 무엇이 담겨 있을까요? 출애굽 사건에는 무엇이 담겨 있을까요? 그 속에서 우리는 하나님의 구원의 능력, 창조의 목적을 완성하시려는 의지, 은혜로 부르시는 하나님의 능력을 보게 됩니다. 이제 사사기를 보며 묻게 됩니다. 이런 값진 것을 왜 사사기에서는 실패와 비극으로, 눈물로 담아내셨을까, 우리를 어디까지 부르시는 걸까, 그 속에서 얻어지는 것은 우리가 잘했을 때 얻은 것과 어떻게 다를까, 그리고 이런 일은 왜 필요한 걸까.

우리는 구원의 의미를 전부 알지는 못합니다. 그러나 하나님이 이제 우리로 구원의 삶을 살게 하시며 그 의미를 확인시키려고 하신다는 사실은 압니다. 구원해놓았으니 이제부터는 내가 알 바 아니다, 십자가로 너를 구원했으니 이제부터는 네 책임이다, 이렇게 하시지 않습니다. 구원은 그렇게 간단한 문제가 아닙니다.

하나님은 여전히 일하고 계십니다. 구원받은 그의 백성과 함께하십니다. 예수와의 연합, 그것은 하나님의 약속으로서, 이미 일어난 성취이며, 현재 누리고 있고, 장차 완성될 현실입니다. 우리가 어떤 형편과 어떤 상황에 있을지라도 우리를 홀로 두신 적은 결코 없다는 것, 그것이 기독교가 말하는 구원이며, 이 구원으로 증명하시는 하나님의 거룩하심입니다. 그러니 자기 인생을 사십시오. 그렇게 하나님이 펼치시는 삶 속으로 들어가십시오. 해설자가 되지 말고 직접 살아내십시오.

한 인생에 허락하시는 구체적인 기적과 경이를 자신의 고유한 현실과 인격과 생애에서 경험하시기 바랍니다. 여러분의 증언이 주일에 모일 때마다 쌓여 신자 된 자랑과 성숙이 모두의 얼굴에서 발산될 것입니다. 하나님의 손길이 여러분 속에서 빚어내는 인간다움의 영광을 세상이 발견하기까지 여러분의 자리를 그렇게 지키십시오.

기도

하나님 아버지, 은혜를 감사합니다. 하나님의 크심과 일하심의 지극함을 확인합니다. 쉽게, 피상적으로, 대충 살려는 우리의 죄성을 하나님께서는 놓아두지 아니하십니다. 이런 우리를 하나님의 거룩하심과 진실하심으로 대해주십니다. 우리는 미쁜 존재가 아니나 하나님은 항상 미쁘십니다. 하나님은 우리의 승리와 자랑을 하나님의 뜻으로 채우기까지 포기하지 아니하십니다. 그 사실을 아는 신자로 살게 하사 우리 삶 전체에서 하나님의 자녀인 영광과 기적을 누리는 복을 허락하옵소서. 예수님 이름으로 기도합니다. 아멘.

Chapter 2

가나안_
삶의
조건

27 므낫세가 벧스안과 그에 딸린 마을들의 주민과 다아낙과 그에 딸린 마을들의 주민과 돌과 그에 딸린 마을들의 주민과 이블르암과 그에 딸린 마을들의 주민과 므깃도와 그에 딸린 마을들의 주민들을 쫓아내지 못하매 가나안 족속이 결심하고 그 땅에 거주하였더니 **28** 이스라엘이 강성한 후에야 가나안 족속에게 노역을 시켰고 다 쫓아내지 아니하였더라 **29** 에브라임이 게셀에 거주하는 가나안 족속을 쫓아내지 못하매 가나안 족속이 게셀에서 그들 중에 거주하였더라 **30** 스불론은 기드론 주민과 나할롤 주민을 쫓아내지 못하였으므로 가나안 족속이 그들 중에 거주하면서 노역을 하였더라 **31** 아셀이 악고 주민과 시돈 주민과 알랍과 악십과 헬바와 아빅과 르홉 주민을 쫓아내지 못하고 **32** 아셀 족속이 그 땅의 주민 가나안 족속 가운데 거주하였으니 이는 그들을 쫓아내지 못함이었더라 **33** 납달리는 벧세메스 주민과 벧아낫 주민을 쫓아내지 못하고 그 땅의 주민 가나안 족속 가운데 거주하였으나 벧세메스와 벧아낫 주민들이 그들에게 노역을 하였더라 **34** 아모리 족속이 단 자손을 산지로 몰아넣고 골짜기에 내려오기를 용납하지 아니하였으며 **35** 결심하고 헤레스 산과 아얄론과 사알빔에 거주하였더니 요셉의 가문의 힘이 강성하매 아모리 족속이 마침내는 노역을 하였으며 **36** 아모리 족속의 경계는 아그랍빔 비탈의 바위부터 위쪽이었더라 (삿 1:27-36)

사사기의 설정

사사기를 이해하려면 사사기의 설정, 곧 전제가 무엇인지 알아야 합니다. 사사기의 설정은 1장에 나옵니다. 이는 욥기와 비슷합니다. 욥기를 이해하기 위해서는 욥기의 설정을 염두에 두고 읽어야 했지요. 욥은 의롭고 완전한 사람인데, 사탄이 하나님께 와서 시비를 걸었다, 하나님은 욥에게 당신의 명예를 걸어 사탄이 건 내기에 응하셨다, 그렇게 욥은 고난을 겪게 되었다. 이것이 욥기의 설정이었지요. 그러니 욥기를 대할 때에, 도대체 욥이 무엇을 잘못했기에 이런 고난을 받아야 하는가 하고 계속 물으면 욥기를 제대로 이해할 수 없습니다. 그것은 욥기의 설정을 염두에 두지 않은 채 우리가 가진 인과응보의 틀에서 던지는 질문이기 때문입니다.

사사기의 설정은 이렇습니다. 이스라엘 백성이 하나님의 큰 구원과 인도를 받아 약속의 땅에 들어갔다, 애굽의 노예로 살던 이스라엘 백성은 이제 자유인이 되어 처음으로 선택이라는 것을 하게 되었다, 라는 것이지요. 그렇게 자유롭게 선택하여 일어난 결과가 사사기에 기록되어 있습니다.

사사기의 설정과 함께 염두에 두어야 할 것은 사사기가 역사서라는 점입니다. 사사기는 실제로 벌어진 일 곧 역사를 기록하고 있습니다. 사실을 기록한 것이 역사서이므로, 출애굽 이후 이스라엘 후손들은 어떻게 살았는가, 홍해를 건너고 만나를 먹으며 사십 년 광야 생활을 경험한 이들의 후손은 약속의 땅에서 어떻게 살았는가, 하고 질문하면서 본문을 좇아가야 합니다. 그리하지 않고 도대체 이스라엘 사람들은 왜 이럴까, 왜 이렇게 못난 짓만 반복할까, 하고 비난하는 것은 섣부른 판단입니다.

사사기의 설정으로 전제된 이스라엘 백성의 자유와 선택은 결국 어떤 결과를 초래하였을까요? 앞으로 사사들의 이야기를 구체적으로 다루면서 이스라엘 백성이 초래한 결과를 확인하게 될 것이지만, 이스라엘 백성은 하나님의 약속을 잊고 명령을 어긴 채 가나안 원주민들을 쫓아내지도 진멸하지도 못합니다. 하나님은 왜 가나안을 진멸하라고 하시는가, 이 명령에 이스라엘 백성은 왜 순종하지 않는가, 이런 불순종은 이스라엘에게 어떤 결과로 나타나는가, 하는 질문을 던지면서 사사기를 읽어나가야 합니다. 그리하지 않고, 사사기가 말하고자 하는 바를 외면한 채, 이스라엘 백성은 이제 마음껏 하나님의 백성으로 살 자유가 생겼는데도 왜 이런가, 나라면 안 그럴 텐데, 하며 분노하고 비난한다면 사사기를 제대로 읽어낼 수 없을 것입니다.

하나님의 보편적 정의

사사기를 읽을 때 우리 마음에 먼저 떠오르는 생각은 이런 질문일 것입니다. 하나님은 왜 이스라엘만 편애하시는가, 가나안 족속은 어린아이까지 남겨두지 말고 전부 진멸하라고 명령할 정도로 왜 그토록 미워하시는가, 그리고 이스라엘이 그 명령을 어겨 가나안 족속들을 좀 남겨둔 것이 뭐 그리 큰 잘못인가, 하는 물음이지요. 이런 우리의 질문에 대해 사사기는 무엇이라고 답할까요? 오늘 본문에서 그 답을 살펴봅시다.

가나안 족속을 진멸하라는 명령은 하나님의 사랑에서 외면당한 어느 민족을, 다만 이스라엘만을 위하여 억울하게 희생시키겠다는 의도에서 나온 것이 아닙니다. 앞으로 사사들의 이야기를 구체적으로 다루면서 이 명령의 의미를 자세히 살펴보겠지만, 우선 이 명령에는 하나님이 인류 모두에게 보편적 정의를 이루기 원하신다는 의미가 담겨 있습니다.

하나님은 이스라엘만을 구원하시려는 것이 아닙니다. 이스라엘을 제사장 나라로 세워 이 나라를 통해 전 인류를 구원하시고자 합니다. 하나님이 구별하신 선민選民은 누구든지 이스라엘 백성으로 태어나기만 하면 무조건 구원을 보장해주겠다는 차별이 아닙니다. 그렇다면, 이스라엘 백성을 선민으로 세우신 것과 하나님의 보편적 정의를 구현하는 일은 어떻게 연결되는 것일까요? 하나님은 먼저 이스라엘에게 하나님의 뜻을 가르쳐 그들로 하나님의 손길이 되게 하십니다. 그리고 이들을 통해 모든 인류가 하나님의 의로우심을 깨달아 그분의 뜻을 따르게 하십니다. 이것이 바로 하나님의 보편적 정의입니다. '보편'이라는 표현에서 알 수 있듯, 이스라엘이 아닌 다른 민족에게도 이 정의가 펼쳐질 것입니다. 신약 시대의 관점에서 보면, 이 정의는 예수를 믿지 않는 이들에게까지 경험되고 이해됩니다.

여기서 이런 의문이 생겨납니다. 예수를 모르고도 이 보편적 정의가 어떻게 경험되고 이해될 수 있다는 말인가, 구원을 제외해놓은 채 예수를 모르는 자와 하나님의 정의를 함께 경험하는 일이 가능하다는 말인가, 하는 의아스러움 말이지요. 이 질문을 잘 풀어나가 봅시다. 하나님의 이 보편적 정의를 이해하는 데 도움을 주는 학문이 인문학입니다. 역사와 문학과 철학이지요. 먼저 역사부터 살펴보시지요.

역사의 증언

인문학의 특징을 이해하기 쉽게 잘 풀이해놓은 글이 있어서 소개합니다. "인문학은 문제의 해법이 될 수는 없지만 적어도 문제의 발견과 인식에 대단히 유용하다."[1]

예수를 믿느냐 안 믿느냐 하는 문제는 해답을 가지고 있느냐 그렇지 않느냐의 문제입니다. 그런데 해답이란 질문이나 문제를 전제하는 것이지요. 방금 전 인문학에 대한 설명에서 보듯이, 인문학은 이 해답에 다다르기 전, 곧 문제가 무엇인지 발견하고 인식하는 데에 유용합니다. 물론 인문학이 문제를 깨닫게 하여 회개를 유도한다고까지는 말할 수 없을 것입니다. 그러나 인류가 하나님을 거부하고 하나님의 정의를 외면하게 될 때에 그 운명이 어떻게 되는가에 대해 인문학은 중요한 증언을 하고 있는 것입니다.

사사기를 읽다 보면, 왜 이스라엘은 하나님께 계속 불순종하여 그런 처참하고 불행한 역사를 만들어냈는가 하는 생각이 들게 됩니다. 인문학의 도움을 받아 이 질문의 의미를 차근차근 생각해보기로 합시다.

방금 전에 소개한 인문학에 대한 글귀는 기독교적 시각에서 고찰하여 내린 결과가 아닙니다. 많은 학자들은 역사에 대해 이런 결론을 내립니다. 인류는 역사에서 배우지 않는다, 그리하여 인류는 실패를 반복한다, 그리고 역사는 의식이 없다, 이런 결론

---

[1] 남경태, 《역사》 (들녘, 2008년), 657쪽

이지요.

역사는 의식이 없습니다. 마치 던져진 주사위처럼 굴러갑니다. 지나간 사건을 돌아볼 때면 그때 왜 그랬을까, 그때 그렇게 하지 말고 이렇게 했더라면 세상이 달라졌을 텐데, 하는 생각이 듭니다. 지금으로서는 어쩌지 못하는, 모두 이미 지나간 일들인데 말입니다. 이제 와서 무엇이라고 평한들 바뀔 수 없는 현실입니다. 그리고 과거에 저지른 실패와 그로 말미암아 빚어진 재앙은 오늘 이 자리까지 영향을 끼칩니다. 이것이 역사입니다. 일관성도 없고, 진보도 없는 역사는 인류의 반복된 실패를 증언하고 있습니다. 그러니 그런 역사에 소망일랑 두지 말고 예수 믿는 자리로 빨리 넘어와라, 이런 말을 하려는 것이 아닙니다. 우리는 먼저 인문학이 증언하는 이야기에 귀 기울일 필요가 있습니다. 인문학은 하나님의 보편적 정의에 대해 증언하고 있지요.

우리는 현재 삶에서 부정적이고 소극적인 면이 드러날 때 이런 실패의 역사에 맞닥트리게 됩니다. 그리고 이 역사를 얼른 덮어버리고 싶어 하지요. 우리는 자신이 얼마나 우월한 존재인지를 드러내어 역사의 일관성 없음을 덮으려고 합니다. 우리 한민족은 반만년 역사를 지닌 단군의 자손인데, 아마 단군은 단 지파였을 것이다, 이렇게 무리하게 끼워 맞춰보려는 억지를 본 적이 있을 것입니다. 이렇게 갖다 엮는 가장 큰 이유는 우리 삶에 불만이 있기에 그럴 것입니다. 어느 민족이든 신화를 끌어다 민족적 우월감을 드러내는 것은 현재 자신들이 불행하기 때문입니다. 오늘이 행복하다면 굳이 억지를 써가며 역사에 집착하지 않을 테니 말입니다.

그동안의 역사가 증언하는 바와 같이, 인류는 살아남을 수 없는 가장 최악의 선택을 하면서 여기까지 왔습니다. 그래서 언제나 두려움과 불안 속에 처해 있지요. 이런 인류가 과연 구원을 얻을 수 있을까요? 어떻게 구원을 얻을 수 있을까요?

인생의 허망함

오늘의 주제는 구원에 관한 것이 아닙니다. 하나님의 보편적 정의를 이야기하고 있습니다. 에베소서 4장을 보실까요.

> 그러므로 내가 이것을 말하며 주 안에서 증언하노니 이제부터 너희는 이방인이 그 마음의 허망한 것으로 행함 같이 행하지 말라 그들의 총명이 어두워지고 그들 가운데 있는 무지함과 그들의 마음이 굳어짐으로 말미암아 하나님의 생명에서 떠나 있도다 그들이 감각 없는 자가 되어 자신을 방탕에 방임하여 모든 더러운 것을 욕심으로 행하되 오직 너희는 그리스도를 그같이 배우지 아니

하였느니라 (엡 4:17-20)

이 본문의 초점은 믿지 않는 자와 믿는 자를 비교하는 데에 있지 않습니다. 이 말씀에서는 인간의 실상을 읽어낼 줄 알아야 합니다. 하나님의 보편적 정의가 결실되지 않는 곳에는 허망함, 무지함, 감각 없음, 방탕함, 이런 것밖에 없다고 말씀합니다.

인생이 헛되다는 것은 모두가 압니다. 나이를 먹으면 늙는다, 늙으면 죽는다와 같이 인생이 헛되다는 것도 다들 아는 이치요, 현실입니다. 이것은 지금 이 시대에만 통용되는 하나의 주제가 아니라 인류 역사 내내 반복되어 왔고 현재까지 계속되어 온 비극적 진실입니다. 몇 천 년, 몇 만 년일지 모르는 인류 역사 내내 반복되어 온 비극이지요. 그렇습니다. 인생은 허망합니다.

인생이 별거 아니라는 것은 누구나 아는 사실입니다. 인생은 눈 한 번 깜짝하면 끝납니다. 그러나 살아 있는 동안은 이 진실을 외면하죠. 애써 외면합니다. 헛되다는 것을 어떻게든 감추어 자신의 욕망을 보상받으려고 합니다.

이런 이야기를 하는 것은 여러분을 겁주어 더 분발하도록 자극하려는 것이 아닙니다. 인간이란 어떤 존재이며, 인류의 역사란 무엇일까를 생각하는 중입니다. 이것이 사사기가 주는 가르침입니다. 우리의 실패는 무엇일까, 인생은 진짜 허망한 것일까, 그렇다면 인생은 무슨 가치가 있을까, 이를 알기 위해 사사기를 읽어야 합니다.

에베소서 4장에서 보았듯, 하나님의 보편적 정의가 결실되지 않으면 인생은 허망합니다. 방탕하고 무지하며 고집스럽습니다. 무지한데도 끝까지 우기지요. 우리도 가만 보면, 노래방은 누가 가자고 합니까? 꼭 음치가 가자고 하지요. 한번 마이크를 잡으면 절대 넘기지 않지요. 음치는 마냥 해맑고 행복합니다. 그러면 누가 불행할까요? 음치를 친구로 둔 사람이 불행합니다.

에베소서 4장 19절에서 말하는 방탕은 윤리적 차원에서의 좋지 못한 행실을 가리키고 있지 않습니다. 이보다 더 근본적입니다. 여기서 방탕은 허비한다는 의미입니다. 인생을 허비하는 것이지요. 한 번도 정당한 인생을 살아보지 못한 채, 욕심에 끌려 자기가 원하는 것을 하고 다닙니다. 이것을 하나님의 보편적 정의가 고발하고 있는 것입니다.

너희가 나의 계명에 순종하지 않고서는 너희에게 아무런 가치도 자랑도 명예도 없디, 성경이 '예수 믿지 않으면 멸망한다'라고 한 이야기를, 하나님은 인류 역사 내내 모든 민족, 모든 사회, 모든 개인에게 이렇게 직면하게 하셔서 증거하고 계신 것입니다. "나는 예수 믿었고 너는 안 믿었어"라고 손쉽게 이분법으로 구별지어 자신을 기만하지 마십시오. 누구를 비난하고 정죄하고 분노하는 것으로 쉽게 만족하고 안심할 수 있는 문제가 아닙니다. 그렇게 얼렁뚱땅 남에게 떠넘기며 사는 것은 참된 인생일 수 없습니다. 우리는 보편적 정의에 담긴 적극적 권면의 내용에 귀 기울여야 합니다.

사사기 속의 이스라엘 백성을 보며 "너희는 왜 그 모양이냐?"라고 말한다고 해서 여러분이 훌륭해지지 않습니다. 이스라엘의 실패를 교훈 삼아 훌륭하게 살아야겠다는 태도로 사사기를 읽어내야 합니다. '바보 같은 놈들. 선민이라면서 이렇게밖에 못하다니'라는 마음으로 사사기를 읽으면, 마치 자기는 명예롭게 책임을 완수한 것 같은 자기기만에 빠지게 됩니다. 갈라디아서 6장 7절에서 보듯, 성경은 스스로 속이지 말라고 권면하고 있습니다. 여러분은 누군가를 비난하고 정죄하여 자기증명하기에 바쁜 삶이 아닌, 하나님의 보편적 정의가 실현되는 복된 삶을 살도록 부름받은 것입니다.

문학의 고발

인류는 역사 앞에 서면 할 말이 없으니까 문학을 만들어낸 것입니다. 문학이란, 인간 정신의 진지함을 노래한 것입니다. 문학을 만들어내어, 인간이란 다만 이렇게 스러져가는 헛된 존재가 아니라고, 그저 한낱 환상에 불과한 소모품이 아니라고 주장하며 인간에게 가치를 부여하지요. 여기에 중요한 역할을 한 것이 프랑스 현대 소설이라고 저는 생각합니다. 인간은 다만 역사의 진행에 소모품이나 구경꾼으로 배치된 것이 아니다, 인간은 스스로 생각하고 판단하고 결정하고 책임지는 자유인이다, 역사를 의미 있고 가치 있게 만드는 것이 인간이며, 역사는 인간의 손으로 책임져야 한다고 외친 것이 프랑스 현대 소설이지요.

그런데 여기에 찬물을 끼얹은 사람이 있습니다. 헤밍웨이죠. 헤밍웨이가 왜 노벨상을 받았는지 제가 젊었을 때는 몰랐습니다. 그의 작품들이 제게는 별로 재미가 없었습니다. 《노인과 바다》도 그리 재미있지 않았습니다. '젊은이와 바다'라고 해야 재미있었을 텐데 하면서 아쉬워했지요. 젊은이들이 나와서 비치발리도 하고, 서핑도 하고, 물고기도 잡고 놀면 얼마나 좋습니까? 그런데 '노인과 바다'라니요. 이게 뭡니까? 노인이 되면 해변에 못 갑니다. 자외선이 강하니 말입니다. 좋은 해변에 나가보면 젊은이들은 다 나와서 놀고 있고, 늙은이들은 천막치고 다 자고 있습니다.

헤밍웨이는 《노인과 바다》에서 무슨 이야기를 하고 싶었던 것일까요? 네가 가진 환상을 깨라, 현실을 직시하라, 외면하지 마라, 자신을 속이려 들지 마라, 이것이지요. 현실이 무엇인데요? 배가 고파서 고기를 잡으러 나가야 했다, 운 좋게 큰 고기를 잡았는데 가져오는 길에 상어 떼에게 다 빼앗기고 뼈다귀만 남았다, 그래서 집에 돌아와 한숨 자고 다음 날 다시 고기 잡으러

나갔다. 이것이 《노인과 바다》가 보여주는 현실입니다. 현실을 직시하라, 스스로 기만하지 마라, 네가 가진 기대와 소원이 아무리 낭만적이더라도, 또 그것을 아무리 멋있게 치장한다고 해도 현실을 바꾸지는 못한다. 이렇게 찬물을 끼얹은 사람이 바로 헤밍웨이입니다.

헤밍웨이의 또 다른 작품 하나 더 들어보겠습니다.《누구를 위하여 종은 울리나》라는 소설이 있습니다. 이 소설은 영화로도 상영되었는데, 게리 쿠퍼Gary Cooper, 1901~1961 와 잉그리드 버그만 Ingrid Bergman, 1915~1982 이 주연으로 나왔지요. 스페인 내전이 발발한 상황에서 미국인 로버트 조던게리 쿠퍼 분은 자유와 정의를 위해 공화정부파의 의용군에 투신하여 게릴라 활동에 종사합니다. 거기서 마리아잉그리드 버그만 분를 만나고 둘은 곧 사랑에 빠집니다. 한편, 내전의 상황이 정부파의 패색으로 기울자 조던은 함께 있던 정부파 무리와 후퇴합니다. 이 퇴로에서 일행과 말을 타고 가던 조던은 그만 부상을 당하지요. 자신의 부상으로 일행에게 짐이 될 것을 안 조던은 같이 가던 무리에게 "빨리 가라. 여기는 내가 막겠다"라고 하지요. 이런 로버트를 보며 마리아는 오열하며 함께 남겠다고 하지만, 일행은 마리아를 붙들어 가던 길을 계속 갑니다. 그리고 종이 울리며 영화는 끝납니다. 이 영화가 말하고 싶은 것은 무엇일까요? 국가, 민족, 자유, 이상, 이런 추상적인 단어들로 수선 떨지 마라, 한 남자와 한 여자가 서로 사랑했고 둘이서 충분히 행복할 수 있었는데 가혹한 운명에 떠밀려 헤어질 수밖에 없게 되었다, 정신들 차려라, 쉽게 꿈꾸지 마라, 현실을 직시하라. 그런 내용입니다.

원래 문학이란 외면할 수 없는 인간의 현실을 이상과 환상을 동원하여 낭만적으로 그려낸 것입니다. 그런데 이상향을 그려내고자 했지만 인간의 실상에 눈감을 수는 없어 궁극에 가서는 인간의 처참한 실존을 까발리고야 맙니다. 그러면 여기서 인간의 운명에 대해 문학이 제시하는 답과 달리 예수님은 무엇이라고 말씀하시는지 찾아봅시다. 요한복음 8장입니다.

> 그러므로 예수께서 자기를 믿은 유대인들에게 이르시되 너희가 내 말에 거하면 참으로 내 제자가 되고 진리를 알지니 진리가 너희를 자유롭게 하리라 그들이 대답하되 우리가 아브라함의 자손이라 남의 종이 된 적이 없거늘 어찌하여 우리가 자유롭게 되리라 하느냐 예수께서 대답하시되 진실로 진실로 너희에게 이르노니 죄를 범하는 자마다 죄의 종이라 종은 영원히 집에 거하지 못하되 아들은 영원히 거하나니 그러므로 아들이 너희를 자유롭게 하면 너희가 참으로 자유로우리라 나도 너희가 아브라함의 자손인 줄 아노라 그러나 내 말이 너희 안에 있을 곳이 없으므로 나를 죽이려 하는도다 나는 내 아버지에게서

2 가나안_삶의 조건

본 것을 말하고 너희는 너희 아비에게서 들은 것을 행하
느니라 대답하여 이르되 우리 아버지는 아브라함이라 하
니 예수께서 이르시되 너희가 아브라함의 자손이면 아브
라함이 행한 일들을 할 것이거늘 지금 하나님께 들은 진
리를 너희에게 말한 사람인 나를 죽이려 하는도다 아브
라함은 이렇게 하지 아니하였느니라 너희는 너희 아비가
행한 일들을 하는도다 대답하되 우리가 음란한 데서 나
지 아니하였고 아버지는 한 분뿐이시니 곧 하나님이시로
다 예수께서 이르시되 하나님이 너희 아버지였으면 너희
가 나를 사랑하였으리니 이는 내가 하나님께로부터 나와
서 왔음이라 나는 스스로 온 것이 아니요 아버지께서 나
를 보내신 것이니라 (요 8:31-42)

예수와 바리새인들간의 논쟁입니다. 바리새인들이 예수를 거부
하는 이유는 무엇입니까? 인생과 역사의 궁극적 운명에 대하여
예수가 그들과 반대편에 서 있기 때문입니다. 바리새인들은 주
장하기를 자기네는 아브라함의 자손이며 모세의 율법을 가졌으
니 이것으로 충분하다고 하지요. 모든 것의 주인은 인간이며, 인
간의 궁극적 운명 역시 자기네 손에 있다고 여기고 있습니다.
 이에 대해 예수님은 그렇지 않다. 아브라함과 모세를 가졌다는
것으로 다 되는 것이 아니다. 아브라함과 모세를 하나님이 보내셨

다는 것을 기억해보아라, 그들을 보낸 아버지가 무엇을 원하시는지 생각해보아라, 그것이 더 중요하다, 그러니 여기까지 좇아오라, 그리하지 않으면 아무리 아브라함과 모세를 가졌다한들, 아무것도 아니다, 라고 말씀하고 계십니다. 예수님의 이 말씀은 문학이 제시하는 답과 얼마나 다른가요.

인간의 실상을 보여주는 것은 희극보다는 비극입니다. 이처럼 문학의 찬란함은 비극에서 더욱 빛이 납니다. 셰익스피어의 작품도 희극보다 비극이 더 빛나지요. 왜 그럴까요? 인생이 희극일 수만은 없다는 것을 우리 모두가 알기 때문입니다. 동화는 '그리하여 왕자와 공주는 오래오래 행복하게 살았더래요'라는 해피엔딩으로 끝납니다. 동화라서 그렇지요. 그다음은 아이들한테 들려줄 수가 없는 것입니다.

그러나 예수님은 문학이 고발하고 비극이 부르짖는, 인간의 실상이 끝이 아니라고 말씀하시는 것입니다. 우리가 만들 수 있고 볼 수 있는 것들로 우리의 궁극적 지위가 결정되지 않습니다. 우리의 운명을 우리 손으로 걸머지려는 그 모든 시도는 거부당합니다. 이것이 하나님의 섭리입니다. 아무 걱정 없이 행복하게 사는 것을 너희 인생의 전부라고 여긴다면 나는 그런 너희와 타협할 수 없다, 너희가 그러한 존재로 머무는 것에 나는 만족할 수 없다, 인간의 궁극적 운명과 지위는 너희가 소원하는 것보다 크다, 너희가 소원하는 것이 너희에게 비극일 정도로 너희는 그만큼 큰 존재이다, '이것이면 충분하다'는 너희의 손쉬운 만족이 너희에게 장애가 될 만큼 너희의 가치는 고귀하다, 라고 하나님이 말씀하시는 것입니다.

문학이 고발하는 인간의 실상에 직면하게 되면, 예수님이 말씀하시는 인간의 궁극적 지위가 얼마나 고귀한지 더 깊이 깨닫게 됩니다. 결국 죽었단 말이냐, 그 멋진 존재가 결국 죽고 말았단 말이냐, 더 이상 상상할 끝이 없더란 말이냐, 문학이 증언하는 자리는 여기까지입니다. 그러나 신앙의 자리는 여기부터입니다. 비극이 증언하는 인간의 실상을 신앙은 뚫고 넘어서는 것입니다.

위에서 본 예수님과 바리새인의 논쟁에서 보여준 예수님의 말씀보다 우리의 신자 된 지위와 운명을 더 잘 증명해주는 것은 없습니다. 예수님이 오셔서 죽으셨습니다. 죽음이 끝인 세상에 들어와 죽으시고, 다시 살아나심으로 죽음의 닫힌 문을 활짝 열어젖히십니다. 문학이 만들어낸 모든 기대를 여기서 무너트리십니다. 그리하여 인간의 진정한 가치는 환상일 뿐이라는 문학의 고발을 뛰어넘으십니다. 문학으로는 넘어갈 수 없었던 자리로 예수님이 우리를 이끄십니다.

우리의 인생과 삶 어디에나 하나님의 보편적 정의가 드러납니다. 무엇을 보아도 알 수 있습니다. 드라마가 그것을 보여주고 있지요. 심지어 막장 드라마조차 이 보편적 정의 앞에 서 있는 인생을 그리고 있습니다. 위선과 거짓말과 폭력 속에 인생의 무력함이 고발되고 있지 않습니까? 사사기에 바로 이런 이야기가 담겨 있습니다.

철학의 질문

철학은 무엇일까요? 철학은 문학이 가진 환상과 역사가 보여준 현실, 이 둘을 묶습니다. 묶일 수 없는 둘을 묶어야 하는 책임이 철학에 주어져 있습니다. 그래서 철학의 주제는 살 것인가 말 것인가 하는 물음입니다. 역사가 보여주는 현실을 보면 살 가치가 없어 보이지만, 문학의 환상을 근거로 하면 살 가치가 있어 보입니다. 그러나 늘 속고 속이는 여러분의 현실에서 보듯, 내일은 좀 나으려나, 오늘보다 견디기 쉬우려나, 하는 기대는 매번 좌절됩니다. 절망하자고, 비난하자고 하는 말이 아닙니다. 여기에 계속 속아 넘어가서는 안 된다는 이야기를 하려는 것입니다.

철학은 이 둘을 어떻게 묶습니까? 사실 묶을 방법이 없습니다. 문학이 지어낸 환상을 지우든가, 역사가 드러낸 현실을 비난하든가, 아니면 이 둘을 절충하여 논리적 명제를 만들어볼 뿐, 그 이상은 할 수 없습니다. 이것이 철학입니다. 있는 것을 다 가지고서도 가치 있는 것을 만들어내지 못합니다. 더 이상 무엇을 만들어내지 못하는데, 생명이나 진리는 더더욱 창조할 수 없지요. 시체를 가지고 피라미드를 쌓아봤자 시체 더미에 불과할 뿐, 그것이 노래를 부르거나 사랑할 수는 없지 않습니까? 철학은 이 사실을 스스로 증언합니다. 철학은 깊고 깊이 들어가 인류가 가진 모순과 해갈할 수 없는 갈증을 증언할 뿐입니다.

로마서 6장에 가면 성경이 이 철학적 질문을 우리에게 던지고 있는 것을 발견하게 됩니다.

> 너희 육신이 연약하므로 내가 사람의 예대로 말하노니 전에 너희가 너희 지체를 부정과 불법에 내주어 불법에 이른 것 같이 이제는 너희 지체를 의에게 종으로 내주어 거룩함에 이르라 너희가 죄의 종이 되었을 때에는 의에 대하여 자유로웠느니라 너희가 그 때에 무슨 열매를 얻었느냐 이제는 너희가 그 일을 부끄러워하나니 이는 그 마지막이 사망임이라 그러나 이제는 너희가 죄로부터 해방되고 하나님께 종이 되어 거룩함에 이르는 열매를 맺었으니 그 마지막은 영생이라 (롬 6:19-22)

성경의 이러한 질문은 철학의 가장 본질적인 부분을 꿰뚫고 있는 것인지 모릅니다. 하나님 없이 살았을 때 맺을 수 있었던 최선의 결과가 무엇이더냐, 그 열매가 너희에게 무슨 유익이 있더냐, 묻고 있습니다. 우리가 살면서 확인하는 현실은 무엇이며, 우리는 무엇에 분노합니까? 재물을 가졌는데 왜 넉넉하지 못할까, 지위를 가졌는데 왜 넉넉하지 못할까, 이런 일에 우리는 가장 많이 분노하지요.

재물을 가져도 행복하지 않고 권력을 누려도 행복하지 않습니다. 가져보면 알 것입니다. 이런 것들은 인간이라는 존재의 영광과는 전혀 무관한 것입니다. 그래도 한 번이라도 누려보고 나서 허무함을 맛보고 싶다는 생각이 드십니까? 그렇게 핑계대지 말고 각자 자기의 삶을 살아내십시오. 가진 자를 회개시키는 데에, 권세를 가진 자에게 겸손하라고 권면하는 데에 교회의 사명이 있지 않습니다. 교회는 위정자에게 정치 잘해서 이 나라를 잘살게 하라고 외치는 곳이 아닙니다. 다른 사람이 어떠하든지 너희는 너희대로 하나님 앞에 서라, 교회는 이렇게 말하고 있습니다. 우리의 지위와 조건과 현실은 서로 다르지만 이 모든 것은 하나님 앞에서 차이가 없습니다. 그러니 모두 동일하게 하나님 앞에 서십시오.

억울하다는 생각이 듭니까? 하나님이 차별하신다는 생각이 듭니까? 이스라엘을 위하느라 가나안을 진멸시켰다고요? 아닙니다. 가나안 원주민들보다 이스라엘이 더 죽어나는 걸요. 이스라엘이 말을 듣지 않으면 죽이십니다. 죽을 수 없게 죽여버리십니다. 사사기 내내 반복되는 내용이지요. 그래서 사사기는 온갖 욕은 다 먹고, 비난이란 비난은 다 받아왔습니다. 사람들은 사사기를 읽을 때마다 이스라엘을 마음껏 경멸하며 조소를 퍼붓곤 했지요.

그러나 사사기는 바로 우리 자신을 위하여 기록된 것입니다. 우리와 우리 자손들을 위하여 역사로 남겨둔 것입니다. 하나님이 무엇을 하시며 어떻게 일하시는가, 그 일하심 아래에 있는 우리의 생애가 얼마나 소중한가, 우리에게 허락하신 삶의 조건이 얼마나 충분한가를 증언하고 있습니다. 하나님은 모두가 충만하게 살 수 있는 삶을 허락하십니다. 하나님의 일하심에 담긴 이 공정함과 성실함을 이해하지 못하면 여러분의 인생은 원망과 불평만 하다가 끝이 납니다.

각자 하나님 앞에 서십시오. 이 일은 다른 것으로 대체할 수 없습니다. 대의, 이념, 이상, 사랑, 믿음 같은 추상적 관념으로 가지 마시고 자기 자신의 구체적인 삶을 살아가십시오. 나는 하나님의 자녀답게 살고 있는가, 자신을 돌아보십시오. 속일 수 없습니다. 예배 마치고 집에 돌아가 거울을 보십시오. 자신의 얼굴을 마주하세요. 자신의 인생을 어떻게 이해하고 있는지가 여러분 얼굴에 알알이 박혀 있습니다. 무엇이 여러분을 공포로 몰아가며, 무엇이 여러분을 기만으로 내몰고 있습니까? 가서 거울을 보세요. 거울아, 거울아, 이 세상에서 누가 제일 바보니? 그건 바로 당신! 이 사실을 확인하여 오늘 말씀의 결론으로 삼은 이 구절에 '아멘'으로 화답합시다.

> 죄의 삯은 사망이요 하나님의 은사는 그리스도 예수 우
> 리 주 안에 있는 영생이니라 (롬 6:23)

영생은 죽어서 얻는 것이 아닙니다. 지금부터 하나님의 사람으로 사는 것입니다. 현재의 삶에서 영생을 사는 것입니다. 하나님의 은혜와 영광과 능력과 정의로 현실을 사는 것입니다. 어렵다는 생각이 듭니까? 원래 훌륭한 것은 어려운 자리에서 빛이 나는 법입니다. 여러분이 서 있는 현실의 어려운 자리가 하나님의 사람으로 살 수 있는 명예로운 기회라는 것을 명심하시고, 여러분을 통해 하나님의 보편적 정의가 실현되는 복된 인생을 살아가기 바랍니다.

기도

하나님 아버지, 은혜를 감사합니다. 우리는 하나님의 사람으로 세상과 맞서 살아야 하는 존재들입니다. 쉽게 살 수 있는 신앙 인생이란 없습니다. 스스로를 속이지 말게 하옵소서. 세상에 굴하지도 말게 하옵소서. 하나님의 일하심을 기억하여 담대한 마음으로 자신의 인생을 살게 하옵소서. 그리하여 하나님의 일하심의 은혜와 능력을 경험하게 하옵소서. 예수님 이름으로 기도합니다. 아멘.

Chapter 3

보김 _
반복되는 반역

1 여호와의 사자가 길갈에서부터 보김으로 올라와 말하되 내가 너희를 애굽에서 올라오게 하여 내가 너희의 조상들에게 맹세한 땅으로 들어가게 하였으며 또 내가 이르기를 내가 너희와 함께 한 언약을 영원히 어기지 아니하리니 2 너희는 이 땅의 주민과 언약을 맺지 말며 그들의 제단들을 헐라 하였거늘 너희가 내 목소리를 듣지 아니하였으니 어찌하여 그리하였느냐 3 그러므로 내가 또 말하기를 내가 그들을 너희 앞에서 쫓아내지 아니하리니 그들이 너희 옆구리에 가시가 될 것이며 그들의 신들이 너희에게 올무가 되리라 하였노라 4 여호와의 사자가 이스라엘 모든 자손에게 이 말씀을 이르매 백성이 소리를 높여 운지라 5 그러므로 그 곳을 이름하여 보김이라 하고 그들이 거기서 여호와께 제사를 드렸더라 6 전에 여호수아가 백성을 보내매 이스라엘 자손이 각기 그들의 기업으로 가서 땅을 차지하였고 7 백성이 여호수아가 사는 날 동안과 여호수아 뒤에 생존한 장로들 곧 여호와께서 이스라엘을 위하여 행하신 모든 큰 일을 본 자들이 사는 날 동안에 여호와를 섬겼더라 8 여호와의 종 눈의 아들 여호수아가 백십 세에 죽으매 9 무리가 그의 기업의 경내 에브라임 산지 가아스 산 북쪽 딤낫 헤레스에 장사하였고 10 그 세대의 사람도 다 그 조상들에게로 돌아갔고 그 후에 일어난 다른 세대는 여호와를 알지 못하며 여호와께서 이스라엘을 위하여 행하신 일도 알지 못하였더라 (삿 2:1-10)

사사기의 불협화음

하나님께서는 이스라엘 백성을 종 되었던 애굽 땅에서 구하여 약속의 땅 가나안에 들어가게 하셨습니다. 그러나 가나안에 들어간 이스라엘 백성들은 하나님을 따르지 않고 그곳에 사는 원주민들과 야합하다가 고난에 빠집니다. 그리고 이런 일은 거듭됩니다.

성경은 이 반복되는 실패를 역사로 남겨두고 있습니다. 우리는 성경이 이 실패를 거듭 기록하고 있다는 점에 놀랍니다. 이 기록을 보며, 우리라면 하나님께 순종했을 텐데 이스라엘은 그렇게 하지 못했구나 하고 생각할 수 있습니다. 그러나 이런 생각은 성경이 드러내고자 하는 주제를 읽어내지 못하기 때문에 드는 것입니다. 성경이 이스라엘의 불순종과 그로 인한 실패를 거듭 기록해놓은 것은 이 문제가 우리 생각처럼 그리 간단한 것이 아닐 수 있다는 점을 시사해주고 있습니다.

하나님은 당신의 뜻을 명분이나 개념으로 전달하시지 않습니다. 훨씬 구체적으로 알리십니다. 우리 눈으로 보게 하시고 몸소 겪게 하셔서 그 뜻을 실감하게 하십니다. 그것이 하나님이 일하시는 방법입니다. 이러한 구체적인 일하심이 역사를 통해 드러난다고 성경은 증언합니다. 이렇듯 하나님은 당신의 일하심을 정황이나 문맥 속에 담아내시는 것입니다. 이 사실을 모르면 하나님의 뜻은 다만 피도 눈물도 없고, 이유도 곡절도 없는 것이 되고 맙니다. 하나님이 우리 속에 이루려고 하시는 뜻, 곧 본문은 정황이나 맥락과 무관한 그저 고립된 개념에 불과하게 되지요.

오늘 본문 사사기 2장에서 보듯, 여호수아가 죽고 또한 그와 함께하면서 하나님의 기이한 일하심을 지켜보았던 자들도 죽자 이스라엘은 하나님에게서 돌아섭니다. 거듭 돌아서지요. 이처럼 사사기에 나오는 여러 사건들은 '단절' 곧 '하나님과의 단절'이라는 공통점을 지니고 있습니다. 사사기의 컨텍스트context를 구성하는 가장 중요한 공통분모가 단절인 셈이지요.

이스라엘은 하나님에게서 돌아섭니다. 그리고 이러한 단절은 사사기 내내 반복됩니다. 그럼에도 하나님은 끊임없이, 성실하게 일하십니다. 이처럼 이스라엘 백성의 끝없는 반역과 하나님의 성실한 일하심이 불협화음을 내는데, 이것이 이스라엘에게 시련으로 나타납니다. 곧 하나님과 이스라엘 백성의 불협화음이 고난인 것이지요.

하나님이 이스라엘에게 당신의 뜻을 담아내시기 위하여 그들이 당신과 단절되는 것조차 허용하셨다는 것을 사사기에서 읽어낼 수 있어야 합니다. 그래야 성경을 제대로 보고 성경이 가진 진리의 무게를 헤아릴 수 있습니다. 우리가 텍스트를 담을 수 있도록 하나님이 컨텍스트를 허락하신다는 사실을 알지 못하면 우리는 컨텍스트를 텍스트라고 오해하게 됩니다. 정황만 만족되면 전부라고 생각하지요.

따라서 우리는 무엇이 컨텍스트인지 이해하고, 이 컨텍스트가 어떻게 흘러가도록 하나님이 허용하시는지 이해해야 합니다. 그리고 컨텍스트와 텍스트를 구별하는 데까지 이르러야 합니다. 여기서 제가 컨텍스트라고 표현하는 것은 정황이자 문맥이며 배경을 가리킵니다. 또한 무대나 그릇이라고 이해해도 좋을 것입니다. 이런 것들을 아울러 컨텍스트라고 합니다.

컨텍스트의 범례, 메이지유신

컨텍스트가 어떻게 구축되는지 배울 수 있는 좋은 예를 역사에서 찾자면, 일본의 메이지유신明治維新을 들 수 있습니다. 일본은 메이지유신을 통해 기존의 막부 체제를 무너뜨리고 근대 국가를 세워 입헌정치의 기틀을 마련하였지요. 메이지 정부의 출현은 컨텍스트가 어떤 것인지 설명해주는 아주 좋은 범례範例가 됩니다. 왜냐하면 각본을 짜고 계획을 세워 정부가 수립된 것이 아니라 그런 정황이 자연스레 생겨났기 때문입니다. 어떻게 이런 일이 가능하게 되었는가, 어떻게 그런 일이 생겨났는가, 이런 질문을 따라가다 보면 컨텍스트가 무엇인지 이해할 수 있게 됩니다.

메이지유신이 있기 전, 일본은 오랜 세월 도쿠가와 막부 아래에서 안정된 시절을 보내고 있었습니다. 외부와의 전쟁이 없는 평온한 시기였지요. 그런데 어느 날 미국이 서양식 증기선을 끌고 일본에 와 포를 쏘며 개항을 요구합니다. 무력시위를 한 것이지요. 근대 이전 대부분의 국가들이 그랬듯, 일본은 자기 나라가 전부인 줄 알고 잘 살고 있었는데 갑작스레 변화의 요구가 밀어닥친 것입니다.

일본은 나름의 자존심과 우월감을 지니고 있었습니다. 그것이 무사도武士道에 잘 드러나 있습니다. 뛰어난 검술에 언제라도 목숨을 버릴 수 있는 각오까지 더해져 그들의 자부심은 하늘을 찌를 듯했지요. 그러나 수백 년간 이어온 자부심도 서양의 신기술 앞에서는 도무지 대책이 없었습니다. 제아무리 뛰어난 검술이라도 적이 칼을 휘두를 거리 안에 들어와야 써먹을 수 있는 것이지, 육지에 오르지도 않고 저 멀리 배에서 포를 쏘아대는데 그들로서는 어떻게 할 도리가 없었던 것이지요. 할 수 없이 막부는 미국의 요구에 응하여 개항합니다. 그러자 이제 전국이 들끓게 됩니다. 왜 그랬을까요?

도쿠가와 막부는 일본 국민들이 합의하여 세운 정부가 아니라 무력으로 세운 군사 정권입니다. 왕은 허수아비로 앉혀 놓고 막부가 무력으로 나라를 다스리는 체제였습니다. 도쿠가와 이에야스德川家康가 세키가하라關ヶ原전쟁에서 이겨 권력을 독점하게 된 것이지요. 그때 패배한 측은 전부 중앙에서 멀리 떨어진 곳

으로 떠밀려 귀양살이 비슷한 신세에 처하게 되었습니다.

그중 하나가 본토에서 떨어진 규슈라는 섬입니다. 규슈는 가고시마를 지방 수도로 하는 섬인데, 그곳에도 유배를 당한 사람들이 모여 살고 있었습니다. 일본에서는 각 지방의 제후가 다스리는 땅을 번藩이라 하였는데, 규슈에 있는 번을 '사쓰마번'薩摩藩이라고 불렀습니다. 당시 이 사쓰마번이 막부에 대하여 증오와 원한을 강하게 품고 있었지요. 그런 부류에 속하는 번으로 '조슈번'長州藩하고 '도사번'土佐藩이 있습니다. 이 큰 세 개의 번藩이 메이지 정부를 탄생시킵니다.

사쓰마, 조슈, 도사, 이들 번은 가뜩이나 막부에 불만이 많은데, 막부가 외세에 힘도 못 써보고 항복하자 이것을 빌미로 군사를 일으킵니다. 그리고 막부를 압박하여 무너트리지요. 자기네 선조들이 당한 원한을 막부에게 되갚아준 것입니다. 그런데 여기에 힘을 보탠 또 다른 세력이 있습니다. 바로 일본 전역에서 벌떼같이 일어난 지사志士들입니다.

일본 사회가 막부 체제로 지속되면, 괄시받는 삶을 벗어날 수 없었던 이들이 바로 지사가 됩니다. 일본의 무사 가문에서는 장남만이 아버지의 업을 물려받을 수 있어서 장남이 아닌 자들은 검술 도장을 여는 것이 그들의 유일한 호구지책이었습니다. 무사 가문의 자제라면 누구나 검술에 능했지만, 장남이 아니고서는 무사로 살아남을 가능성이 희박했지요. 그래서 차남부터는 낭인浪人 신세를 면하기 어려웠습니다. 막부 체제에서 이들은 이렇듯 불안정한 삶을 계속할 수밖에 없었지요.

그러던 차에 나라가 뿌리째 흔들릴 사건이 일어났던 것입니다. 나라로 볼 때에는 위기였으나 원래 아무 희망도 없이 살던 이들에게는 기회가 주어졌습니다. 그래서 다들 교토와 오사카, 에도로 올라와서 이 난리에 편승합니다. 사실 이들은 언제 죽어도 좋다고 생각하는 사람들이었습니다. 무사도라는 이름으로 목숨 따위에 연연하지 않았기 때문입니다. 사나이로 태어나 칼 한번 휘두르고나 죽자, 하는 심정이었을 것입니다. 당시의 이런 분위기도 한몫하여 결국 막부는 무너지게 됩니다. 그 위에 메이지 정부가 세워지는 것이죠.

원하던 대로 막부를 무너트리고 이제 새 정부가 들어섰습니다. 정부를 세웠으니 그다음에는 내각을 조직해야 했습니다. 그 자리에 어떤 사람들을 앉혔을까요? 각 번의 중신들, 혹은 추앙받는 영주들을 모아 참의회를 만들고 각 부 장관들로 삼았습니다. 그런데 그렇게 사람을 세워놓고 보니 국가라는 것이 기관을 조직하고, 인물만 데려다가 앉혀 놓으면 전부가 아니라는 것을 알게 됩니다. 아직 국가가 무엇인지 그 의미도 모른 채 달랑 세워놓았는데, 그렇게 하고 보니 국가라는 것이 별다른 무엇이 아니라 그저 관료들의 집단에 불과하더라는 사실에 그들은 놀라게 됩니다. 근대적 의미의 국가에 대해서 아직 모른 탓이지요.

국가라고 하려면 무엇이 있어야 합니까? 국력이 있어야 합니다. 그런데 국가에 대한 이해도 없고 국민을 위해 쓸 힘도 없는 무능한 정부라면 어떻게 될까요? 결국 국민들만 죽어나는 것입니다. 그래서 메이지 정부는 일본인들에게 역사상 가장 불운하고 고통스러운 시기로 기억되어 있습니다.

공포, 메이지 정부가 직면한 현실

메이지 정부는 출범하자마자 자존심을 세울 수 없는 현실에 직면하게 되었습니다. 막부 정권을 무너트릴 때에 내세운 구호는 '존왕양이'尊王攘夷 즉, 임금을 높이고 서양 오랑캐들을 물리친다, 천황을 중심으로 일본을 하나로 묶고 외세를 물리친다, 이런 것이었습니다. '양이'攘夷에서 알 수 있듯, 서구 열강을 오랑캐로 여기고 있지요. 그러니 존왕양이를 하지 못하는 막부는 존립 이유가 없으므로 무너트리고 새 정권을 세우자고 한 것입니다. 그런데 결과는 어떻습니까? 서양은 쉽게 물러나지 않습니다. 새 정권도 힘이 없기는 예전 막부와 별반 차이가 없습니다.

그래서 메이지 정부는 나라를 어떻게 꾸려가야 할지 배우기 위해 서둘러 실무자들을 서양에 파견합니다. 시찰단이 미국도 둘러보고 유럽도 둘러보기 위해 떠납니다. 관료들 중 절반은 나라를 지키기 위해 남고, 절반은 시찰하러 외국으로 나섭니다. 이후, 두 집단끼리 대립하게 됩니다. 남아서 나라를 지켰던 부류는 대★일본이라는 자존심에 묶이고, 나가서 외국을 시찰하고 들어온 부류는 서구 열강이라는 공포에 묶입니다.

일본을 떠나 바깥세상을 시찰하고 보니 세상이 만만치 않았던 것입니다. 서구 열강이 가진 국력이 얼마나 막강한지, 그들의 군사력이 얼마나 강력한지, 그리고 그 이면에 얼마나 큰 야심이 있는지 알게 됩니다. 당시는 제국주의 시대입니다. 서구 열강이 마음만 먹으면 일본 같은 나라는 한입에 삼켜져 하루아침에 사라지고 말 수도 있다는 두려움에 직면합니다. 서구를 시찰하면서 품게 된 국가에 대한 이상과 일본으로 돌아와 맞이한 현실 사이에서 갈등하게 되지요. 나라를 키울 뾰족한 해법은 없고, 현실에 대한 불만은 크고, 결국 내전이 일어납니다.

이 내전에 발동을 건 부류가 사쓰마번입니다. 우리 이러자고 혁명 일으킨 것 아니다, 왜 나라가 이렇게 힘도 없고 멋도 없느냐, 이건 뭔가 잘못된 것이다, 라며 사쓰마번이 가장 먼저 불만을 터트리지요. 그리하여 내전이 발발한 것입니다. 이제 겨우 나라를 세워 아무것도 없고 가뜩이나 허약한 상황인데 내전마저 일어나니 애꿎은 백성들만 죽어납니다.

원래 일본의 무사들은 전쟁을 업으로 삼고 살아온 사람들입니다. 그런데 당시 내전이 일어났을 때, 사쓰마번과 싸우기 위해 일본 정부가 모집한 군인은 거의 농민들이었습니다. 도쿠가와 막부 이래 전쟁의 주역은 언제나 무사 계급이었는데, 이 내전에서는 처음으로 농민들을 징집하여 나가 싸우게 합니다. 그러니 어떤 일이 일어났겠습니까? 전투 현장에서 이 농민들이 다 도망해버리고 말지요. 상대편의 고함소리만 들어도 다들 겁을 집어먹고 달아나버립니다.

그런데 놀라운 것은 일 년 동안 계속되어 온 이 내전에서 결국 정부군이 반란군을 진압하고 말았다는 사실입니다. 어떻게 이런 결과가 나왔을까요? 사실 매번 전투에서 승리한 쪽은 사쓰마였습니다. 당시 반란군과 정부군의 전력 손실 대비는 1대 10 정도였다고 합니다. 사쓰마 군사 한 명이 사상을 입으면 상대편은 열 명에서 많게는 스무 명까지 죽어나갔지요. 하지만 정부군이 끊임없이 투입되니 병력이 도무지 줄지 않는 것입니다. 전 국민을 불러 모아 계속 전투 현장에 갖다 댔으니 그럴 수밖에 없었을 것입니다. 이에 반해 반란군의 상황은 매 전투에서 사쓰마가 승리한 정도에 비례하여 그들의 병력 손실도 커져갔을 것입니다. 싸울 사람의 수가 자꾸 줄어드는 것이지요. 그리하여 이긴 쪽이 결국 져버리고 마는 의외의 결과가 일어난 것입니다.

이 내전을 계속하는 동안 일본은 피폐해집니다. 당연히 그랬을 것입니다. 그러나 여기서 중요한 안목이 생겨납니다. 국가란 무엇이며, 국가를 유지하기 위해서는 무엇이 필요한가, 그리고 국민의 의무란 무엇인가에 대한 생각을 하기 시작한 것입니다. 그러면 국가와 국민이 무엇인지 이해하고 그 책임을 다하는 것이 텍스트일까요? 아직 답하기는 이릅니다. 그렇게 쉬운 이야기가 아닙니다.

컨텍스트에 대한 이해를 위해 하나 더 예를 들어보겠습니다. 한국의 경우를 생각해봅시다. 우리나라의 근대는 어떻게 시작되었을까요? 일제 강점기로 시작됩니다. 그리고 간신히 해방을 맞이했는데, 6·25전쟁이 터집니다. 왜 싸워야 하는지 우리로서는 도무지 이해가 안 가는 전쟁이 일어난 것입니다. 그래서 어떻게 됩니까? 죽어납니다.

지금 젊은 세대는 '죽어난다'는 표현을 실감하지 못하는 것 같습니다. 죽어난다는 것이, 프로야구에서 LG가 두산한테 역전패하는 일쯤으로 아는데 전혀 다른 이야기입니다. 전쟁은 스포츠 경기가 아닙니다. 실제로 사람이 죽어납니다. 6·25전쟁을 겪고 나자 우리에게는 무엇이 생겼을까요? 반일反日, 친미親美가 생겼습니다. 그게 텍스트일까요? 아니요. 그 정도로는 역사와 인간에게 답이 될 수 없습니다. 그런 것을 붙든다고 인간이 정의와 평화를 누리게 되거나 영혼의 만족을 얻을 수 없습니다. 이런 사실을 역사가 증언하고 있으며 이 역사를 우리가 알고 있습니다. 컨텍스트의 그런 간단한 교체로 누릴 수 있는 것은 없습니다.

이스라엘이 처한 컨텍스트

이렇게 컨텍스트에 대해서 살펴보았으니, 컨텍스트의 중요한 특징 하나를 짚고 가봅시다. 컨텍스트는 우리가 원하는 대로 펼쳐지거나 예상한 대로 전개되지 않는다는 것입니다. 이 점을 사사기가 잘 드러내고 있습니다.

사사 시대의 이스라엘 백성은 이전 광야 시대와 무엇이 달라졌을까요? 사백 년 동안 노예로 살아왔던 그들은 처음으로 자유를 갖게 되었습니다. 그들은 이제 자유민이므로 자기네의 정체성을 스스로 선택해야 했습니다. 그렇게 해서 선택한 것이 무엇이었을까요? '등 따시고 배부르게 살겠다'는 결정이었습니다. 그러자 하나님이 그렇게는 놔둘 수 없다고 하십니다. 그래서 생긴 불협화음이 사사기 내내 고난으로 기록되어 있습니다.

사사기의 컨텍스트는 무엇으로 구성되어 있습니까? 이스라엘이 무엇으로 그들의 정체성을 삼았는지 알면, 사사기의 킨텍스트도 이해할 수 있을 것입니다. 그들이 선택한 것은 태평하고 안일한 삶인데, 이 정체성을 하나님이 거부하십니다. 이런 하나님과 이스라엘의 불협화음, 그로 인한 단절이 사사기의 컨텍스트를 구성하고 있습니다.

이스라엘은 자신들의 정체성을 마음대로 선택했습니다. 그러나 정체성의 선택은 그렇게 자의적으로 결정해서는 안 될 일이었습니다. 그들은 하나님이 자기네에게 원래 목적하신 정체성을 발견하여 거기에 항복해야 했습니다. 이 항복은 힘에 의한 어쩔 수 없는 굴복이 아니라 진심에서 우러나온 순종이어야 합니다. 하나님은 우리에게 당신의 뜻을 명분과 힘으로 밀어붙이시지 않습니다. 하나님은 우리 마음 깊은 곳에서 나오는 항복을 기다리십니다. 그것을 위하여 현실과 시간을 주십니다. 이것이 컨텍스트입니다.

사사 시대의 실패에 대한 이스라엘의 변명이 사사기에 이렇게 등장합니다. "그 때에 이스라엘에 왕이 없으므로 사람이 각기 자기의 소견에 옳은 대로 행하였더라"(삿 21:25). 그때는 왕이 없어서 각각 자기 소견에 옳은 대로 했다, 그래서 혼돈스럽고 무질서했다, 강력한 지도자가 나와서 조종하고 강요했더라면 이 지경까지는 안 됐을 것이다, 좀 더 분명하고 확실한 컨텍스트의 뒷받침이 있었더라면 이렇게는 안 됐을 것이다, 라는 변명이지요.

그러나 사사 시대 이후의 역사에서 보듯, 왕을 세워도 이스라엘은 실패합니다. 사사기 뒤에 나오는 사무엘서와 열왕기를 보면 이스라엘은 왕정을 실시했는데도 여전히 실패합니다. 결국 나라가 망하여 적국의 포로로 끌려가고 말지요. 이스라엘의 문제는 왕의 유무有無로 해결될 일이 아니었던 것입니다. 이처럼 성경은 '진정한 텍스트는 이것이다'라고 간단하게 언급하기보다는 그들이 처한 컨텍스트를 자세하게 소개합니다.

그렇다면, 이스라엘이 가져야 할 진정한 정체성과 그들이 품어야 할 진정한 텍스트는 무엇일까요? 이스라엘이 이것을 깨닫는 데는 아직도 더 많은 시간이 필요했습니다.

포로기의 이스라엘 백성은 자신들의 정체성을 율법과 묶어서 이해하게 됩니다. 하나님의 명령을 따르는 것, 하나님이 주신 계명을 지키는 것을 가장 중요하게 여깁니다. 율법을 지키는 것이야말로 자신들의 정체성이라고 생각하게 된 것입니다. 왜 이렇게 되었을까요? 아마 더 이상 제사 제도를 유지할 수 없어 그랬을 것입니다. 성전이 파괴되고 고향에서 쫓겨나자, 하나님을 섬길 장소도 제사 제도도 가질 수 없게 되었지요. 그러나 아무리 이방 땅에 끌려갔어도 이방 신을 따를 수는 없어, 붙들 수 있는 것을 고심하다가 율법으로 자신들의 정체성을 삼게 된 것이지요. 그리하여 이제부터 이스라엘은 율법과의 관계 속에서 자기네의 정체성을 이해하기 시작합니다.

이스라엘 백성은 하나님이 자기들에게 요구하신 것이 무엇이며, 하나님 앞에서 자기들 지위가 어떠한지를 율법에서 발견합니다. 다른 어떤 신들에게서도 찾을 수 없는 뛰어난 도덕성, 종교성, 인간의 가치에 대한 이해를 하나님이 주신 율법에서 발견하게 된 것입니다. 율법에서 자신들의 정체성을 찾은 것이지요. 그러나 이 발견으로 이들이 가야 할 길이 미처 끝난 것은 아닙니다. 자신들의 정체성을 발견했으나 그 정체성을 실현할 능력은 없다는 것을 아는 한 걸음이 그들에게 아직 남아 있었던 것입니다. 율법을 붙들어야 진정한 정체성이 생긴다는 것을 깨달았으나, 그들은 율법의 뜻을 실현하지는 못합니다. 그것이 어떻게 드러납니까? 예수가 오자, 이스라엘은 그를 죽이고 말지요.

율법의 진정한 의미는 하나님이 누구시고 우리가 누구이며 무엇을 해야 하는 존재인가를 가르치는 것인데, 그러나 안다고 해서 지킬 수 있는 것은 아니라고 깨닫게 해주는 것이 예수와 십자가입니다. 그런데 이스라엘은 어떻게 하였습니까? 아는 것으로 자랑했지요. 행하지는 못하면서 아는 것으로 자랑했습니다. 이런 의미에서 보면, 율법의 무서움은 인간으로 하여금 자신이 어떤 존재인가를 밝혀 깨닫게 하는 맹렬한 공격성에 있다고 할 수 있습니다. 네가 알고 있는 것을 행할 수 있느냐, 지킬 수 있느냐, 하는 공격입니다.

하나님의 율법은 도덕보다 높습니다. 사랑에서 나오는 것이기 때문입니다. 법은 강제력으로 집행할 수 있지만 도덕은 자발성에서만 나오는 것이라고 로마서를 설교하면서 말씀드린 적이 있습니다. 마음에서 나오는 자발성 없이는 도덕을 지킬 수 없습니다. 또한 도덕을 지킬 수 없다면 사랑은 더더욱 실천할 수 없는 것입니다. 사랑을 실천하려면 도덕을 발동하는 동력보다 훨씬 더 큰 마음의 움직임이 필요한데, 인간에게는 그러한 동력이 없다고 고발하는 것이 율법입니다.

인간이 가진 공포

그러면 이제껏 해온 이야기가 다 무엇일까요? 메이지 정부가 어 쨌다는 말이고, 한국이 겪은 일제 강점기와 6·25전쟁의 억울함 은 다 무엇일까요? 이스라엘이 사사 시대를 지나오며 처한 상황 과 왕정 시대를 거쳐 바벨론 유수를 겪은 후에 결국 예수를 죽이 고 만 것은 다 무엇일까요? 우리는 이 모든 이야기에서 인간 존 재가 가지고 있는 공포를 확인합니다. 그것이 인문학이 발견한 텍스트입니다. 인간 존재가 가진 공포, 굳이 외부에서 위협하지 않아도 인간의 내면에 감추어진 공포, 곧 인간은 모든 것을 왜곡 하며 부패시키는 주체라는 사실, 그것이 인문학이 발견한 텍스 트입니다.

   인문학은 컨텍스트 속에서 이 공포를 느낍니다. 그리고 마침 내 이 공포에 대면하게 되지요. 그래서 문학이나 예술을 따라가 다 보면 결국 인간에 대한 조롱을 만나게 되는데, 이는 바로 공포 때문입니다. 예술은 어느 경지를 넘어서면 다만 조롱할 뿐입니 다. 자기가 만든 것을 부숴버리고 말지요. 소원은 있고 감각은 있 는데, 생명과 진리를 만들 재주는 없으니 악기를 부수고 이젤을 걷어치우는 수밖에요. 대표적 예가 현대 음악입니다. 피아노 밟 기, 기타 부수기, 이렇게 광란의 자리로 뛰어들게 됩니다. 예술을 예로 들었으나 이런 모습은 우리 인생 어디서나 발견됩니다.

우리나라 사람들이 근현대를 지나오면서 직면한 공포 중 하나는 무엇이었습니까? 일본이라는 공포입니다. 왜 너희는 우리나라를 쳐들어오느냐, 너희도 넋이 빠져 보이는데 왜 굳이 쳐들어오느냐, 이런 공포지요. 그러면 일본은 이런 공포가 없었을까요? 일본은 내부에 어려운 일이 생길 때마다 '한국을 치자'는 이야기로 덮어버립니다. 임진왜란 때도 그랬고 메이지 정부 때도 그랬습니다. 우리가 미워하는 이토 히로부미伊藤博文는 사실 '한국을 치지 말자'는 부류였습니다. 한국을 치자고 한 사람은 사이고 다카모리西鄉隆盛입니다. 메이지유신의 최고 영웅이자 일본 지사들의 우상이었던 사람 말입니다. 그들은 무엇 때문에 한국을 치자고 했을까요? 공포 때문입니다. 우선, 자기네가 살아야겠고, 또 자기 나라를 살리려고 그런 것입니다. 그들도 자기 안에 있는 이 공포를 어쩌지 못해 우리나라를 치러 들어와야만 했던 것이지요.

사실 인간의 모든 행동의 이면에는 이러한 공포가 있습니다. 인간 존재에 대한 공포 말입니다. 이것이 인문학이 발견한 텍스트입니다. 인간은 정말 큰일 낼 존재이구나, 기어코 큰일 저지르고 말겠구나, 여기서 공포가 나오지요. 이런 관점에서 보면 불교가 답을 하나 알고 있는 것 같습니다. 불교의 결론이 무엇입니까? 자기가 죽어야 한다, 살아 있는 동안 눈 감고 살고 입 열지 마라, 너는 없는 존재다, 이것 아닙니까? 그러니 이들이 진리의 한

자락을 붙잡고 있다고 볼 수 있지요. 해결할 방법이 없을 뿐이지, 실상을 알고 있으며 정곡을 찌르고 있습니다.

우리나라에 만연했던 반일 감정이나 친미 정서는 다 무엇일까요? 배고팠던 시절, 우리는 다 '악수표 밀가루'를 먹고 살아났습니다. 악수표 밀가루를 모른다고요? 무상 원조의 상징인 악수표 밀가루를 모르시다니요. 그 시절 미국은 무한정의 밀가루를 우리나라에 보내주었습니다. 밀가루 포대에 악수하는 두 손이 그려져 있는데, 하나는 주는 손이고 다른 하나는 받는 손 그림이지요. 이 손 뒤에 성조기가 배경으로 깔려 있었지요. 무한정으로 주었고 우리는 받았습니다. 그러니 우리는 미국이 좋았죠. 그러나 지금 와서 보면 미국이 착한 일을 하려고 도와준 것이 아니라는 것을 알게 되었지만 말입니다.

그럼, 이제 알게 되었으니 반미反美로 돌아서야 할까요? 그렇게 간단한 문제가 아닙니다. 우리는 더 커야 합니다. 얕보지 못하게 커야 합니다. 그리고 정체성을 가져야 합니다. 자기에게 현실로 주어진 자리를 책임 있게 지키는 것, 그것이 우리가 가져야 할 정체성입니다. 반일, 친미, 반미로는 다 채워지지 않습니다. 이런 것들은 전부 해결 방법이 아닙니다. 제대로 된 내용을 가져야 합니다. 자존심으로 삼을 내용과 그것을 지켜낼 힘을 가져야 합니다. 그래야 우리에게 진정한 텍스트가 담길 수 있습니다. 진정한 텍스트는 누가 만들 수 있습니까? 하나님만이 만들 수 있습니다.

진정한 텍스트

율법이 우리를 어디로 인도합니까? 예수께 인도합니다. 그것이 기독교입니다. 자신의 한계를 모르고 인간이라는 존재가 가진 진지한 공포에 대면하지 않고서는 회개할 수도, 구원의 필요성을 알 수도 없습니다. 예수는 우리가 원하는 것을 들어주시기 위해 존재하는 분이 아닙니다. 인간 존재의 진정한 의미와 가치에 관한, 사활이 달린 문제의 구원자입니다. 다른 것으로는 달콤하게 속일 수 없는 문제 말입니다.

예수 믿으면 부자 된다고요? 이런 말이 하나의 길잡이가 될 수는 있습니다. 그러나 텍스트의 종착지일 수는 없습니다. 예수를 믿으면 병이 낫는다고요? 이것 역시 텍스트의 핵심이 아닙니다. 이런 모든 것보다 큰, 존재의 가치와 운명에 답해줄 수 있는 것이 텍스트입니다. 우리라는 존재를 지으신 이가 우리에게 원하시는 목적에 관한 것입니다. 그 텍스트를 담아내는 것이 우리 인생의 가치입니다. 그러기 위해서는 무엇이 있어야 합니까? 정황이 있어야 합니다. 살아가면서 결국 이 텍스트에 항복하게 되는 정황이 그래서 필요합니다. 하나님은 우리를 힘으로 굴복시킬 마음이 전혀 없으십니다. 정황 속에서 우리에게 설명하여 우리를 납득시키려고 하십니다. 이사야 53장입니다.

> 우리가 전한 것을 누가 믿었느냐 여호와의 팔이 누구에게 나타났느냐 그는 주 앞에서 자라나기를 연한 순 같고 마른 땅에서 나온 뿌리 같아서 고운 모양도 없고 풍채도 없은즉 우리가 보기에 흠모할 만한 아름다운 것이 없도다 그는 멸시를 받아 사람들에게 버림 받았으며 간고를 많이 겪었으며 질고를 아는 자라 마치 사람들이 그에게서 얼굴을 가리는 것 같이 멸시를 당하였고 우리도 그를 귀히 여기지 아니하였도다 (사 53:1-3)

이사야 53장에 나오는 메시아 예언의 중요성은 이것입니다. 우리가 기대했던 메시아와 너무 다른 모습의 메시아를 그리고 있다는 점입니다. 우리는 어떤 메시아를 기대했을까요? 우리의 비참한 컨텍스트를 뒤집어놓으실 수 있는 분, 조건과 환경을 개선해주실 수 있는 능력자, 힘을 가진 유능한 권력자를 기대했다. 그러나 그는 우리의 기대와 너무도 달랐다. 우리를 구원하러 올 자가 그런 모습으로 올 줄 몰랐다. 이런 이야기가 이사야 53장에 들어 있습니다.

'우리가 전한 것을 누가 믿었느냐'라는 수수께끼 같은 구절의 의미를 아시겠습니까? 왜 세상이 기독교를 이해할 수 없는지, 그리고 믿는 우리마저도 왜 그렇게 예수를 못마땅하게 여기는 이유를 이제 아시겠습니까? 인생이 무엇인지에 대해 진지한 고민이 없다면, 예수 믿는 것의 영광과 가치를 알 방법이 없습니다. 예수는 기대 밖의 모습으로 오셨습니다. 그래서 우리는 그를 알아보지 못했습니다. 그는 우리의 컨텍스트 속에 들어오셨으나 우리는 그를 알아보지 못했습니다. 그가 일하고 계셨지만 우리는 그를 알아보지 못했습니다. 그다음 절들을 이어서 봅시다.

> 그는 실로 우리의 질고를 지고 우리의 슬픔을 당하였거늘 우리는 생각하기를 그는 징벌을 받아 하나님께 맞으며 고난을 당한다 하였노라 그가 찔림은 우리의 허물 때문이요 그가 상함은 우리의 죄악 때문이라 그가 징계를 받으므로 우리는 평화를 누리고 그가 채찍에 맞으므로 우리는 나음을 받았도다 우리는 다 양 같아서 그릇 행하여 각기 제 길로 갔거늘 여호와께서는 우리 모두의 죄악을 그에게 담당시키셨도다 (사 53:4-6)

지금도 하나님은 일하고 계십니다. 사사기의 본문처럼 우리는 이게 뭔가 하며 놀라서 도망가고 원망하지만, 하나님은 우리의 컨텍스트 속에 들어오셔서 지금도 일하고 계십니다. 하나님을 외면한 날들이, 우리의 정체성을 우리 마음대로 선택하여 허비한 나날이 다만 소진으로 끝나지 않게 여전히 일하고 계십니다. 하나님은 그저 우리가 돌아오기를 기다리고만 계시지 않고 우리가 돌아오기까지 내내 일하고 계십니다. 우리의 오해와 왜곡과 기만 때문에 당신이 보내신 구원자가 우리가 휘두른 채찍에 맞고 죽어가는 것까지 감수하십니다. 하나님은 이렇게 일하십니다. 이 하나님의 일하심을 잊지 마십시오.

지금 한국 교회의 모습이 바로 그렇습니다. 많은 이들이 교회를 손가락질하며 그 부족한 모습을 꾸짖습니다. 교회도 이것을 겁냅니다. 하지만 예수님께서는 "너 왜 그랬어?"라는 비난을 당신이 대신 받으시며 묵묵히 당신의 일을 하고 계십니다. 우리가 겁내고 도망가는 동안 하나님은 기다리고만 계시지 않습니다. 그때도 하나님이 여전히 일하고 계시는 시간입니다.

이것을 사사기가 보여주고 있습니다. 하나님은 왜 이런 방법으로 일하실까요? 컨텍스트가 없으면 텍스트가 담길 수 없기 때문입니다. 하나님은 결코 이런 정황, 이런 컨텍스트 때문에 제한받는 분이 아니십니다. 우리에게 시간과 정황을 주신 것은 우리가 긴 길, 우리가 한 일, 우리가 가진 생각, 우리가 내린 결정이 무엇인지 우리로 깨닫게 하기 위해서입니다. 사사기가 이야기하는 것이 바로 이것이지요. 여기에 우리 모든 인생의 현실이 담겨 있습니다.

인간이 가진 공포를 마주하게 되는 그 어느 곳에서나 하나님께서는 예수를 보내신 방식으로 우리 영혼에 답을 주십니다. 우리의 마음을 두드리시는 하나님이 우리가 공포를 느낄 때마다 진정한 답으로 돌이키도록 우리를 미십니다. 그리하여 결국 어떤 자리로 인도하십니까? 십자가로 인도하십니다. 십자가 외에는 어떤 것도 우리에게 답이 되지 않습니다.

왜 하나님은 우리가 바라는 그런 훌륭한 컨텍스트를 마련해 주시지 않는 걸까요? 우리나라에서 가장 위대한 왕이었던 세종대왕을, 가장 훌륭했던 어느 대통령하고 묶어서 만들어주시면 우리나라가 훨씬 좋아지지 않을까요? 그렇지 않습니다. 하나님은 그렇게 일하시지 않습니다. 하나님은 우리 부모 시대에 찾아오사 그들과 씨름하시고 그들의 질문에 응하시고 그들 홀로 놓아두지 않으셨습니다. 그렇게 그들의 인생을 함께 겪으셨던 하나님이십니다. 그 하나님이 우리 시대에도 그리하셨고 장차 우리 자손들 시대에도 그리하실 것입니다. 이것이 사사기를 읽는 즐거움이지요. 또한 사사기가 복음서와 함께 성경에 들어 있는 이유입니다.

하나님의 사랑은 우리에게 벅찬 것입니다. 우리 편에서는 감당할 능력이 없어 그 앞에서 한탄할 수밖에 없습니다. 그러나 하나님 편에서 볼 때에 이 사랑은 당신의 의지와 성의를 담고 있는 것입니다. 그분의 의지와 성의가 우리의 한탄을 뛰어넘습니다. 누구도 그분의 의지와 성의를 꺾을 수 없습니다. 이것은 로마서 8장의 결론이기도 합니다. "이 세상의 그 무엇도 우리 주 예수 그리스도 안에 있는 하나님의 사랑에서 우리를 끊을 수 없도다."

이것이 우리가 믿는 복음입니다. 이 믿음을 가지고 여러분의 현실, 형편, 고뇌, 갈등, 그리고 공포를 감내하십시오. 거기에 하나님이 이 구원을 담아내실 것입니다.

기도

하나님 아버지, 은혜를 감사합니다. 우리가 현실에서 당하는 모든 어려움과 공포와 두려움과 분노와 원망 속에 우리의 한탄만 있는 것이 아니라 하나님의 구원이 있고 하나님의 성의가 있고 기적이 있고 능력이 있다고 말씀하십니다. 그 말씀에 아멘으로 화답합니다. 하나님, 그렇습니다. 하나님이 일하시는 무궁무진한 손길 위에 우리가 있습니다. 우리는 버려진 존재가 아닙니다. 우리가 만나는 컨텍스트로 말미암아 무너지지 말게 하옵소서. 그 안에 담긴 하나님의 손길을 붙잡고 우리가 사는 시대와 이웃 앞에 하나님의 영광을 드러내는 경이로운 인생을 살게 하옵소서. 예수님 이름으로 기도합니다. 아멘.

Chapter 4

사사의 날들_
**본문을
담아내는
시간**

16 여호와께서 사사들을 세우사 노략자의 손에서 그들을 구원하게 하셨으나 **17** 그들이 그 사사들에게도 순종하지 아니하고 오히려 다른 신들을 따라가 음행하며 그들에게 절하고 여호와의 명령을 순종하던 그들의 조상들이 행하던 길에서 속히 치우쳐 떠나서 그와 같이 행하지 아니하였더라 **18** 여호와께서 그들을 위하여 사사들을 세우실 때에는 그 사사와 함께 하셨고 그 사사가 사는 날 동안에는 여호와께서 그들을 대적의 손에서 구원하셨으니 이는 그들이 대적에게 압박과 괴롭게 함을 받아 슬피 부르짖으므로 여호와께서 뜻을 돌이키셨음이거늘 **19** 그 사사가 죽은 후에는 그들이 돌이켜 그들의 조상들보다 더욱 타락하여 다른 신들을 따라 섬기며 그들에게 절하고 그들의 행위와 패역한 길을 그치지 아니하였으므로 **20** 여호와께서 이스라엘에게 진노하여 이르시되 이 백성이 내가 그들의 조상들에게 명령한 언약을 어기고 나의 목소리를 순종하지 아니하였은즉 **21** 나도 여호수아가 죽을 때에 남겨 둔 이방 민족들을 다시는 그들 앞에서 하나도 쫓아내지 아니하리니 **22** 이는 이스라엘이 그들의 조상들이 지킨 것 같이 나 여호와의 도를 지켜 행하나 아니하나 그들을 시험하려 함이라 하시니라 **23** 여호와께서 그 이방 민족들을 머물러 두사 그들을 속히 쫓아내지 아니하셨으며 여호수아의 손에 넘겨 주지 아니하셨더라 (삿 2:16-23)

구약에 구축된 컨텍스트

사사 시대는 대략 이백 년에서 사백 년 어간으로 보입니다. 우리가 사사들의 통치 기간을 정확히 알기 어려운 것은 사사기의 서술 방식 때문입니다. 사사기는 사건들을 꼭 연대순으로 기록한 것은 아닙니다. 또 사사들의 행적도 시간의 흐름보다는 활동했던 지역을 중심으로 기록되어 있지요. 사사들의 통치 기간을 얼마로 잡든, 사사기는 꽤 긴 시간에 걸쳐 반복되어 온 실패의 기록이라고 할 수 있습니다. 그러면 실패로 얼룩진 이 역사를 도대체 왜 기록으로 남겼을까 하는 강한 의문이 들게 됩니다.

본문을 보면, 이스라엘이 순종하지 않자 하나님은 쫓아내겠다고 약속한 원주민들을 그대로 두기로 하셨다는 내용이 나옵니다. 우리 생각에는 이스라엘이 불순종했으니 그들은 버리고 대신 다른 민족을 택하여 하나님의 백성으로 다시 세우면 될 것 같아 보입니다. 그런데 왜 하나님은 그리하시지 않을까요? 왜 하나님은 진멸하기로 하셨던 가나안 원주민들을 굳이 남기셔서 이스라엘을 고생시키시는 걸까요? 우리로서는 얼른 이해가 가지 않는 대목입니다.

사사기 서론에 해당하는 오늘 본문에서 중요한 점은 사사기의 컨텍스트가 무엇이며, 이것을 어떻게 이해해야 하는가 하는 문제입니다. 먼저 사사기의 컨텍스트는 무엇일까요? 몇 문장으로 정리해보면 이렇습니다. 하나님께서는 약속하신 대로 이스라엘 백성을 가나안에 들어가게 하셨다. 가나안에 들어간 이스라엘 백성들에게 하나님께서 명령하신 것은 가나안 민족들을 진멸하고 하나님 나라를 세우라는 것이었다. 그런데 이스라엘은 그렇게 하지 않았다. 이 실패의 책임은 전적으로 이스라엘 백성에게 있었다. 하는 것입니다. 오늘 본문 사사기 2장에서도 이러한 사사기의 컨텍스트가 드러나지요. 여호와의 사자가 보김에 올라와 이스라엘을 꾸짖습니다. "너희는 왜 명령을 따르지 아니하였느냐? 너희는 벌을 받아 마땅하다"라고 하나님께서 지적하시자 이스라엘은 일제히 목 놓아 웁니다. 그러나 울고 나서도 여전히 잘못을 반복합니다. 이런 반복이 성경 대부분, 특히 구약에 구축된 컨텍스트라고 지난 장에서 말씀드렸습니다.

컨텍스트는 왜 필요한 것일까요? 텍스트를 담기 위해서입니다. 정황이나 문맥, 배경이나 무대가 없으면 내용이 담길 수 없습니다. 경험이 있어야 단어가 생기고 개념이 생성됩니다. 이 단어와 개념으로 문장이 만들어지면 사상이나 심오한 내용이 비로소 이 안에 담길 수 있게 됩니다. 따라서 구약을 제대로 읽어내려면 구약에 구축된 컨텍스트가 무엇인지 먼저 이해해야 합니다.

공포, 인문학이 발견한 텍스트

사사기의 컨텍스트에 담긴 텍스트를 읽어내기 위해 인문학의 이해를 동원해봅시다. 인문학은 인류의 경험 속에서 텍스트 곧 본문을 찾아내려는 몸부림입니다. 인류가 걸어온 길에 어떤 가치 있는 내용이 있느냐를 묻고 있지요. 텍스트를 찾는 것입니다. 그런데 인문학이 발견한 텍스트는 오히려 공포였다고 지난 장에서 말씀드렸습니다. 어떤 공포일까요? 인간에 대한 절망, 그리고 절망할 수밖에 없는 현실에 대한 분노가 공포로 드러나지요. 이것이 인문학이 발견했다는 본문입니다.

지난 장에서 일본의 메이지 정부에 대해 잠시 언급하였습니다. 서구 열강의 침략에 대한 공포가 막부를 무너트리고 메이지 정부를 세우기에 이릅니다. 메이지 정부는 나라를 보존하기 위하여 결사각오로 국력을 쌓습니다. 마침내 그들은 서구 열강에 맞서는 동양의 대표 주자가 되겠다는 명분을 내세워 조선을 침략하여 합병하고 태평양 전쟁을 일으킵니다. 사실 이런 일들은 다 공포에서 비롯한 것이었지요.

우리 역사에서도 이런 공포가 있었습니다. 우리나라가 가진 공포는 무엇에 대한 것이었을까요? 우선 일제 강점기와 6·25전쟁을 지나오면서 경험한 공포가 있었습니다. 여기에 가난에 대한 공포, 계속 후진국으로 남을 것 같은 공포가 한데 묶여 경제

발전에 매달리게 되었고, 마침내 유신 체제가 가능하게 된 계기가 되었지요.

얼마 전 이런 방송을 본 적이 있습니다. 유신 정권 당시 산림 육성의 일환으로 '나무 심기 운동'을 추진했는데, 당시 작업하던 모습을 촬영해둔 것을 최근에 방영한 것입니다. 화면을 보니, 벌거벗은 민둥산에 사람들이 작대기 하나 꽂듯 나무를 심고 거기에 이름표를 붙이고 있었습니다. 그 이름표에는 근처 주민들의 이름이 적혀 있었습니다. 이름표에 적힌 사람들이 그 나무를 책임지고 키워야 했지요. 영상을 보면, 사람들이 각자에게 할당된 나무에 물을 주려고 매일 힘겹게 물동이를 이고 산에 오르는 모습이 나옵니다. 요즘 사고방식으로는 얼른 납득이 잘 안 되는 모습이죠. 어떻게 이런 동원이 가능했을까요? 당시 국민 전체에 어떤 공감대가 형성되어 있었기 때문입니다. 이대로 가면 우린 다 죽는다, 그러니 우리도 강해져야 한다, 하는 공감대 말입니다. 이런 공포가 우리의 지난 역사를 형성해왔지요.

그러나 지금 와서, 이 모든 아우성이 무엇을 만들어냈는가 생각하면 참 허망합니다. 사람들의 노력이 더 좋은 세상을 만들어내지 못했습니다. 이럴 때는 사무라이 정신에 짙게 배어 있는 지혜가 타당한 면이 있다는 생각이 들기도 합니다. "빨리 죽는 게 복이고 살아서 인생의 낙을 볼 일은 없다." 하지만 정말 그럴까요? 성경은 인생을 그런 식으로 말하지 않습니다. 인생의 참다운 가치와 의미를 부여해주는 텍스트가 있다고 성경은 말하고 있습니다. 인생을 살면서 이 텍스트를 발견해내지 못하면 오래 산들 아무 소용이 없습니다. 우선 우리는 이 텍스트가 무엇인지 밝히기 전에, 이 텍스트에 이르지 못하는 우리의 실상을 먼저 직시해야 합니다.

인간 현실에 깃든 공포, 기가 막히도록 비정한 인간의 실상을 이해하지 못하면, 성경이 말하는 죄인이라는 말이나 구원이라는 말을 알아들을 수 없습니다. 죄인이 얼마나 비참한 존재인지, 구원이 얼마나 기쁜 소식인지 도무지 이해할 수 없게 됩니다. 그래서 하나님은 당신의 본문을 우리에게 담아내기 위해 시간을 주시는 것입니다. 역사가 중단되지 않고 계속 이어가게 하시지요. 우리가 보기에 죽어 마땅한 자들인데도 죽이지 않으시면서 말입니다. 오히려 하나님은 그들에게 자유를 주고 계십니다.

자유, 텍스트를 담는 그릇

이 자유란 얼마나 굉장한 권리이며 얼마나 가치 있는 조건일까요. 자유의 가치가 무엇인지 생각하게 해주는 이야기가 있습니다. 《아서왕과 원탁의 기사들》이라는 책에 나온, 중세 영국을 배경으로 한 이야기가 바로 그것입니다. 원탁의 기사는 모두 열두 명인데, 그들에게는 기사도騎士道를 지킨다는 명예와 자부심이 있었습니다. 이들은 누구의 도전도 받아들이며 어디에서나 선행을 베푸는, 요즘 말하는 신사도紳士道의 모범을 서약한 사람들입니다. 그 원탁의 기사 중 케이 경卿이라는 사람이 있습니다. 어느 날 케이 경이 길을 가다가 어떤 낯선 사람을 만났는데, 그가 케이 경에게 시합을 청했습니다. 당시에는 기사가 도전에 불응하는 것을 굉장한 불명예로 여겼기에 케이 경은 이 낯선 요청에 응합니다. 그런데 결투에서 케이 경이 그만 지고 말았습니다. 결투에서 지게 되면 이긴 사람의 명을 받아들여야 하는 것이 당시 전통이었습니다. 케이 경을 이긴 그 낯선 사람은 제안하기를, 여자가 가장 원하는 것이 무엇인지 오늘 해질 때까지 알아 오면 목숨은 살려주겠다고 합니다.

케이 경은 말도 빼앗기고 무장도 해제한 채 인근 마을을 터벅터벅 돌면서 만나는 사람마다 여자들이 제일 원하는 것이 무엇인가 묻고 다닙니다. 우리가 익히 아는 답들이 여기 등장합니다. 행복, 건강, 아름다움 같은 것 말입니다. 케이 경이 여러 답을 들으면서, 이 중에서 과연 여자들이 가장 원하는 것이 무엇일까를 고민합니다. 들려준 답들이 다들 그런대로 일리가 있다, 그러니 하나만 답이라고 잘라 말할 수가 없다, 아직 내가 정답을 찾지 못해서 그런 것일까, 하는 고민 속에 해가 뉘엿뉘엿 저뭅니다.

답을 찾지 못한 케이 경이 느릿느릿 힘없이 약속 장소로 돌아가는데 나무 그늘에 서 있는 어떤 여인이 케이 경을 부릅니다. 가서 보니 매우 추한 한 여인이 얼굴을 반쯤 가린 채 서 있습니다. 그 여인이 말했습니다. "여자가 가장 원하는 것이 무엇인지 당신이 물으러 다닌다는 이야기를 들었습니다. 제가 정답을 가르쳐 드릴 테니 제게 보상해주십시오. 제 답이 맞으면, 저를 원탁의 기사 중 한 명과 결혼하게 해주십시오." 케이 경이 그 여자의 얼굴을 보니 아무에게도 결혼 상대로 추천하기는 어려워 보였습니다. 그래서 이 여인이 정답을 말해준다면 나라도 책임져주자, 하고 마음을 먹습니다.

여인에게서 답을 들은 케이 경은 약속 장소로 발걸음을 재촉합니다. 그런데 알고 보니 케이 경에게 시합을 건 자는 마왕입니다. 케이 경이 돌아오자 마왕이 묻습니다. "답을 알아 왔는가?" "알아 왔다." "무엇인가?" "행복이다." "틀렸다." "아름다움이다." "아니다." "건강이다." "다 틀렸다. 그럼, 못 알아왔구나. 이제 너는 내 칼을 받으리." 이때 게이 경이 최후의 카드를 내밉니다. "마지막으로 답하겠다. 당신이 정직하다면 이 답에 항복할 것이다. 정답은 자유다. 어떤 여인이 답을 알려주었다." 이 말에 마왕이 놀라며 말합니다. "저 나무 아래에 있는 여자가 너한테 가르쳐주었지? 그 여인은 내가 사랑하는 여자야. 나는 그녀에게 모든 걸 해주었지만 그녀는 내게 마음을 주지 않았어. 끝없이 자유를 달라고만 할 뿐. 그래서 나 아닌 다른 남자한테 가지 못하게 내가 얼굴을 흉하게 바꿔버렸지. 아, 결국 한 여인의 마음을 얻는 것이 이렇게 어렵단 말이냐" 하고서는 죽어버립니다. 케이 경이 그 여자와 한 약속을 지키려고 돌아왔더니, 여인은 마법이 풀려 절세의 미녀가 되었더라, 이런 이야기입니다. 자유란 비단 이 여인뿐만 아니라 모두가 가장 원하는 것이기에 이런 이야기가 남겨졌을 테지요.

자유, 곧 선택권이 왜 그리 중요할까요? 하나님이 우리에게 요구하시는 것은 사랑과 믿음인데, 이 사랑과 믿음은 두 인격 간의 지위가 대등하지 않으면 성립하지 않습니다. 그래서 하나님은 우리에게 자유를 주시는 것입니다. 하나님은 당신을 거부할 수 있는 선택권까지 우리에게 주십니다. 우리의 자유로운 결정으로 당신을 사랑하기를 원하시기 때문이지요. 자유는 본문이 아니라, 본문을 담기 위해 주어진 조건입니다.

이런 관점에서 사사기를 보면, 하나님이 인간에게 본문을 담기 위해 자유를 주셨다는 것을 알게 됩니다. 자유를 주시고서, 너희가 어떻게 하나 보자, 내 말을 듣지 않으면 어떻게 되나 같이 가보자, 하며 시간과 기회를 주신 것입니다. 우리가 대체 어떤 지위를 가졌기에 이렇게 대등하게 대접해주시는 것일까요? 자유가 있다는 것이 무슨 말일까요? 자유는 그저 추상명사로 이해될 수 없습니다. 하나님이 우리에게 자유를 주셨다는 것이 무슨 의미인지 이해하게 해주는 중요한 본문이 신약에 나옵니다.

집을 떠날 자유

누가복음 15장에 가면 '탕자의 비유'가 나옵니다. 우리가 잘 아는 비유인데, 자세히 읽어보면 이 본문이 자유에 대하여 말하고 있음을 알 수 있습니다. 이 본문에 나온 단어들을 조심스럽게 잘 따라가봅시다.

> 또 이르시되 어떤 사람에게 두 아들이 있는데 그 둘째가 아버지에게 말하되 아버지여 재산 중에서 내게 돌아올 분깃을 내게 주소서 하는지라 아버지가 그 살림을 각각 나눠 주었더니 그 후 며칠이 안 되어 둘째 아들이 재물을 다 모아 가지고 먼 나라에 가 거기서 허랑방탕하여 그 재산을 낭비하더니 다 없앤 후 그 나라에 크게 흉년이 들어 그가 비로소 궁핍한지라 가서 그 나라 백성 중 한 사람에게 붙여 사니 그가 그를 들로 보내어 돼지를 치게 하였는데 그가 돼지 먹는 쥐엄 열매로 배를 채우고자 하되 주는 자가 없는지라 이에 스스로 돌이켜 이르되 내 아버지에게는 양식이 풍족한 품꾼이 얼마나 많은가 나는 여기서 주려 죽는구나 내가 일어나 아버지께 가서 이르기를 아버지 내가 하늘과 아버지께 죄를 지었사오니 지금부터는 아버지의 아들이라 일컬음을 감당하지 못하겠나이다 나

를 품꾼의 하나로 보소서 하리라 하고 이에 일어나서 아버지께로 돌아가니라 아직도 거리가 먼데 아버지가 그를 보고 측은히 여겨 달려가 목을 안고 입을 맞추니 아들이 이르되 아버지 내가 하늘과 아버지께 죄를 지었사오니 지금부터는 아버지의 아들이라 일컬음을 감당하지 못하겠나이다 하나 아버지는 종들에게 이르되 제일 좋은 옷을 내어다가 입히고 손에 가락지를 끼우고 발에 신을 신기라 그리고 살진 송아지를 끌어다가 잡으라 우리가 먹고 즐기자 이 내 아들은 죽었다가 다시 살아났으며 내가 잃었다가 다시 얻었노라 하니 그들이 즐거워하더라 맏아들은 밭에 있다가 돌아와 집에 가까이 왔을 때에 풍악과 춤추는 소리를 듣고 한 종을 불러 이 무슨 일인가 물은대 대답하되 당신의 동생이 돌아왔으매 당신의 아버지가 건강한 그를 다시 맞아들이게 됨으로 인하여 살진 송아지를 잡았나이다 하니 그가 노하여 들어가고자 하지 아니하거늘 아버지가 나와서 권한대 아버지께 대답하여 이르되 내가 여러 해 아버지를 섬겨 명을 어김이 없거늘 내게는 염소 새끼라도 주어 나와 내 벗으로 즐기게 하신 일이 없더니 아버지의 살림을 창녀들과 함께 삼켜 버린 이 아들이 돌아오매 이를 위하여 살진 송아지를 잡으셨나이다 아버지가 이르되 애 너는 항상 나와 함께 있으니 내 것이

> 다 네 것이로되 이 네 동생은 죽었다가 살아났으며 내가 잃었다가 얻었기로 우리가 즐거워하고 기뻐하는 것이 마땅하다 하니라 (눅 15:11-32)

우리는 탕자의 비유를, 한 못난 아들이 집을 나갔다가 회개하고 돌아오는 간단한 이야기로 치부하고 마는데, 그렇지 않습니다. 더 깊이 들어가야 합니다. 이 비유에는 자유가 무엇인가에 대한 본질적 설명이 들어 있습니다.

이 비유에는 두 아들이 나오는데, 작은아들이 아버지에게 자기 몫의 재산을 달라고 합니다. 부모한테 자기 몫을 달라고 요구할 권리가 자식에게 있습니까? 없습니다. 재산을 나눠달라는 자식의 요구를 부모가 들어줘야 할 의무도 없습니다. 부모의 재산이니 말입니다. 그런데 이 비유에서 얼마나 당돌한 일이 벌어지는지 봅시다. 아들은 자기 몫을 달라고 요구하고, 아버지는 그 요구를 들어줍니다. 크게 한몫 챙긴 아들은 집을 나가버립니다. 나가서 허랑방탕하게 탕진합니다. 결국 재산을 다 잃고 배를 주리기에 이르지요. 아무리 많은 것을 가진 사람이라도 계속해서 생산하지 않으면 결국 이처럼 바닥이 드러나게 마련입니다.

여기서 작은아들이 무엇을 깨닫게 됩니까? 이 대목이 중요합니다. 내 아버지는 얼마나 무한히 가지고 있었던가, 게다가 더할 나위 없이 자비로운 분이셨지, 우리 집에서는 자식은 말할 것도 없고 심지어 일꾼마저 넉넉하였거늘, 나는 여기서 혼자 굶어 죽게 되었구나, 이제 돌아가야겠다, 자식 대접은 바라지도 않겠다, 그저 품꾼의 하나로 보아달라고 빌어보아야겠다, 라고 돌이켜 아버지에게 되돌아가기로 한 것입니다.

이 아들이 돌아오자 아버지는 아들의 변명은 듣지도 않습니다. 손사래를 치며 무슨 소리냐, 여봐라, 내 아들에게 새 옷을 입히고 새 신을 신겨라, 새 가락지를 끼워라, 송아지를 잡아라, 잃었던 내 자식이 돌아왔다, 그러니 함께 즐거워하는 것이 마땅하다, 라며 뛸 듯이 기뻐합니다.

종일 밖에서 일하고 돌아온 맏아들이 흥겨운 잔치를 보더니 놀라서 묻습니다. "이게 웬 잔치냐, 무슨 경사라도 났느냐?" "네. 당신의 동생이 돌아왔습니다." "뭐라고? 그놈을 위해서 열어준 잔치라고?" 아버지가 나와서 "얘야, 네 동생이 돌아왔다. 들어와서 같이 기뻐하자"고 권합니다. 하지만 맏아들은 "싫습니다. 그렇게는 못합니다. 이 아들은 창녀와 함께 아버지의 재산을 다 말아먹은 놈입니다. 나한테는 생전 한 번도 안 열어준 잔치를 왜 이놈한테는 해줍니까?"라며 불평합니다.

아버지는 아들이 살아 돌아왔다며 기뻐하는데, 맏아들은 이 기쁨에 전혀 동참하지 않습니다. 30절에서 보듯, 자기 동생을 동생이라고 부르지 않고 '이 아들'이라고 칭하는 것으로 미루어 맏아들의 원망과 불평이 얼마나 큰지 짐작할 수 있습니다. 동생으로도 여기지 않는 것이지요. 맏아들은 자기 동생이 해서는 안 되는 얼마나 한심한 짓을 했는지를 드러내려고 그러는 것입니다. 하지만 아버지의 대답은 이렇습니다. "아버지와 아들의 관계는 보상 관계로 설명할 수 없다. 잘하면 얻고 못하면 빼앗기는 그런 관계가 아니다. 내 아들아, 내 것이 다 네 것이 아니냐."

이것이 인간에게 자유를 허락하신 하나님의 뜻입니다. 하나님이 인간에게 주신 말할 수 없는 특권이죠. 하나님은 우리에게 마음껏 선택할 자유를 주시고 또한 우리가 마음대로 저지르는 못난 선택을 감수하고 기다려주십니다. 우리가 한 대로 갚지 않으시고, 오히려 우리가 한 그 못난 선택 속에서 우리를 항복시키십니다. 우리가 공포를 지나와야 하는 이유가 바로 이것입니다. 우리는 우리 자신이 선택한 결과, 곧 공포를 마주하는 자리를 반드시 지나와야 합니다. 그래야 우리가 결정한 것이 결국 무엇인지 알 수 있게 됩니다. 여기에 인문학의 필요성이 있습니다. 그 공포를 대면하지 못해 자기가 어떤 존재인지 모르면, 회개가 무엇인지, 구원이 무엇인지 결코 알 수 없습니다. 교회는 모범생끼리 모인 곳이 아닙니다. 우리는 모두 죄인입니다.

작은아들로 살아본 적이 없이는 결단코 신앙의 본질에 도달하지 못합니다. 우리가 아담의 후손이어서 그렇습니다. 아담이 한 짓이 무엇입니까? 하나님 없이 살아보겠다는 것입니다. 그러자 하나님이 정말 마음껏 해보라고 자유를 주셨습니다.

그런데 매번 우리는, 왜 하나님은 선악과를 만드셨을까, 아담이 죄를 짓게 될 줄 하나님은 아셨을까 모르셨을까, 이런 헛된 질문에만 매달립니다. 하나님의 형상으로 지음 받은, 하나님이 복을 주신 인간 존재의 가치에 대해서는 생각할 줄 모르면서 말입니다. 하나님은 하나님 당신을 거역할 자유까지 우리에게 허락하십니다. 물론 이 말은 좀 과장된 표현이지만, 우리에게 주어진 자유를 이보다 더 적절하게 표현할 수는 없을 것입니다. 자유를 주셨습니다. 이 자유가 우리의 지위이며, 하나님이 당신의 본문을 담아내기 위한 그릇이라는 것을 알아야 합니다.

네가 어디로 가든지

자유가 없이는 사랑과 믿음의 관계를 가질 수 없습니다. 이는 대등한 지위에서만 누릴 수 있는 관계입니다. 사랑의 반대말은 무엇일까요? 증오나 무관심이 아닙니다. 사랑의 반대는 동정이라고 저는 생각합니다. 사랑은 대등한 지위에서 주고받는 것이며 믿음도 마찬가지입니다. 하나님은 당신의 본문을 담아내기 위하여 인류에게 시간을 주시고 인격에게 자유를 주신 것입니다. 이것이 굉장한 지위라고, 하나님이 당신과 우리를 대등하게 여기셔서 허락하신 지위라고 감히 이야기할 수 있는 근거가 어디에 있을까요? 우리는 그것을 야곱에게서 발견할 수 있습니다. 창세기 28장입니다.

> 야곱이 브엘세바에서 떠나 하란으로 향하여 가더니 한 곳에 이르러는 해가 진지라 거기서 유숙하려고 그 곳의 한 돌을 가져다가 베개로 삼고 거기 누워 자더니 꿈에 본즉 사닥다리가 땅 위에 서 있는데 그 꼭대기가 하늘에 닿았고 또 본즉 하나님의 사자들이 그 위에서 오르락내리락 하고 또 본즉 여호와께서 그 위에 서서 이르시되 나는 여호와니 너의 조부 아브라함의 하나님이요 이삭의 하나님이라 네가 누워 있는 땅을 내가 너와 네 자손에게 주리니 네 자손이 땅의 티끌 같이 되어 네가 서쪽과 동쪽과 북쪽과 남쪽으로 퍼져 나갈지며 땅의 모든 족속이 너와 네 자손으로 말미암아 복을 받으리라 내가 너와 함께 있어 네가 어디로 가든지 너를 지키며 너를 이끌어 이 땅으로 돌아오게 할지라 내가 네게 허락한 것을 다 이루기까지 너를 떠나지 아니하리라 (창 28:10-15)

'내가 너를 떠나지 아니하리라'는 하나님의 이 약속에는 '네가 어디로 가든지'가 전제되어 있습니다. 인간의 선택과 자유가 전제된 약속이지요. 네가 어디로 가든지, 무엇을 하든지 내가 너를 놓아두지 않겠다. 마침내 내가 네게 복을 줄 것이라, 너와 네 자손과 열방에 복을 줄 것이라, 네가 어디로 가든지.

야곱은 형을 속이고 아버지를 기만하여 더 이상 집에 있을 수 없게 되자 외삼촌 라반에게 도망갑니다. 가서 이십 년가량 종살이 비슷하게 매여 지내는데, 그래도 열심히 모아 큰 부자가 됩니다. 그러자 외삼촌 집에서도 미움을 받게 되어 야곱은 떠나기로 합니다. 탕자가 집으로 돌아가듯이 야곱도 고향 집으로 돌아갈 수밖에 없게 된 것이지요. 두려움을 안고서 귀향하는데, 형 에서가 아직 자기에게 칼을 품고 있다는 말을 듣습니다. 얍복 나루에 이른 야곱은 어찌해야 할지 몰라 자기 재산을 두 떼로 나누어 형에게 보냅니다. 어떻게 해서든지 형의 마음을 누그러트리기 위해 선물로 보낸 것이지요.

이 장면이 창세기 32장에 기록되어 있습니다. 가족까지 다 앞서 보내고 야곱 홀로 얍복 나루에 남아 있는데 하나님의 사자가 와서 그에게 씨름을 겁니다. 밤이 새도록 둘이 씨름하지요. 날이 밝아왔는데도 승부가 나지 않습니다. 하나님의 사자가 야곱을 이길 수 없음을 보고 그의 허벅지 관절을 칩니다. 그리고 이제 가겠다고 하자 야곱이 그를 붙잡고 늘어집니다. "그냥 갈 수 없습니다. 나를 축복해주십시오." "네 이름이 무엇이냐?" "야곱입니다." "너는 더 이상 야곱이 아니다. 이제부터 너는 이스라엘이다. 더 이상 야곱이 아니다."

'야곱'은 '약탈자'라는 의미를 지닌 이름입니다. 자기 필요를 채우기 위해서는 어디에선가 빼앗아 와야 하는 자가 바로 야곱이었던 것입니다. 여기에 공포가 전제되어 있는 것이죠. 새로 지음 받은 이름인 '이스라엘'은 '하나님과 겨루어 이긴 자'라는 의미입니다. 하나님을 이긴 자, 이 말이 무슨 뜻일까요?

부모라면 이 문제의 답을 맞힐 것입니다. 자식은 부모를 이깁니다. 자식은 부모를 이기려고 굳이 애쓰지 않아도 자식이라는 지위만으로 부모를 이길 수 있는 것입니다. 어느 부모가 자식을 이기거나 자식을 희생하여 자기를 보존하겠습니까? 기꺼이 부모가 헌신하지요. 부모라면 누구나 다 경험하는 일입니다. 너는 나를 이기는 자란다, 너의 모든 운명을 복 되게 하려고 내가 전력을 쏟아 부었단다. 우리를 향해 하나님이 이렇게 말씀하십니다. 자유는 그 자체로 무슨 내용을 지니고 있지 않습니다. 자유는 우리의 신분과 정체가 무엇인지 증언해주고 있는 것입니다. 사랑과 믿음을 나누는 대등한 관계로, 그렇게 하나님이 부르시는 존재라고 말해주는 것이지요.

자유를 위해 허락된 시간

그런데 우리는 이 자유가 부담스럽습니다. 자기가 선택한 결과를 감당할 자신이 없기 때문입니다. 그래서 선택은 자기 마음대로 해놓고 결과는 하나님더러 책임지라고 합니다. "하나님, 내가 술 먹으러 갈 때면 땅이 갈라지게 해서라도 못 가게 해주십시오." 이것이 고작 우리가 하는 기도입니다. 하나님은 말씀하십니다. 그렇게는 하지 않겠다, 나는 너를 힘으로 굴복시키지 않겠다, 나는 너를 종으로 삼으려고 부른 것이 아니다, 너는 내 아들이다. 이런 우리의 신분을 염두에 둔 권면이 갈라디아서 5장에 나옵니다.

> 그리스도께서 우리를 자유롭게 하려고 자유를 주셨으니
> 그러므로 굳건하게 서서 다시는 종의 멍에를 메지 말라
> (갈 5:1)

하나님이 허락하신 여러분의 지위의 귀함을 아십시오. 하나님은 우리에게 이렇게 말씀하십니다. 너는 멋있게 살아라, 훌륭해져라, 너 자신이 누군지 알아라, 내가 너에게 무엇을 목적하고 있는지 기억해라, 다른 어떤 가치 밑에 가서 종노릇하지 마라, 네가 최고의 가치란다, 너는 내 자식이란다.

이렇게 우리의 지위를 전제한 후에 갈라디아서 5장 16절 이

하에서는 두 가지 길을 제시합니다. 육체의 길, 그리고 성령의 길입니다. 선택권이 네게 있다는 것만으로 네가 훌륭해지는 것이 아니다, 네가 한 선택으로 훌륭한 길을 가라, 선택과 결정이 명예롭고 지혜롭고 영광된 것이 되게 하라, 이런 말씀입니다.

이를 위하여 하나님은 시간을 주십니다. 탕자에게는 가산을 다 탕진할 시간을, 야곱에게는 이십 년이라는 긴 방황의 시간을 허락하십니다. 그 시간을 통해서 하나님이 우리에게 본문을 담아내십니다. 세상이 가진 본문은 무엇이라고 했습니까? 공포입니다. 그러나 하나님이 주신 본문은 생명과 진리, 믿음과 사랑입니다. 이 성령의 열매를 막을 수 있는 것은 없습니다. 22절입니다.

> 오직 성령의 열매는 사랑과 희락과 화평과 오래 참음과 자비와 양선과 충성과 온유와 절제니 이같은 것을 금지할 법이 없느니라 (갈 5:22-23)

공포에 지지 마시고 성령의 열매를 맺으십시오. 이것을 위해서 자유를 주시고 시간을 주신 것입니다. 이것을 바로 사사기가 보여주고 있습니다. 또한 우리의 인생에도 펼쳐집니다. 하나님의 위대하심을 보십시오. 우리와 사랑을 나누기 원하시는 이의 관용과 능력과 진정성을 보십시오.

만일 여러분이 자유를 권리로만 이해하여 마음껏 고함지르는 것이 삶의 전부라면, 여러분은 아직 인문학이 제시한 답에 여전히 머물러 있는 것입니다. 앞서 보았듯이 인문학이 밝혀낸 텍스트는 공포, 절망, 분노뿐입니다.

그러나 진정한 답에 이르지 못한다면 분노가 무슨 쓸데 있겠습니까? 분노는 진정한 내용을 담기 위한 것일 때에야 가치가 있습니다. 사도 바울이 아테네에서 하나님을 모르는 자들의 비참한 인생을 보자 거룩한 분노를 발하여 복음을 증언한 것같이, 여러분의 삶을 하나님께 바쳐 그 위대함과 명예와 진리와 생명과 참다운 자유를 보여야 합니다. 그것이 예수 믿는 것입니다.

여러분의 건강이나 재정이나 사회적 지위 같은 것은 문제가 되지 않습니다. 하나님께 유용한 존재가 되기 위해 유명한 작가가 될 필요도 없고 철학자가 될 필요도 없습니다. 주어진 삶 속에서 하나님의 자녀만이 가지는 생명과 진리와 영광과 명예를 증언하십시오. 하나님은 언제나 어떤 삶에나 본문을 담으실 수 있습니다. 너는 더 이상 야곱이 아니다, 너는 이제 이스라엘이다, 라고 말씀하시는 하나님이십니다.

그런데도 여전히 공포와 의심이 가득한 얼굴로 다니는 이유는 무엇일까요? 진정한 본문을 몰라서 그렇습니다. 자기를 보아도 겁이 나니 누구를 보아도 겁이 나죠. 예수 믿는 것은 그런 것이 아닙니다. 넉넉하게 사십시오. 하나님이 여러분의 인생에 무엇을 담으시는지 여러분 얼굴에 명예와 자랑스러움으로 나타내십시오. 자신의 현실에 만족하지 못하는 사람은 인문학이 제시하는 해결 수준에 아직도 붙잡혀 있는 것에 불과합니다. 성경으로 돌아오시고 믿음으로 돌아오십시오. 그리하여 승리를 구가하십시오.

기도

하나님 아버지, 은혜를 감사합니다. 하나님이 우리에게 자유와 시간을 얼마든지 허락하셨습니다. 넘치는 자유와 시간을 받은 우리는 기꺼이 우리 자신을 하나님께 묶습니다. 하나님만이 우리의 승리이며 우리의 자랑이며 우리의 영광인 줄 깨닫습니다. 세상은 거짓됩니다. 이 세상 한복판을 꿰뚫어 사망을 뒤집으시는 하나님의 부활의 승리와 하나님만이 주실 수 있는 의미와 가치를 하나님의 사람으로 증거하고 누리게 하옵소서. 예수님 이름으로 기도합니다. 아멘.

Chapter 5

이방 민족들_
타협하지
않겠다

1 여호와께서 가나안의 모든 전쟁들을 알지 못한 이스라엘을 시험하려 하시며 **2** 이스라엘 자손의 세대 중에 아직 전쟁을 알지 못하는 자들에게 그것을 가르쳐 알게 하려 하사 남겨 두신 이방 민족들은 **3** 블레셋의 다섯 군주들과 모든 가나안 족속과 시돈 족속과 바알 헤르몬 산에서부터 하맛 입구까지 레바논 산에 거주하는 히위 족속이라 **4** 남겨 두신 이 이방 민족들로 이스라엘을 시험하사 여호와께서 모세를 통하여 그들의 조상들에게 이르신 명령들을 순종하는지 알고자 하셨더라 **5** 그러므로 이스라엘 자손은 가나안 족속과 헷 족속과 아모리 족속과 브리스 족속과 히위 족속과 여부스 족속 가운데에 거주하면서 **6** 그들의 딸들을 맞아 아내로 삼으며 자기 딸들을 그들의 아들들에게 주고 또 그들의 신들을 섬겼더라 (삿 3:1-6)

하나님이 세우시려는 나라

애굽에 내려올 때에 고작 칠십 명에 불과했던 이스라엘은 세월이 지나면서 국가를 이룰 정도로 그 규모가 커집니다. 그러나 그 때문에 이스라엘은 애굽의 노예로 전락하게 됩니다. 이제 이런 이스라엘 백성을 하나님께서 당신의 백성으로 부르셔서 그들과 새로운 나라를 세우려고 하십니다. 그 나라는 애굽 같은 폭력의 나라가 아니라 정의의 나라일 것입니다. 이 일을 이루시기 위해 하나님은 폭력을 지배 원리로 하는 애굽을 깨트려 당신의 백성을 구하셨던 것입니다. 또 가나안에서도 애굽처럼 폭력을 지배 원리로 삼고 있는 그 땅 원주민들을 진멸하고 거기에 하나님의 나라, 정의와 평화의 나라를 세우실 것입니다.

'가나안 족속을 진멸하라'는 명령에는 '폭력 사회와 정의 사회는 공존할 수 없다'는 의미가 담겨 있습니다. 하지만 이스라엘은 하나님이 세우시고자 하는 정의와 평화의 나라를 거부하고 가나안의 지배 원리에 적당히 타협하고 살기로 합니다. 그러자 하나님은 이스라엘에게 너희가 가나안 원주민을 쫓아내기를 거부하였으니 나도 그들을 쫓아내지 않겠다, 그렇게 되면 전쟁은 불가피하다, 라고 말씀하십니다. 하나님의 이런 뜻을 염두에 두어야 사사기를 읽어낼 수 있습니다.

여러분은 전쟁이 왜 일어난다고 생각하십니까? 인간은 대개 자신이 가진 자유를 권리로 인식합니다. 그리고 이 권리는 무엇을 선택하거나 결정할 때 가장 많이 사용됩니다. 그런데 만일 서로 다른 사람들이 동일한 것을 동시에 선택하거나 대등한 위치에 있는 사람들이 상충되는 결정을 내린다면 어떻게 될까요? 아마 충돌이 불가피할 것입니다. 각각 자기 선택만을 고집하고 주장하기 때문입니다. 모두가 자신의 자유를 행사한다고 생각하지만 서로 상대방의 영역을 침범하게 되지요. 서로를 용납할 수 없는 상황이 되어 자신의 권리 주장이 상대방의 권리를 제한하거나 침해하게 되면 당연히 충돌이 일어날 수밖에 없습니다. 사람은 누구나 자신의 자유와 권리를 우선하여 주장하기를 원하기 때문에 갈등이 생기고, 그렇게 되면 이제 힘으로 경쟁하는 수밖에 없게 됩니다.

이스라엘은 자기들이 가나안 원주민들 속에 정착하여 서로 사이좋게 나눠 먹고 살면 아무 일도 없으리라고 쉽게 생각했을 것입니다. 하지만 인간이라는 존재는 결코 그러한 이상을 스스로 실현할 수 없는 존재입니다. 그래서 하나님께서는 그렇게 살면 전쟁을 피할 수 없을 것이라고 경고하십니다. 그 경고가 현실로 실현되는 현장이 바로 사사기입니다.

우리는 인생을 살면서 자신의 자유를 무한히 고집할 수 없다는 것을 배웁니다. 이 세상은 자기 혼자 사는 곳이 아니기 때문입니다. 단둘이 살더라도 자기주장만 고집하며 살 수 없지요. 그리하여 역사학자들은 서구 역사를 연구한 끝에 이런 결론에 다다릅니다. 서구 문명의 최종 성과물은 시민정신의 발견이다, 그리고 시민정신에서 말하는 권리란 책임이 수반된 권리다. 참으로 멋진 결론입니다.

그런데 성경은 권리나 자유에 대하여 이보다 더 성숙한 이해를 요구합니다. 인간에게 부여된 권리나 자유는 책임에 의해 제한되는 정도를 넘어서는 것이라고 말이지요. 이 말이 무슨 뜻일까요? 흔히 정의로운 사회를 구현하려면, 어떤 목표를 이루는 적극적 측면보다도 부정적인 것을 제거하는 소극적 측면이 우선되어야 할 것이라고 생각합니다. 곧 시민 각자가 야심을 버리고 질서를 지키며 상식과 교양을 가져야 한다고 말입니다. 그런데 여기서 말하는 상식과 교양은 윤리나 소양에 관한 차원일 뿐, 그보다 더 나아가는 기대나 약속은 담겨 있지 않습니다. 이에 비해 기독교는, 인간에게 주어진 자유는 세상이 상상하지 못할 차원에서 펼쳐질 것이라고 약속하고 있습니다. 마태복음 22장을 보면서 이 자유가 어떻게 펼쳐지는지 생각해봅시다.

> 예수께서 사두개인들로 대답할 수 없게 하셨다 함을 바리새인들이 듣고 모였는데 그중의 한 율법사가 예수를 시험하여 묻되 선생님 율법 중에서 어느 계명이 크니이까 예수께서 이르시되 네 마음을 다하고 목숨을 다하고

뜻을 다하여 주 너의 하나님을 사랑하라 하셨으니 이것
이 크고 첫째 되는 계명이요 둘째도 그와 같으니 네 이웃
을 네 자신 같이 사랑하라 하셨으니 이 두 계명이 온 율법
과 선지자의 강령이니라 (마 22:34-40)

구약에 증언된 하나님의 율법을 떠올려봅시다. 이를테면, 하나님 외에 다른 신을 두지 말라는 계명이나 네 이웃의 것을 탐내지 말라는 계명을 보면, 하나님의 뜻이 '무엇을 하지 말라'는 식의 부정적이고 소극적인 방식으로 표현되어 있습니다. 네 죄성을 쏟아내지 마라, 죄성을 네 안에 파묻고 없애라, 이런 의미로 들립니다.

법이란 사회질서를 유지하기 위한 강제력입니다. 인간은 하나님이 주신 계명도 법처럼 인식하는 경향이 있습니다. 적극적 선이나 가치를 생산할 능력이 인간에게는 없기 때문에 하나님이 주신 계명도 부정적이고 소극적으로 대하는 것입니다. 그러나 예수님은 이런 미온적 태도를 허무십니다.

어느 계명이 큽니까, 하는 질문이 본문 속에 등장합니다. 경계를 묻고 법을 묻는 소극적 질문이지요. 이 질문을 받은 예수님은 사람들 마음속에 있는 그러한 경계를 허무십니다. 계명의 으뜸은 무엇을 하지 않는 것이 아니다, 무엇을 하는 것이다, 그것은 바로 사랑하는 것이다, 라고 답하십니다. 잘 걷기만 해도 좋겠다

는 우리에게 날 수 있도록 날개를 달아주시듯, 그렇게 계명을 풀어내십니다.

예수님은 지금껏 우리가 갇혀 있었던 경계를 넘어서는 자리로 우리를 초대하십니다. 우리의 기대보다 더 큰 약속이 있으니 그리로 나아오라고 우리를 부르시는 것입니다.

서두에서 언급한 대로, 인간은 상대방에게 자신의 자유를 서로 먼저 주장합니다. 그리고 이 자유가 상호 모순되어 충돌하면 전쟁이 일어나죠. 그런데 되도록 전쟁을 피하기 위해 스스로 자유를 양보하고 제한합니다. 이것이 세상이 정의와 화평을 이루는 방식입니다. 그러나 예수님이 제시하는 계명은 이를 넘어섭니다. 시민정신에 머무는 정도가 아닌, 더 높고 명예로운 가치로 우리를 이끄십니다. '하나님 나라'로 표현되는 하나님의 창조의 목적과 구원의 본질이 여기에 들어 있습니다. 그 특별함을 마태복음 22장이 그렇게 가르치고 있습니다.

하나님의 사랑과 자유

사랑이 무엇일까요? 우리는 사랑을 대단히 소극적으로 이해합니다. 자기가 좋아하는 것을 목숨 걸고 하는 것을 사랑이라고 생각합니다. 그리고 그 좋아하는 것이 무엇인지는 사람마다 각각 다릅니다. 자기 마음대로 정하기 때문이지요. 그러나 성경이 말하는 사랑은 이와 차원이 다릅니다. 요한일서 4장은 사랑을 이렇게 설명하고 있습니다.

> 사랑하는 자들아 우리가 서로 사랑하자 사랑은 하나님께 속한 것이니 사랑하는 자마다 하나님으로부터 나서 하나님을 알고 사랑하지 아니하는 자는 하나님을 알지 못하나니 이는 하나님은 사랑이심이라 (요일 4:7-8)

사랑은 고급한 윤리가 아닙니다. 사랑은 하나님에게서만 나오는 특별한 것입니다. 아주 특별한 가치입니다. 인간과 동물의 차이가 잘잘못을 이해하느냐 여부에 달려 있다면, 사랑은 하나님 안에 속한 자들만이 알게 되는 새로운 가치, 새로운 영광입니다. 세상은 사랑을 모릅니다. 세상에는 사랑이 없습니다. 다만 욕심이 있을 뿐입니다. 세상은 사랑할 능력이 없습니다. 그러니 사랑을 이해하고 사랑을 행하려면 하나님께 속해야만 합니다. 하나님께 속하여 그분께 연결되지 않으면 사랑은 흘러나오지 않습니다. 이것이 성경의 증언입니다.

자유도 이와 같습니다. 자유란 사랑하기를 비로소 선택할 수 있게 된 것, 곧 사랑할 수 있는 기회와 같은 것이지, 부작용을 막고 오염과 왜곡을 억제하는 것같이 제한적이고 소극적인 데 머무르는 것이 아닙니다. 이보다 훨씬 큰 것입니다. 이를 좀 더 분명히 이해하기 위해 하나님의 자유를 생각해봅시다. 하나님의 자유가 무엇인지 알게 되면, 인간에게 부여된 자유를 이해할 수 있는 실마리가 풀릴 것입니다. 호세아 11장입니다.

> 에브라임이여 내가 어찌 너를 놓겠느냐 이스라엘이여 내가 어찌 너를 버리겠느냐 내가 어찌 너를 아드마 같이 놓겠느냐 어찌 너를 스보임 같이 두겠느냐 내 마음이 내 속에서 돌이키어 나의 긍휼이 온전히 불붙듯 하도다 내가 나의 맹렬한 진노를 나타내지 아니하며 내가 다시는 에브라임을 멸하지 아니하리니 이는 내가 하나님이요 사람이 아님이라 네 가운데 있는 거룩한 이니 진노함으로 네게 임하지 아니하리라 (호 11:8-9)

이스라엘은 원래 이스라엘 민족 전체를 가리키는 국명이지만, 솔로몬 이후 남북 왕국으로 분열된 다음에는 북 왕국을 가리키는 이름이 됩니다. 북 왕국은 열 지파가 연맹하여 이루어진 것인데 그 대표 격인 지파가 에브라임입니다. 그래서 에브라임은 북 왕국을 가리키고, 유다는 남 왕국을 가리킵니다.

하나님은 에브라임이여, 이스라엘이여, 내가 어찌 너를 아드마 같이 놓겠느냐, 스보임 같이 포기하겠느냐, 라고 부르짖으십니다. 아드마와 스보임은 소돔과 고모라와 함께 멸망한 악한 도시들입니다. 하나님의 부르짖음은 누구를 향한 것입니까? 이스라엘을 향한 것입니다.

이스라엘은 역사 내내 하나님을 배반합니다. 하나님의 분노를 자초하지요. 그들의 배반으로 인해 하나님은 노하시고 저들을 바벨론에 넘기십니다. 북 왕국은 앗수르에 망하고 남 왕국은 바벨론에 망하여 긴 포로기를 겪습니다. 하나님이 그와 같은 일이 있게 될 것이라고 경고하고 질책하시면서 에브라임이여, 이스라엘이여, 이렇게 부르짖으셨던 것입니다. 이스라엘에 안타까움을 드러내시며 하신 말씀이지요.

너희가 잘못하여 내가 보복하려는 것이 아니다, 너희를 사랑하기 때문에 이렇게 하는 것이다, 너희가 선택한 것은 전쟁을 자초하는 것뿐이다, 그것으로는 정의도 평화도 만들지 못하고 너희 자신도 만족시키지 못한다, 무조건 굴복하라고 너희에게 경고하는 것이 아니다, 너희를 위하여 내 속에서 긍휼이 불붙듯하도다, 라고 언성을 높이시는 것입니다. 옳은 길로 가라고, 하나님 편에 붙으라고, 소리를 높이시는 것입니다. 무슨 말씀을 하시는 것일까요? 너희를 위하는 내 마음은 보복이 아니다, 범죄한 너희에게 내가 주고자 하는 것은 내 속에서부터 자유로이 나오는 은혜이니라, 나는 사람이 아니라 하나님이니라, 너희를 만든 이니라, 너희의 영광을 위하여 내 은혜가 내 속에서 불붙듯 하도다,

하고 말씀하십니다.

여기 하나님의 이 자유를 보십시오. 나를 반대하는 놈은 다 짓이겨버리겠다는, 보복에서 나오는 불붙음과는 차원이 다른 자유입니다. 그 멋진 자유, 영광의 자유를 보십시오. 아브라함을 불러, 내가 네게 복을 주어 네 이름을 창대케 하리니 너는 복이 될 것이다, 라고 말씀하신 하나님의 자유를 보십시오. 예수를 보내어 누구든지 주를 믿는 자는 멸망하지 않고 구원을 얻으리라고 선포하신 하나님의 자유를 보십시오. 그것이 자유입니다. 자유란 바로 이런 것입니다. 이사야 42장은 이 자유에 더 깊은 내용이 들어 있음을 이렇게 증언합니다.

> 나는 여호와이니 이는 내 이름이라 나는 내 영광을 다른 자에게, 내 찬송을 우상에게 주지 아니하리라 (사 42:8)

내 자유는 너와 타협하지 않을 것이다, 내 은혜는 직당한 선에서 타협하지 않을 것이다, 너를 나의 형상으로 창조할 때 가졌던 목적, 너를 나의 영광의 찬송으로 만들겠다는 목적을 나는 결코 포기하거나 중단하거나 타협하지 않겠다, 라고 말씀하십니다. 하나님이 우리에게 빚을 지고 계셔서가 아닙니다. 우리가 아니면 안 되는 무슨 이유가 있어서도 아닙니다. 하나님만이 가지신 은혜와 자비와 거룩에서 흘러나오는 하나님의 자유 때문입니다.

고난으로 만들어지는 자유

하나님은 당신의 놀라운 목적을 우리에게 이루기까지 결코 쉬지 않으실 것이며 당신의 일하심을 우리의 현실 속에서 구체적으로 보이실 것입니다. 이것이 성육신입니다. 하나님은 천상에서 방관하고 계시지 않습니다. 심사하거나 해설하고 계시지 않습니다. 우리에게로 들어와 우리와 함께 씨름하십니다. 그래서 우리 현실에 고난이 있는 것입니다. 시편 119편을 보겠습니다.

> 고난 당한 것이 내게 유익이라 이로 말미암아 내가 주의 율례들을 배우게 되었나이다 주의 입의 법이 내게는 천천 금은보다 좋으니이다 주의 손이 나를 만들고 세우셨사오니 내가 깨달아 주의 계명들을 배우게 하소서 주를 경외하는 자들이 나를 보고 기뻐하는 것은 내가 주의 말씀을 바라는 까닭이니이다 여호와여 내가 알거니와 주의 심판은 의로우시고 주께서 나를 괴롭게 하심은 성실하심 때문이니이다 (시 119:71-75)

이제 우리는 자유와 선택의 본질을 알게 됩니다. 자유와 선택은 하나님 안에 있을 것이냐 하나님 밖에 있을 것이냐의 문제입니다. 그런데도 우리는 이를 외면한 채 정의니 평화니 행복이니 하는 단어들로 자신을 속이고 있습니다. 자유는 하나님 안에 들어가야 비로소 진정한 적극적 의미와 가치를 지니게 되는데도 말입니다. 하나님 밖에서 내 마음대로 하는 자유는 진정한 자유가 아닙니다. 고집에 불과합니다. 하나님은 당신의 거룩하심으로 우리를 사랑하십니다. 그렇게 우리를 사랑하시며 그 사랑을 또한 우리에게 요구하고 계십니다.

하나님은 우리가 자원하는 마음으로 자유롭게 하나님을 사랑하기를 원하십니다. 우리의 자유로운 선택을 원하시기에 예수를 믿더라도 기꺼이 믿으라고 하시는 것입니다. 세상에서 하듯, 이해관계에 묶여서 믿거나 선택의 여지없이 막다른 골목에 몰려 마지못해 항복하는 것이 아니라, 하나님이 그리하신 것처럼 마음에서 우러나오는 진심으로 우리가 하나님을 사랑하기를 바라십니다.

이렇게 진심으로 자원하는 마음은 어떻게 해야 생길까요? 우리는 인제쯤 하나님 사랑하기를 원하게 될까요? 우리의 생각에서 나온 선택이 얼마나 하찮은 것인가를 깨달을 때에, 우리의 선택이 이루는 결과가 아무런 영광과 가치가 없다는 것을 실감할 때에 그제야 하나님께 눈을 돌리게 됩니다. 그때 비로소 우리 선택의 한계를 벗어나는 차원이 이루어집니다. 그렇게 될 때까지 하나님은 우리의 선택을 기꺼이 허락하시고 우리가 빚어내는 자리까지 함께 가기로 하시는 것입니다. 거기가 바로 고난의 자리이며 사사기의 현장입니다.

하나님은 이렇게 말씀하고 계십니다. 너희가 이 길을 선택했다. 너희의 선택이 무엇을 만드는가 보아라. 그것은 결국 폭력과 전쟁을 만들 뿐이다. 너희가 그토록 원하는 정의와 평화는 왜 안 나오냐고 너희는 언제나 묻는다. 그러나 그것들은 내 안에 들어와 나와 묶여야만 비로소 가능한 것이다, 라고 말입니다.

하나님의 말씀에 대해 우리는 마침내 어떤 응답을 하게 될까요? 내가 내 인생을 마음껏 살아보았습니다. 그러나 인생은 결국 사망을 만드는 것 외에 아무것도 아님을 이제 깨닫습니다. 더 이상 이렇게 살지 않고 하나님께 맡기겠습니다, 라고 항복하는 날이 올 것입니다. 이 항복을 받아내시기 위해 하나님은 우리에게 인생과 역사를 허락하십니다. 우리는 이 인생과 역사를 고난으로 겪어가고, 하나님은 인내로 감수하십니다.

그러니 사심이 없는 듯, 겸양을 떨 듯 이렇게 고백하는 것은 신앙이 아닙니다. 하나님, 제가 무슨 특별한 것을 바라겠어요, 그저 남한테 손 벌리지 않고 자식들이 말 잘 듣기를 바랄 뿐이지요, 그리고 제 용돈 좀 아껴서 아프리카에 보내겠습니다, 이런 고백은 기독교를 폄하하는 것입니다. 그리하지 마십시오.

기독교가 인생의 가치와 역사의 가장 중요한 목적을 담고 있다는 것을 여러분의 인생에서 확인하지 못했다면 나이를 헛먹은 것입니다. 우리의 소원은 크지만 늘 막연합니다. 왜 그럴까요?

참다운 것을 보지 못해서 그렇습니다. 우리가 할 수 있는 모든 것에서 만들 수 있는 것은 언제나 전쟁뿐입니다. 전쟁을 피하기 위해서 우리가 내놓을 수 있는 최후의 답은 빨리 죽는 것밖에 없습니다. 그 꼴을 보지 않으려면 죽는 수밖에 없죠. 적이 죽든가, 내가 죽든가, 둘 중 하나죠. 그러나 그것이 답일 수 없습니다.

기독교가 이야기하는 자유, 예수를 믿는다는 말의 의미, 고난이 존재하는 이유를 하나님의 자유라는 관점에서 이해할 수 있어야 합니다. 하나님이 우리에게 어떤 자유를 요구하시는지 알지 못한다면, 핵심이 빠진 신앙에 불과할 것입니다.

시편 119편 75절에 나오는 이 기막힌 말씀을 기억하십시오. "여호와여 내가 알거니와 주의 심판은 의로우시고 주께서 나를 괴롭게 하심은 성실하심 때문이니이다." 마침내 우리도 이런 고백을 할 수 있는 자리에 이르도록 하나님이 지금도 일하십니다. 그리고 기다리십니다. 누가복음 15장의 비유를 생각해보십시오. 아들이 집을 나가겠다고 하자 아버지가 허락하시고 나가보고 깨닫게 하십니다. 우리 아버지 집에서는 품꾼들도 넉넉했거늘, 집을 나가서야 비로소 아들이 깨닫습니다. 아버지의 아들로 있는 것이 제한이나 굴복이 아닌 무한한 자유였음을 떠나보고서야 알게 됩니다. 큰아들이 "아버지, 재산을 챙기와 먹어 치운 놈이 돌아왔는데 이러시깁니까? 나는 아버지 집에서 언제나 충실히 일했는데도 아무것도 안 주셨잖아요"라고 불평하자 "애야,

내 것이 다 네 것이 아니냐"라고 하던 아버지의 답을 기억하십니까? 이 말씀의 영광을 아시겠습니까?

여러분, 열심히 신앙생활 했는데 보상이 없다고 느끼십니까? 아버지의 이 말을 기억하십시오. "얘야, 내 것이 다 네 것 아니냐." 여러분, 무엇을 겁내십니까? 아무 보상이 없다고요? 하나님이 보고만 계시다고요? 무슨 그런 무엄한 말을 합니까? 오늘 이 말씀을 로마서 8장에서는 이런 식으로 묶어냅니다.

> 생각하건대 현재의 고난은 장차 우리에게 나타날 영광과 비교할 수 없도다 피조물이 고대하는 바는 하나님의 아들들이 나타나는 것이니 피조물이 허무한 데 굴복하는 것은 자기 뜻이 아니요 오직 굴복하게 하시는 이로 말미암음이라 그 바라는 것은 피조물도 썩어짐의 종 노릇 한 데서 해방되어 하나님의 자녀들의 영광의 자유에 이르는 것이니라 (롬 8:18-21)

하나님의 자녀와 영광을 말하는 이 본문에 자유가 함께 묶여 있습니다. 여기 왜 자유가 묶여 있을까요? 하나님이 우리에게 무엇을 주신 것일까요? 우리가 당하는 고난이 무엇을 만들어내는 것일까요? 자유입니다. 이 고통이 자유를 만들어냅니다. 이 자유 속에서 여러분은 마침내 무엇이 영광인지를 알게 될 것입니다.

그제야 시편 119편 71절이 여러분의 고백이 될 것입니다. "고난 당한 것이 내게 유익이라 이로 말미암아 내가 주의 율례들을 배우게 되었나이다." 드디어 하나님의 법이 어떤 것인지 알게 된 것입니다. '도둑질하지 마라' '네 이웃의 것을 탐내지 마라'가 얼마나 굉장한 것인지 알게 된 것이죠.

율법이 적극적으로 가르치는 것이 무엇인지, 예수가 오셨다는 것이 무슨 말인지, 오늘 내가 사는 현실, 내 마음에 들지 않는 이 고난이 무엇을 만들어내는지 모른다면, 우리는 예수 믿는 영광을 모르는 것입니다. 그러면 여러분의 신앙생활은 그저 하나님과 흥정하는 것에 불과합니다. 그리하지 마십시오. 하나님이 얼마나 굉장한 분인지 잘 모르겠다고요? 세상이 얼마나 무서운지는 잘 알지 않습니까?

성경에 기록된 하나님의 자기 증언을 보십시오. 기다리시는 하나님과 그의 놀라운 은혜와 신실한 약속을 보십시오. 처절한 현실을 살아본 자만이 성경을 읽을 수 있습니다. 여러분이 이 약속의 대상이며 여러분의 오늘이 실은 하나님의 붙드심 속에서 그 영광의 자리로 나아가는 현장이라는 것을 오늘 말씀으로 깨달으십시오.

기도

하나님 아버지, 은혜를 감사합니다. 우리가 막막해 하고 혼자 버려진 것 같은 그 모든 경우와 수많은 날들이 하나님의 일하심 속에 있다는 사실을 확인합니다. 인간이 만들어내는 것이 얼마나 거짓되고 잘못된 것인가를 배우는 그 길을 걸어서 우리가 만들 수 없는 영광과 승리를 이제 기꺼이 아버지께 구할 수 있게 되었습니다. 예수를 믿는다는 것, 하나님의 자녀가 되어 누리는 영광의 자유, 그 은혜의 영광, 그 성실하신 승리를 하나님의 약속으로 이제 마음에 담고 우리 인생을 살아내기로 합니다. 인내와 순종과 자랑과 승리와 감사를 누리게 하옵소서. 예수님 이름으로 기도합니다. 아멘.

Chapter 6

옷니엘_
배신을
수용하시다

7 이스라엘 자손이 여호와의 목전에 악을 행하여 자기들의 하나님 여호와를 잊어버리고 바알들과 아세라들을 섬긴지라 **8** 여호와께서 이스라엘에게 진노하사 그들을 메소보다미아 왕 구산 리사다임의 손에 파셨으므로 이스라엘 자손이 구산 리사다임을 팔 년 동안 섬겼더니 **9** 이스라엘 자손이 여호와께 부르짖으매 여호와께서 이스라엘 자손을 위하여 한 구원자를 세워 그들을 구원하게 하시니 그는 곧 갈렙의 아우 그나스의 아들 옷니엘이라 **10** 여호와의 영이 그에게 임하셨으므로 그가 이스라엘의 사사가 되어 나가서 싸울 때에 여호와께서 메소보다미아 왕 구산 리사다임을 그의 손에 넘겨 주시매 옷니엘의 손이 구산 리사다임을 이기니라 **11** 그 땅이 평온한 지 사십 년에 그나스의 아들 옷니엘이 죽었더라 (삿 3:7-11)

출애굽 세대와 가나안 세대

이스라엘 자손은 여호와의 목전에 악을 행하여 자기들의 하나님을 잊어버리고 우상을 섬깁니다. 이런 이스라엘 백성에 대해 하나님은 진노하시고 그들을 이웃 왕에게 넘기십니다. 그러자 이스라엘 백성들이 울며 간구하지요. 이에 하나님이 사사를 세워 이스라엘을 구원하십니다. 이런 과정이 사사기 내내 되풀이되고 있습니다.

우리는 이런 과정의 반복이 이스라엘의 거듭되는 실패를 드러내주고 있다고 생각합니다. 하지만 사사기에서 이런 과정을 반복해서 기술하는 주된 목적은 이스라엘의 거듭되는 배신을 계속해서 수용하시는 하나님을 그리는 데에 있습니다. 그러니 사사기를 읽는 우리의 태도는, 왜 이 사람들은 나아지지 않고 여전히 못난 짓을 반복할까 하는 분노가 아니라, 하나님은 도대체 어떤 분이시기에 이들을 거듭 용납하시는가 하는 경이로움이어야 합니다. 사사기를 읽으면서 이런 경이로움이 아니라 분노가 우리 마음을 채운다면, 이는 기독교를 아직 잘 모르는 것입니다.

이제 사사 시대에 이르러 새롭게 펼쳐지는 정황이 무엇인가 생각해봅시다. 사사 시대를 잘 이해하기 위해서는 출애굽 사건으로 거슬러 올라가야 합니다.

이스라엘이라는 나라는 야곱의 열두 아들들에서 시작합니

다. 이들은 애굽에서 지내는 동안 열두 지파를 이루었는데, 시간이 갈수록 그 수가 점점 늘어납니다. 출애굽 당시 이스라엘 백성은 삼백만 명쯤 되지 않았을까 추측해봅니다. 전투에 임할 수 있는 남자들이 육십만 명이었다고 하니 나머지 가족들, 곧 전쟁에 나가지 못하는 여자, 어린이, 나이든 사람들까지 합하면 그 정도 되었을 것입니다. 굉장히 많은 숫자이죠. 오죽하면 바로가 이스라엘의 번성함에 겁이 나서 산파들에게 사내아이가 태어나면 죽이라고 명했겠습니까?

이렇게 숫자는 굉장히 늘었으나 애굽의 노예로 살게 된 이스라엘 백성을 하나님께서 큰 능력으로 꺼내십니다. 열 가지 재앙을 일으켜 바로를 깨트리신 후, 홍해를 가르고 이스라엘을 광야로 데리고 나와 시내 산에서 그들과 언약을 맺으십니다. 여기에 이르도록 하나님은 이스라엘에게 많은 기적을 베푸십니다. 반석에서 물을 내시고 만나와 메추라기를 먹이시며 구름기둥과 불기둥으로 인도하십니다. 그러나 이스라엘 백성은 출애굽 때에 큰 기적을 보았음에도 불순종하여 사십 년 동안 광야에서 방황합니다. 애굽에서 나올 때에 성인이던 세대가 다 소멸할 때까지 말입니다.

그리고 그다음 세대가 가나안에 들어가게 됩니다. 출애굽 사건 때 스무 살 미만이던 사람들이지요. 이들까지 다 죽고 난 다음 시대가 사사 시대입니다. 사사 시대 사람들은 가나안 입성 다음 세대입니다. 그러니 사사기에 나오는 세대는 태어나면서부터 본 것이 가나안뿐인 사람들입니다. 가나안이 삶의 전부였던 사람들인 것이지요. 이전 세대와 전혀 다른 정황 속에서 놓여 살게 된 것입니다.

우리도 세대를 넘어가며 이와 비슷한 경우를 겪었습니다. 우리 자식 세대를 보면, 우리와는 참 많이 달라서 이해되지 않을 때가 많습니다. 여기서 우리란 6·25전쟁을 겪은 세대를 말합니다. 무서운 전쟁을 겪으며 배고픔이 무엇인지 뼈저리게 알고 자란 세대이지요. 굶지 않으려면 너나 할 것 없이 일해야 했습니다. 그래서 우리 세대는 일하지 않고 공부할 수 있는 것을 영광과 명예로 여겼지요. 그저 굶지 않으려고 열심히 일하느라 어떻게 놀아야 하는지도 몰랐습니다. 일하지 않고 놀면 벌 받지나 않을까 생각했지요. 그런데 우리 자녀들은 어떻습니까? 6·25전쟁이나 먹을 게 없어서 굶주렸던 시절의 이야기만 나오면 그런 이야기는 그만 좀 하라고 펄펄 뜁니다. 자기네가 지금 겪는 현실과 많이 동떨어졌다는 것이지요.

그러나 젊은 세대라고 해서 우리 세대와 전혀 다르기만 한 것은 아닙니다. 그들도 현실을 고통스러워하고 인생에 대해서 버거워하기는 우리와 마찬가지입니다. 우리가 그러했듯 이들도 인생을 두려워합니다. 우리 세대 눈으로 보면, 이들에게는 삶에 필요한 모든 조건들이 부족함 없이 잘 갖춰진 것 같은데 말입니다.

먹을 것도 넘쳐나니 이들은 체격도 좋습니다. 도대체 이들에게 무슨 걱정이 있을까 싶지요. 하지만 이들에게도 삶의 고통과 절망이 있습니다.

이스라엘 사람들도 마찬가지였습니다. 노예 시대를 겪고 광야 시절을 거친 출애굽 세대가 가졌던 두려움과 불안과 위기와 절망이, 훨씬 더 나은 조건 속에 살았던 가나안 세대에게도 고스란히 반복되고 있다는 것입니다. 이런 사실을 사사기에서 확인합니다.

사사기를 읽으면서 우리가 놀라는 점이 바로 이것입니다. 사사 시대에 이르자 이스라엘 백성은 비로소 자유를 갖게 되었습니다. 애굽의 바로 밑에 살 때보다, 광야에서 살 때보다 더 많은 선택권을 누리게 되었지요. 그럼에도 이들의 삶이 앞선 세대의 삶보다 나았다고는 말할 수 없습니다. 마음껏 선택하며 자유를 누리는데도, 이들은 이전 세대와 마찬가지로 답이 없는 삶을 살아갔다는 것을 사사기가 보여주고 있습니다. 이 점에서 출애굽 세대와 가나안 세대는 공통점을 갖고 있는 것입니다.

이스라엘의 실패와 하나님의 성실하심

가나안 세대의 이스라엘 백성들에게는 출애굽 세대보다 훨씬 더 많은 자유가 주어져 있었습니다. 그러나 이들의 선택을 보면 그 이전 세대와 마찬가지로 한계 속에 있었다는 것을 알 수 있습니다. 어떤 한계입니까? 소원은 있으나 실천할 수 없다는 한계이지요. 인간은 생명, 진리, 행복, 정의를 소원하지만 그것들을 만들어낼 실력이 없다는 점에서 이스라엘은 어느 세대나 마찬가지였습니다. 이들은 바른 선택을 할 실력이 없어 잘못된 선택을 계속해온 것입니다. 그래서 이들은 계속 어려움을 겪게 됩니다.

이스라엘 백성은 어려움이 닥치자 자기네가 어렵게 된 원인을 엉뚱한 곳에서 찾습니다. 이런 어려움을 당하는 것은 외적 안전장치가 없는 탓이라고 판단합니다. 그래서 생각해낸 것이 왕정이었습니다. 자기들의 고통스러운 삶은 왕이 없어서 그런 것이니 왕을 세워달라고 아우성을 치지요. 결국 하나님은 이들에게 왕까지 허락하십니다. 이스라엘이 그릇된 선택을 하지만, 하나님은 그런 선택마저 존중하신 것입니다.

그런데 그토록 바라던 왕을 얻은 이스라엘은 이제 어떻게 됩니까? 북 왕국, 남 왕국으로 찢어진 채 북 왕국은 앗수르에 망하고 남 왕국은 바벨론에 망합니다. 백성들은 약속의 땅, 젖과 꿀이 흐르는 땅에서 뿌리가 뽑힌 채 던져집니다. 포로가 되어 적국에 넘겨진 것이지요. 이런 이스라엘 역사를 볼 때, 그 시대를 "그 때에 이스라엘에 왕이 없으므로 사람이 각기 자기의 소견에 옳은 대로 행하였더라"(삿 21:25)라고 평가한 사사기의 기술은 의미심장합니다.

사사기를 읽고 있는 우리는 신약 시대를 사는 신자들입니다. 우리는 구약 역사와 이스라엘의 결국과 예수의 사건까지 잘 알고 있는 자리에서 사사 시대를 돌아보고 있습니다. 그런데 이 모든 역사를 알고 있는 우리는 성경이 이 역사를 담담히 써내려가는 이유와 가치를 깨닫지 못하고 자꾸 쉬운 결론을 내리려 합니다. 이스라엘을 바보 같다고 비난하면서 말입니다. 기독교는 이천 년 교회사 내내 유대인들을 저주해왔습니다. 구약의 역사가 암울한 이유를 유대인들에게 돌려 그들을 비난하는 것으로 손쉬운 해결책을 삼아왔던 것입니다.

지금 우리는 그들이 결국 어떻게 되었는지 다 아는 자리에서 이스라엘의 행적을 돌아보고 있기에 쉬운 답을 내리는 것인지 모르겠습니다. 그러나 이렇게 쉬운 답을 내리는 것은 성경이 하고 싶은 이야기에 귀 기울이지 않기 때문입니다. 유대인에 대한 편견에 머물러, 기독교 신앙의 진정한 깊이로 들어가지 못하고 있는 것입니다. 자신들이 만든 올무에 스스로 걸려든 것이지요.

이스라엘에게 왕정은 무엇이었을까요? 사실 이스라엘에게 외적 안전장치란 있을 수 없습니다. 하나님 이외에는 어떤 안전장치도 있을 수 없기 때문입니다. 그러니 이스라엘 역사는 왕이 있으면 되는 문제, 왕이 잘하면 되는 문제가 아니었습니다. 결국 왕정이 수립되나 왕도 잘하지 못했습니다. 이스라엘은 지금껏 걸어왔던 불순종의 길을 계속 걸어갈 뿐이었습니다.

하지만 그럼에도 불구하고 이스라엘을 향한 하나님의 일하심은 중단되지 않습니다. 계속 잘못된 선택을 하는 이스라엘이 없어지지 않고 어떻게 지속되어 올 수 있었는지에 대한 답을 찾기 위해서는 성경이 보여주는 불연속에 주목해야 합니다. 먼저 다윗 왕을 생각해봅시다. 다윗은 이스라엘 역사상 드물게 모범적인 왕이었지만 그의 생애는 절망과 탄식으로 얼룩진 인생이었습니다. 그의 인생 전반기는 사울에게 쫓겨다니느라 적국에까지 피난해야 했던 고단한 기간이었습니다. 울 기운이 없을 만큼 울어야 했던 상황이 계속 이어졌지요. 인생 후반기에는 자식들의 모반 때문에 피해 다녀야 했습니다. 이처럼 다윗의 생애는 절망과 탄식뿐이었습니다.

절망과 탄식 속에서 다윗은 하나님의 은혜를 만납니다. 그는 여호와를 위하여 성전을 짓겠다고 마음먹을 수 있는 자리까지 가지요. 그러나 하나님이 다윗의 이 마음을 냉정히 거부하십니다. 네가 나를 위하여 집을 짓겠다고? 네가 내게 무엇인가 해주고 싶다고? 무엇을 해줄 수 있는 이는 나뿐이다, 네가 나한테 무엇을 줄 수 있다는 말이냐, 네가 그따위 헛소리를 했으니 내가 네 집을, 네 왕권을 영원하게 하겠다, 이 약속이 하나님의 대답이었습니다. 이 대답이 논리적으로 자연스럽습니까? 그렇지 않습니다. 앞에 일어난 일과 뒤에 받은 복에 인과관계가 없습니다. 불연속이지요. 이 불연속을 꼭 기억하십시오.

　이런 불연속은 선지자들의 메시지에서도 발견됩니다. 나라가 망할 때가 되자, 이스라엘에는 배도가 극심해지고 악행은 점점 만연해갑니다. 선지자들이 일어나서, 이러면 안 된다, 이렇게 살면 하나님의 심판을 각오해야 한다, 하고 비명 섞인 경고를 합니다. 선지자들이 경고했으니 어떤 좋은 결과가 생겨났을까요? 하나님의 심판을 선포했으니 이스라엘이 돌아오게 되었을까요? 그렇지 않았습니다. 아무리 선지자가 하나님의 뜻을 외쳐도 그 말을 듣는 사람이 없었습니다.

　선지자들의 외침은 이런 것이었습니다. 하나님이 만들고자 하시는 나라는 정의와 평화의 나라다, 그런데 너희가 만든 나라는 하나님의 뜻과 동떨어진 실패한 나라다, 그러나 그럼에도 하나님의 약속은 폐기되지 않는다, 하나님의 나라는 실패할 수 없기 때문이다. 이것이 선지자들의 외침이었습니다.

　선지자들의 외침은 단지 회개하라는 메시지만 담고 있는 것이 아니었습니다. 그들은 이스라엘의 실패를 기정사실로 하면서도 여전히 백성들에게 외치고 있었던 것입니다. 이 일의 의미를 배워야 합니다.

　성경은 하나님과 인간 사이의 불연속을 계속해서 보여줍니다. 하나님은 인간에게 복된 것을 만들어내겠다고 약속하셨습니다. 그러나 인간은 계속 실패합니다. 이러한 실패는 인간이 가진 자유가 복된 것을 만들어낼 실력을 가지지 않았다는 점을 스스로 드러내주는 것입니다. 하나님은 이 불연속을 어떻게 하실까요? 이 사이를 이어주는 것이 바로 하나님의 성실하심이라고 성경은 가르치고 있습니다. 그 불연속을 하나님이 당신의 성실하심으로 채우신다는 것입니다.

하나님의 성실하심은 예수에게서 그 절정에 이릅니다. 메시아이신 예수는 어떤 정황 속에 들어오십니까? 구약의 긴 역사가 지나간 뒤에 오시지요. 사사 시대의 실패, 왕정 시대의 실패, 바벨론에서의 포로 생활, 그리고 회복, 이 모든 일이 일어난 뒤에 예수가 오십니다. 이런 역사를 가진 이스라엘이니 이 실패의 역사를 겪어오는 동안 그들은 무엇인가 배워야 맞습니다. 그래서 메시아가 오셨을 때 그들은 이전과는 달라졌어야 하지 않았을까요? 그 이전의 실패를 이제는 극복하고 메시아를 받아들여야 하지 않았을까요? 그렇게 하여 지금까지의 잘못과 실패를 만회해야 옳을 것입니다. 그래야 이런 역사를 가진 백성으로서의 의의가 있을 것입니다.

그러나 이스라엘은 다시 한 번 실패합니다. 이 실패는 결정적 실패입니다. 메시아를 죽여버리니 말입니다. 이스라엘은 끝까지 실패했습니다. 메시아이신 예수가 그들의 손에 죽으셨던 것입니다. 마지막 소망까지 없어지고 말았으니 이제 더 이상 기대할 수 있는 것은 없는 것일까요?

그런데 마지막 소망까지 짓밟혀버린 그 자리에서 승리의 반전이 일어납니다. 위대한 반전이 펼쳐지지요. 어떻게 이런 역설이 있을 수 있을까요? 분명히 기억해야 할 점이 있습니다. 이 승리의 반전은 인류가 만든 것이 아니라는 사실입니다. 인류는 이해하지도 못했고 그러기에 협조는 더더욱 할 수 없었습니다. 그러나 하나님은 이런 형편에서도 당신의 약속을 이루셨습니다. 인간이 빚어낸 어떤 경우나 조건 속에서도 하나님의 뜻은 이루어지기 때문입니다. 이렇게 인류와 하나님 사이의 불연속에 예수가 오신 것입니다.

본문을 담으시는 하나님

노예 시대를 벗어난 이스라엘은 자유인이 되어 선택이란 것을 할 수 있게 됩니다. 그들은 마음껏 선택하지요. 그러나 선택만 할 뿐, 자유를 만들 실력은 없습니다. 인간이 누릴 수 있는 자유는 하나님만이 만드실 수 있습니다. 인간의 선택은 다만 무엇인가 고르는 행위에 불과할 뿐입니다. 선택하는 것으로 자유를 누린다고 생각하나 그것은 진정한 자유가 아닙니다.

인류는 각기 다른 시간과 공간에서 살아갑니다. 민족적, 정치적, 사회적, 문화적 차이 속에 있습니다. 또 각 개인 역시 서로 다른 혈통, 기질, 유전자를 지닌 고유한 존재입니다. 이렇게 다양한 배경과 개성을 가지고서 인류가 만들어내는 것은 무엇입니까? 이 모든 것을 합쳐 만드는 것이 컨텍스트입니다. 인간이 각자의 감각에 따라 그 많은 선택을 하며 만들어내는 것은 컨텍스트에 불과합니다. 인류는 진정한 텍스트를 만들지 못합니다. 인간을 인간 되게 하는 진정한 텍스트, 곧 본문은 하나님으로부터만 주어질 수 있기 때문입니다. 하나님이 주실 때에만 인간은 비로소 하나님의 사랑의 상대가 되어 진정한 텍스트를 담을 수 있게 됩니다.

요한복음 8장에는 예수님과 바리새인들 사이의 유명한 논쟁이 나옵니다. 예수님께서 말씀하십니다. "진리가 너희를 자유롭게 하리라." 바리새인들이 반문합니다. "우리는 아브라함의 자손이라서 아무에게도 종노릇한 일이 없는데, 당신은 어찌하여 우리가 자유롭게 될 것이라고 말합니까?" 이 말에 예수님께서는 "죄를 짓는 사람은 다 죄의 종이다"라고 하신 후, 그들을 향해 "아들이 너희를 자유롭게 하면, 너희는 참으로 자유롭게 될 것이다"라고 답하십니다.

32절, "진리를 알지니 진리가 너희를 자유롭게 하리라"에서 진리는 지식을 가리키는 것이 아닙니다. 진리는 예수 자신입니다. 예수가 곧 길이요, 진리요, 생명입니다. 하나님만이 가지신 창조의 능력이 여기 있습니다. 진정한 자유는 진리와 생명을 만드신 이에게 속할 때 생겨납니다. 그분과 연합될 때 맛볼 수 있는 것이지, 인간이 만들어낼 수 있는 것이 아닙니다.

그러므로 하나님을 선택하는 것이 자유, 곧 진정한 자유입니다. 그것은 우리 힘으로 할 수 있는 것이 아닙니다. 왜냐하면 우리 인간의 이해 속에는 하나님이 없기 때문입니다. 인간이 생각할 수 있는 신은 추상명사일 뿐 곧 성경에서 말하는 하나님, 살아 역사하는 신이 아닙니다. 하나님이 우리를 당신의 자녀로 붙드실 때에야 우리는 비로소 하나님을 알게 됩니다. 하나님께서 붙드셔야만 우리는 그분을 믿을 수 있고 그분께 순종할 수 있습니다. 바로 여기에 자유가 있습니다. 인간이 소원하는 자유, 그 자유는 선택해서 얻게 되는 것이 아니라 순종해서 누리는 것입니다. 하나님께 붙들린 사람만이 비로소 하나님을 향한 순종이 영광이라는 것을 압니다. 그때 다른 선택은 못난 짓이라는 것을 알게 되기 때문입니다. 이에 대한 성경의 중요한 선언이 히브리서 5장에 나옵니다.

> 그는 육체에 계실 때에 자기를 죽음에서 능히 구원하실 이에게 심한 통곡과 눈물로 간구와 소원을 올렸고 그의 경건하심으로 말미암아 들으심을 얻었느니라 그가 아들이시면서도 받으신 고난으로 순종함을 배워서 온전하게 되셨은즉 자기에게 순종하는 모든 자에게 영원한 구원의

근원이 되시고 하나님께 멜기세덱의 반차를 따른 대제사장이라 칭하심을 받으셨느니라 (히 5:7-10)

예수님이 몸소 보여주신 순종은 어떤 것이었습니까? 예수님의 순종은 하나님의 뜻을 따라 인간의 배신을 받아들이는 것이었습니다. 인간의 배신 속에 걸어 들어가 거기서 사는 것이었습니다. 그 순종 속에 하나님이 부활을, 승리를 담으셨습니다.

여기서 주의 깊게 살펴보아야 할 대목이 있습니다. 예수는 그 길을 걸으라는 하나님의 뜻에 순종하기 위해 심한 통곡과 눈물의 길을 걸어야 했던 것입니다. 그리고 그 길을 거쳐 승리에 이르십니다. 이 승리는 그 통곡과 눈물에 응답하신 하나님 때문에 주어진 것이지, 통곡과 눈물 자체가 만들어낸 결과가 아닙니다.

이 점을 잊지 마십시오. 우리는 자꾸 눈물로 신파극을 만들려고 합니다. 그러나 우리가 울 수 있는 것은 우리의 울부짖음에 응답하는 이가 계시기 때문입니다. 눈물이 승리를 만들어내는 것이 아닙니다. 그러면 울지 말고 웃으라는 말일까요? 그런 말이 아닐 것입니다. 울고 웃는 것에 은혜가 좌우되지 않는다는 이야기를 하고 있습니다.

죄 지을 감각과 선택 외에는 아무것도 없는 우리를 하나님이 당신의 자녀이자 백성으로 받아주십니다. 하나님의 자유와 능력과 성실로 그렇게 하신 것입니다. 이제 우리는 비로소 본문을 가지게 됩니다. 위대하신 하나님이 사랑하시는 대상이 우리임을 알게 되고 그분이 주시는 생명과 진리를 갖게 되는 것, 그것이 진정한 자유입니다. 컨텍스트만 만들며 스스로도 하나의 컨텍스트에 불과했던 우리가 텍스트를 가져 온전한 사람, 하나님의 사람이 되는 것입니다. 이사야 53장을 봅시다.

> 우리는 다 양 같아서 그릇 행하여 각기 제 길로 갔거늘 여호와께서는 우리 모두의 죄악을 그에게 담당시키셨도다 그가 곤욕을 당하여 괴로울 때에도 그의 입을 열지 아니하였음이여 마치 도수장으로 끌려 가는 어린 양과 털 깎는 자 앞에서 잠잠한 양 같이 그의 입을 열지 아니하였도다 (사 53:6-7)

이 본문을 읽으며 예수의 모습을 비장함으로 자꾸 덧칠하려 해서는 안 됩니다. 모든 고난을 묵묵히 참으시는 그분의 인내와 진실을 읽어내는 것도 물론 중요하지만 그보다 우선하여 보아야 할 점이 있습니다. 메시아로 오신 예수는 어떤 모습입니까? 그분은 우리로서는 이해할 수 없는 모습으로 이해할 수 없는 길을 가십니다. 인간의 컨텍스트, 망하는 것으로 끝나는 우리의 컨텍스트를 함께 겪으십니다. 그는 비난을 받고 망합니다. 죽습니다. 그러나 그런 일을 당하시면서 변명조차 하시지 않습니다. 어떤 고통스러운 일을 당해도 거기에 하나님이 본문을 담으실 것을 알기에 예수는 컨텍스트를 바꾸려 하시지 않습니다.

하나님은 우리에게, 결국 너희 현실은 너희 소원과 늘 분리되어 있지 않느냐, 그래서 너희가 늘 탄식하는 것이 아니냐, 물으신 후에 이런 약속을 주십니다. 그러나 두려워하지 마라, 바로 거기에 내가 은혜를 담을 것이다, 라고 말입니다.

기독교의 위대함

인간은 높은 소원을 품고 삽니다. 하지만 그 소원을 이루어낼 수는 없습니다. 우리는 다 양 같아서 각기 제 길로 갑니다. 사사기는 거듭 '그때는 왕이 없어서 모든 사람이 각각 자기 소견에 옳은 대로 했다'라고 말하고 있습니다. 지금은 좀 나을까요? 그렇지 않습니다. 여전히 우리는 다 각각 자기 소견에 옳은 대로 살고 있을 뿐입니다.

매번 우리는 무엇인가 선택하지만, 생명과 진리를 선택할 실력은 우리 안에 없습니다. 선택할 수 없으니 창조해내는 일은 더더욱 불가능하지요. 자유가 있다고 주장하지만 실제로는 아무것도 결실하지 못하면서 자유를 그저 만끽할 뿐입니다.

하나님은 이런 우리의 실상을 마주하라고 하십니다. 하나님이 만들어내시는 것과 우리가 만들어내는 것의 차이, 그 괴리를 우리 인생에서 확인하라고 하십니다. 우리가 만들어내는 것이 무엇인지 우리는 잘 알고 있습니다. 여전히 우리는 갈증이 가시지 않습니다. 마음으로 안심한다고 해서 문제가 해결되는 것이 아닙니다. 우리의 마음과 상관없이 목마른 현실은 계속되기 때문입니다.

진정한 내용, 곧 본문이 우리 안에 들어와 우리를 채우기 전에는, 아무리 컨텍스트를 교체하고 치장해보아야 소용없다는 것을 살면 살수록 더욱 분명히 깨닫게 됩니다. 나이 들어보면 아프지 않은 데가 없습니다. 아프다는 것은 그냥 넋두리가 아닙니다. 부인할 수 없는 이 현실, 내 힘으로 어쩔 수 없는 현실 앞에 우리가 서 있습니다. 현실의 엄연한 도전 앞에 서 있는 것입니다. 인생이 무엇인가, 인간이 무엇인가, 어떤 약속이 진실한가, 하는 질문 앞에 서지 않을 수 없습니다.

몇몇 위인의 영웅담으로 자신을 기만할 수 없습니다. 하나님이 인류 모두에게 어떻게 일하고 계시는지 알지 못한다면, 특별한 영웅에게서 발견하게 되는 답은 잘난 척하는 데에 쓰일 뿐 아무 의미가 없습니다. 윤리로 덮을 수 있는 문제가 아닙니다. 정직, 근면, 성실, 겸손 같은 것으로 가릴 수 없습니다. 오히려 이런 좋은 덕목들이 우리를 두렵게 합니다. 답을 만들어낼 수 없는 영혼들에게 그런 명분은 우리를 좌절하게 할 뿐입니다. 인격이 아니기 때문입니다. 그러니 그 덕목에 못 미치는 인생들에게는 용서도, 회복도, 구원의 손길도 없습니다.

기독교의 위대함이 무엇일까요? 우리 모두가 예수를 죽인 당사자들인데, 하나님이 그런 우리에게 답을 주신다는 것입니다. 그 답이 복음입니다. 거기에 우리가 '아멘'하는 것입니다. 우리가 남다르게 되어야만 얻을 수 있는 답이 아닙니다. 아직도 실수를 반복하는 인생인데도, 그런 나를 하나님이 놓지 않으신다는 복음의 소식이 우리를 살립니다.

그래서 우리는 웃을 수 있습니다. 자신을 용서할 수 있습니다. 안심하지 못하는 자신, 자랑스럽지 않은 자신을 용서할 수 있습니다. 그러니 이제 괜찮다고 서로 등을 두드려주십시오. 세상은 자기 자신에게서 답을 찾지 못하면 웃지 못합니다. 그러나 기독교는 그렇지 않습니다. 겁에 질린 새파란 낯빛으로 교회에 모일 이유가 없습니다. 신자란 그렇게 가난한 존재가 아니기 때문입니다.

기독교인이 어떤 존재인지 알아야 합니다. 신자의 신자 됨은 나아지는 데서 찾을 수 있는 것이 아닙니다. 우리는 우월하지도, 더 윤리적이지도 않습니다. 우리는 자신이 얼마나 달라졌느냐에 근거를 두는 사람들이 아닙니다. 기억하십시오. 하나님이 나를 사랑하셔서 당신의 은혜와 능력을 우리에게 퍼부으십니다. 하나님이 지금 이 정도의 내 모습도 괜찮다고 받아주시는 것입니다.

'목사님이 이렇게 설교하시면 다들 안일해져서 아무렇게나 살아버리면 어떡하지?'라고 걱정할 필요가 없습니다. 복음을 듣고서 아무렇게나 살아도 되겠다고 생각하는 것은 너무나 비겁한 것입니다. 너무나 무례한 것입니다. 하나님의 은혜가 얼마나 큰지 아는 명예를 누리라고 성경이 말하고 있는데 말입니다.

이사야 53장의 메시지를 생각하면 낯이 뜨거워져야 맞습니다. 하나님이 우리의 못난 것을 예수에게 담당시키셨습니다. 예수는 하나님께 징벌을 받아 고난을 겪는 것이라고 우리는 그를 비난하였지만, 이런 생각은 우리의 오해였습니다. 그런데 하나님은 이 오해와 비난마저 예수가 감수하도록 하셨습니다. 그리고 그 속에서 하나님이 구원을 이루셨습니다. 이 메시지를 생각하면 우리의 낯이 뜨거워져야 맞습니다.

예수를 믿는다고 자랑할 틈이 없습니다. 예수 믿는다는 말을 하려면 차마 입이 안 열려야 정상입니다. 내 죄를 지고 가는 메시아를 내가 죽였는데, 그 일을 통해 내가 구원을 얻었다는 것이 '예수 믿는다'는 말에 담겨 있기 때문입니다. 예수 믿는다는 자랑은 이런 부끄러움을 거쳐야만 나올 수 있는 것입니다. 자신을 부끄러워하지만, 거기서 머뭇거리지 않고 그 큰 은혜를 주신 하나님을 생각하는 자리까지 나아갈 때 복음에 대한 자랑이 나올 수 있습니다.

어떤 상황에서도

이런 놀라운 구원을 주시는 하나님은 도대체 우리에게 무엇을 이루려고 하는 것일까요? 우리는 이제 더 높은 기대와 더 깊은 소원으로 나아가게 됩니다. 내 뜻대로 마옵시고 주의 뜻대로 하옵소서, 라는 말이 입에 붙게 됩니다. 이는 안심을 위한 주술도, 무슨 결과를 얻기 위한 주문도 아닙니다. 은혜를 실감하여 나오는 고백입니다. 빌립보서 1장에 가봅시다.

> 나의 간절한 기대와 소망을 따라 아무 일에든지 부끄러워하지 아니하고 지금도 전과 같이 온전히 담대하여 살든지 죽든지 내 몸에서 그리스도가 존귀하게 되게 하려 하나니 이는 내게 사는 것이 그리스도니 죽는 것도 유익함이라 (빌 1:20-21)

이 본문도 비장함으로 덧칠해버리면 안 됩니다. 바울은 이렇게 말합니다. 본문이 담길 수만 있다면 환경이나 조건은 아무래도 좋다, 하나님이 나를 살게 해서 본문을 담으실지 죽게 해서 본문을 담으실지 나는 모른다, 어떤 경우에도 하나님은 본문을 담으실 것이다, 그러니 나는 아무래도 상관없다, 라는 고백입니다.

나는 아무래도 상관없다, 라는 바울의 이 고백을 실감하기 위해 예를 들어보겠습니다. '다시 보는 로마서'를 설교하면서 영화 〈쇼생크 탈출〉The Shawshank Redemption, 1994을 언급한 적이 있습니다. 이 영화에 레드모건 프리먼 분라는 흑인 죄수가 나옵니다. 종신형을 선고받고 수감 중인 사람입니다. 그는 세 번에 걸쳐 가석방 심사위원회에 출석합니다. 가석방이란, 아직 형기를 다 채우지는 않았지만 나머지 형벌이 불필요하다고 인정되는 모범수들을 심사해서 석방해주는 제도입니다. 앞서 두 번의 가석방 심사에서 레드는 모두 퇴짜를 맞습니다. 여기서 레드는 무슨 이야기를 했을까요? "레드, 당신은 사회에 복귀할 준비가 되었는가?"라는 질문에 레드는 "네. 되었습니다. 저는 완벽하게 교화되었습니다. 저는 제 죄를 충분히 뉘우쳤습니다. 이제는 남에게 해를 끼치거나 위협적인 존재가 되지 않고 성실히 살 준비가 되었습니다"라고 대답합니다. 그런데 그때마다 심사위원회는 '부적격' 판정을 내립니다.

이제 레드가 가석방 심사위원회에 또다시 불려 갑니다. 심사위원이 "당신은"까지만 말했는데, 레드가 그 질문을 막습니다. "잠깐, 나보고 사회에 복귀할 준비가 되었냐고 물으려는 것인가?"라고 오히려 반문합니다. 레드는 계속해서 말합니다. "돌이켜보면, 철딱서니 없는 애가 기억나지. 자기가 무슨 일을 하는지도 모르고 끔찍한 일을 저지른 아이지. 지금 만날 수 있다면 이 이야기를 들려주고 싶어. 네가 하는 짓이 무엇인지 아느냐고. 하지만 이제 와서 그럴 수 없다는 것을 잘 알지. 나보고 사회에 나갈 준비가 되었냐고? 그까짓 것 아무 상관이 없다네. 나는 여기 있어도 좋고 나가도 좋고, 둘의 구별이 없어졌네. 그러니 내 시간을 빼앗지 말고 썩 꺼지게." 이 멋진 대사를 기억해야 합니다.

여러분이 원하는 것은 대체 무엇입니까? 어떻게든 하나님께 매달려서 이 감옥 같은 현실을 벗어나는 일 말고 무엇에 관심이 있습니까? 온통 그 관심뿐이라면 여러분은 신자가 아닙니다. 하나님이 당신을 어디에 보내셨든지 그 자리를 받아들이십시오. 거기서 본문을 담으십시오. 하나님이 누구신지, 예수를 믿는다는 말이 무엇인지 삶으로 살아내십시오.

우리는 늘 변덕스럽습니다. 우리도 별로 원하지 않는 자신의 못난 모습이 드러날 때가 많습니다. 그것이 드러나거든 웃으세요. "너 예수 믿는다면서? 그런데 왜 그랬어?"라고 누군가 묻거든 "글쎄 말이야"하며 웃으십시오. 그다음은 하나님이 하십니다. 걱정 마십시오. 우리처럼 모든 상비로 무상하고 있는 사람도 없을 것입니다. 여러분 방식대로 여러분 마음에 들려고 할 필요 없습니다. 더 큰 약속이 우리에게 있습니다. 여러분은 살아도 괜찮고, 죽어도 괜찮습니다. 어떤 상황에서도 그리스도께서 영광을 받으실 것입니다. 아멘입니다.

기도

하나님 아버지, 은혜를 감사합니다. 우리는 이제 하나님의 자녀라는 고귀한 신분을 얻었습니다. 우리의 삶은 믿음과 자유와 영광을 향하여 나아가게 되었습니다. 우리의 현실이 하나님이 본문을 담아내시는 지혜와 능력의 길이요, 은혜와 기적의 정황이라는 것을 기억하여 우리로 늠름하고 담대하게 살아내게 하옵소서. 우리를 보는 사람들이 우리 안에 계신 그리스도를 보게 하셔서, 이 세상이 주지 못하는 것을 우리가 어떻게 소유하는지 알게 되는 은혜가 넘치게 하옵소서. 은혜가 주는 명예와 자랑이 우리 안에 녹아들어 하나님의 자녀 된 기쁨이 얼굴에 드러나는 귀한 존재가 되게 하옵소서. 그리하여 세상과 이웃 앞에 하나님의 영광이 되게 하옵소서. 예수님 이름으로 기도합니다. 아멘.

Chapter 7

에훗_
하나님
웃으시다

16 에훗이 길이가 한 규빗 되는 좌우에 날선 칼을 만들어 그의 오른쪽 허벅지 옷 속에 차고 **17** 공물을 모압 왕 에글론에게 바쳤는데 에글론은 매우 비둔한 자였더라 **18** 에훗이 공물 바치기를 마친 후에 공물을 메고 온 자들을 보내고 **19** 자기는 길갈 근처 돌 뜨는 곳에서부터 돌아와서 이르되 왕이여 내가 은밀한 일을 왕에게 아뢰려 하나이다 하니 왕이 명령하여 조용히 하라 하매 모셔 선 자들이 다 물러간지라 **20** 에훗이 그에게로 들어가니 왕은 서늘한 다락방에 홀로 앉아 있는 중이라 에훗이 이르되 내가 하나님의 명령을 받들어 왕에게 아뢸 일이 있나이다 하매 왕이 그의 좌석에서 일어나니 **21** 에훗이 왼손을 뻗쳐 그의 오른쪽 허벅지 위에서 칼을 빼어 왕의 몸을 찌르매 **22** 칼자루도 날을 따라 들어가서 그 끝이 등 뒤까지 나갔고 그가 칼을 그의 몸에서 빼내지 아니하였으므로 기름이 칼날에 엉겼더라 **23** 에훗이 현관에 나와서 다락문들을 뒤에서 닫아 잠그니라 **24** 에훗이 나간 후에 왕의 신하들이 들어와서 다락문들이 잠겼음을 보고 이르되 왕이 분명히 서늘한 방에서 그의 발을 가리우신다 하고 **25** 그들이 오래 기다려도 왕이 다락문들을 열지 아니하는지라 열쇠를 가지고 열어 본즉 그들의 군주가 이미 땅에 엎드러져 죽었더라 (삿 3:16-25)

하나님의 궁극적 관심사

오늘 본문에는 사사 에훗이 이스라엘을 구해낸 이야기가 나옵니다. 에훗이 치밀한 계획을 세워 모압 왕 에글론을 죽인 이야기가 소상히 소개되지요.

에훗은 모압 왕 에글론에게 공물을 바치러 가는 기회에 에글론을 제거해버리려고 합니다. 공물을 바치고 에글론 앞에서 물러나온 에훗은 함께 왔던 이들을 먼저 돌려보낸 뒤, 에글론에게 다시 돌아갑니다. 은밀히 드릴 말씀이 있다고 하면서 왕에게 다가서지요. 에훗의 말을 듣고 왕이 주위에 둘러섰던 신하들을 물러가게 하자, 에훗과 에글론 단둘만 남습니다. 이때 에훗이 오른쪽 허벅지 옷 속에 숨겨놓은 칼을 왼손으로 빼내어 에글론을 찌릅니다. 칼자루가 몸에 박히도록 깊이 찌르지요. 대개 오른손잡이가 왼손잡이보다 더 흔하고, 오른손잡이는 칼을 왼쪽 허벅지에 차고 다니므로, 왕을 호위하는 신하들이 보통 바지 왼편은 검사했어도 오른편은 확인하지 않았던 것 같습니다.

이 기록은 뜻밖의 희극성을 띠고 있습니다. 사람들은 사사기를 읽을 때 무슨 익살이나 해학이 있으리라고는 기대하지 않고 대개 참담한 마음으로 대합니다. 사사기가 비극적 내용을 담고 있기에 내내 어두운 분위기일 것이라고 생각하기 때문이지요. 그런데 오늘 본문에는 밝고 명랑한 유머는 아니지만, 뜻밖에도 희극적 요소가 들어 있습니다. 이 점은 앞에 등장한 사사 옷니엘의 이야기와 비교해보면 더 잘 알 수 있습니다.

사사기는 첫 사사 옷니엘이 구산 리사다임을 해치운 일을 신속하고 간단한 사건으로 기록하고 있습니다. 반면 오늘 본문의 사사 에훗이 에글론을 해치운 이야기는 훨씬 천천히 세밀하게 그려져 있습니다. 에훗의 이야기는 마치 고우영 씨 작품을 보는 것 같습니다. 이미 지나간 역사여서 별로 중요하게 보이지 않은 내용에 얼마든지 재미있게 해학을 넣어 그린 것 같은 느낌이랄까요. 여기서 어떤 의도를 읽을 수 있을까요? 이스라엘을 괴롭히는 대적을 제거하는 일은 하나님께 쉬운 일이며, 또 이런 일은 하나님이 그다지 중요하게 여기시는 일이 아니다, 라는 의미가 에훗의 이야기에 담겨 있는 것이지요. 더 깊은 이해를 위해 마가복음 4장에 가봅시다.

그 날 저물 때에 제자들에게 이르시되 우리가 저편으로 건너가자 하시니 그들이 무리를 떠나 예수를 배에 계신 그대로 모시고 가매 다른 배들도 함께 하더니 큰 광풍이 일어나며 물결이 배에 부딪쳐 들어와 배에 가득하게 되었더라 예수께서는 고물에서 베개를 베고 주무시더니 제자들이 깨우며 이르되 선생님이여 우리가 죽게 된 것을 돌보지 아니하시나이까 하니 예수께서 깨어 바람을 꾸짖으시며 바다더러 이르시되 잠잠하라 고요하라 하시니 바람이 그치고 아주 잔잔하여지더라 이에 제자들에게 이르시되 어찌하여 이렇게 무서워하느냐 너희가 어찌 믿음이 없느냐 하시니 그들이 심히 두려워하여 서로 말하되 그가 누구이기에 바람과 바다도 순종하는가 하였더라

(막 4:35-41)

단순히 신약의 관점에서만 보면, 이 말씀은 예수님이 누구신가를 소개하는 본문으로 읽힐 수 있습니다. 그러나 신약과 구약을 다 염두에 두고 예수가 누구신가를 알고 나서 이 본문을 보면, 피조물은 조물주인 예수를 어떤 식으로든 범할 수 없다, 그 무엇도 그분을 해하거나 밀어낼 수 없다, 라는 주제가 담겨 있음을 발견하게 됩니다. 피조물이 조물주를 어떻게 할 수 없으며, 조물주야말로 피조물을 마음대로 할 수 있다는 것은 너무나 명백한 사실이지요.

그러니 하나님이 사사를 세워 에글론 같은 자를 해치우는 것은 사실 일도 아닌 것입니다. 그런데도 오늘 본문이 이 일을 장황하게 기록하고 있습니다. 하나님이 "뭐? 에글론이 괴롭힌다고? 그럼, 죽으라고 그래"라고 하시면 쉽게 끝날 일을 이처럼 세세하게 기록하고 있는데, 이런 요소가 이 이야기의 희극성을 더해줍니다. 마치 에글론을 해치우는 일 같은 것은 하나님이 손쉽게 하

실 수 있는 일이라고 말하는 것 같습니다. 그러면 하나님께서 성의를 담아서 하고 싶으신 일은 무엇일까요? 여기서 우리는 본질적 질문으로 나아가게 됩니다. 이제 우리는 사사기에 담긴 비극적 전쟁의 이유를 언급하는 본문에서 사사기의 초점, 곧 본질적 질문을 만나게 될 것입니다. 사사기 3장 1절입니다.

> 여호와께서 가나안의 모든 전쟁들을 알지 못한 이스라엘을 시험하려 하시며 이스라엘 자손의 세대 중에 아직 전쟁을 알지 못하는 자들에게 그것을 가르쳐 알게 하려 하사 남겨 두신 이방 민족들은 블레셋의 다섯 군주들과 모든 가나안 족속과 시돈 족속과 바알 헤르몬 산에서부터 하맛 입구까지 레바논 산에 거주하는 히위 족속이라
>
> (삿 3:1-3)

하나님은 이스라엘이 가나안 땅을 정복한 이후에도 그 땅에 여러 족속들을 남겨두셨습니다. 이스라엘은 그들 가운데 살면서 하나님을 외면하고 거부합니다. 이스라엘의 배반과 반역이 시작된 것입니다. 남겨진 족속들은 이제 이스라엘에게 위협이 되고, 더 나아가 이스라엘을 압제하는 세력으로 성장합니다. 이스라엘은 고통과 절망과 두려움으로 떨다가 하나님께 도움을 구하지요. 이에 하나님은 사사를 세워 이스라엘을 회복하십니다. 이것

이 사사기 내내 반복되는 패턴입니다.

하나님은 전에 전쟁을 겪어 본 일이 없는 이스라엘 자손의 세대에게 전쟁이 무엇인지 가르쳐 알게 하려고 그들을 시험하십니다. 그렇게 하여 궁극적으로 그들이 하나님의 마음을 알게 되기를 원하십니다. 이것이 사사기를 통해 드러나는 하나님의 뜻입니다. 제가 이것을 다음과 같이 정리해보았습니다.

"하나님의 진정한 목적은 우리의 마음을 이해시키고 우리의 영혼을 만족시키는 데에 있다. 우리로 당신께 승복하게 하시려고, 하나님은 여러 기회와 경우를 허락하시며 우리를 시험하신다. 하나님이 허락하신 자유 안에서 우리는 마음껏 선택한다. 그리고 그 선택의 결과를 보고 후회한다. 그렇게 우리는 나아간다. 그래서 도달하게 되는 그 끝에는 하나님이 목적하신 진정한 인간성이 있다. 거기에서 비로소 기쁘게 순종할 수 있게 된다."

이것이 하나님의 뜻입니다. 우리로 전쟁을 알게 하고 우리를 시험하시는 모든 일의 목적입니다. 그러니 누가 권력을 가지는가 하는 문제는 하나님께 제일의 관심사가 아닙니다. 이스라엘과 이방 민족 중 누가 더 큰 권력을 갖게 되는가는 하나님께 중요하지 않습니다. 이스라엘의 압제자를 물리치는 것쯤은 하나님께 아무것도 아닙니다. 하나님은 그런 압제자들을 쉽게 물리쳐주실 수 있지만 그렇다고 하여 그것만으로는 이스라엘 백성의 삶에 답이 되지 않습니다.

떡과 말씀

우리는 사사기 내내 반복되는 이스라엘의 배도와 이로 말미암은 고통과 부르짖음, 그리고 그로부터의 구원을 읽습니다. 이 역사를 대할 때, 이스라엘은 왜 반복하여 실수할까 라고 우리는 묻게 되지만, 사실 이보다 더 중요한 질문이 있습니다. 이런 반복되는 실수 속에서 하나님은 무엇을 의도하시는가 하는 물음입니다. 사사기는 우리의 관심을 이 주제로 끌어옵니다. 구약에서 이 주제를 대표적으로 언급한 본문이 모세의 권면이 들어 있는 신명기 8장입니다. 사십 년 광야 생활을 끝내고 가나안 입성을 앞둔 시점에 모세는 백성에게 경고와 교훈을 담아 이런 유언을 남기고 있습니다.

> 내가 오늘 명하는 모든 명령을 너희는 지켜 행하라 그리하면 너희가 살고 번성하고 여호와께서 너희의 조상들에게 맹세하신 땅에 들어가서 그것을 차지하리라 네 하나님 여호와께서 이 사십 년 동안에 네게 광야 길을 걷게 하신 것을 기억하라 이는 너를 낮추시며 너를 시험하사 네 마음이 어떠한지 그 명령을 지키는지 지키지 않는지 알려 하심이라 너를 낮추시며 너를 주리게 하시며 또 너도 알지 못하며 네 조상들도 알지 못하던 만나를 네게 먹이

신 것은 사람이 떡으로만 사는 것이 아니요 여호와의 입에서 나오는 모든 말씀으로 사는 줄을 네가 알게 하려 하심이니라 (신 8:1-3)

사십 년 광야 생활에는 어떤 뜻이 담겨 있을까요? 이스라엘 백성은 하나님의 큰 구원으로 애굽에서 나와 자유민이 됩니다. 하나님과 언약을 맺어 하나님의 백성이 된 것입니다. 하지만 그들은 약속의 땅에 들어가기를 거부합니다. 그래서 사십 년의 광야 생활을 겪게 되지요. 홍해를 건너 젖과 꿀이 흐르는 땅을 허락받았으나 믿음을 지키지 못한 세대들은 광야에서 사십 년을 지내는 동안 다 죽습니다. 이를테면, 불순종에 대한 벌이라고 할 수 있지요. 하지만 이 일을 그저 하나님에 대한 불순종의 대가로만 치부하기에는 더 깊은 의도가 본문에 들어 있습니다.

본문 2절의 '너를 낮추시며 너를 시험하사'라는 표현을 보면, 광야 생활이 불순종에 대한 벌이었다고 생각할 수 있습니다. 물론 이 말은 맞습니다. 그러나 좀 더 깊이 들어가보면, 이 구절은 이렇게 이어지고 있습니다. "너를 낮추시며 너를 주리게 하시며 또 너도 알지 못하며 네 조상들도 알지 못하던 만나를 네게 먹이신 것은 사람이 떡으로만 사는 것이 아니요 여호와의 입에서 나오는 모든 말씀으로 사는 줄을 네가 알게 하려 하심이니라." 여기서 떡으로 사는 것과 말씀으로 사는 것이 대조되고 있습니다.

이 본문에서 대조하는 떡으로 사는 것과 말씀으로 사는 것이란 무엇을 가리킬까요? 떡은 인간의 생존 조건을, 말씀은 하나님의 뜻을 가리킵니다. 그러니 생존 조건이 확보되어 만족을 느끼면 그것이 인생의 전부냐고 묻고 있는 것입니다.

우리는 하나님의 말씀을 모호하고 추상적인 개념으로 생각하는 경우가 많습니다. 그러나 하나님의 말씀 즉, 하나님이 말씀하신다는 의미는 '하나님이 인격자시며 우리에게 인격적 관계를 요구하신다'는 의지를 담고 있습니다. 그런 점에서 말씀이 떡과 대비되는 것을 기억해야 합니다.

떡은 그저 생존을 위한 물질이지만, 말씀은 그런 것이 아닙니다. 우리는 '말씀'이라는 단어 속에 우리의 모호하고 막연한 기대와 소원을 다 집어넣습니다. 그렇게 해놓고서는 다른 사람을 향해 "떡이 아니라 말씀으로 살아야 해"라고 충고하지요. 하지만 그래가지고서는 인격자께서 주신 말씀이 구체화되지 않습니다. 말씀이 구체화된다는 것은 무엇일까요? 그 뜻을 알려면 '너를 낮추고 주리게 하셨다'라는 말에 담긴 의미를 이해해야 합니다.

광야 사십 년 동안 하나님께서 이스라엘의 생존을 책임지셨습니다. 만나와 메추라기, 구름기둥과 불기둥을 동원하여 그들을 생존하게 하신 것입니다. 이스라엘은 먹고 사는 데에 아무런 어려움이 없었으나 그저 먹고 사는 것이 전부인 인생을 살았습니다. 그 기간 동안 삶의 적극적인 내용을 담을 기회를 갖지 못했던 것입니다.

사사 시대에 와서 이스라엘 백성이 생전 처음 가져본 것이 무엇입니까? 자유입니다. 자유민이 되어서야 비로소 선택이란 것을 할 수 있게 됩니다. 광야에서는 그렇게 해볼 수 없었습니다. 광야에서도 생존은 얼마든지 보장되었지만 말입니다. 하나님께서 그들을 먹이고 입히셨습니다. 생존에 필요한 모든 조건을 만족시키셨던 것이지요.

광야에서의 시험은 이런 환경에서 주어진 것입니다. 생존에 필요한 조건이 모두 갖춰져 있다고 해서, 인간이 복되고 영광스럽게 되는 것은 아니라는 사실을 그 기간을 통해 이스라엘이 스스로 깨닫게 하신 것입니다. 그것이 '낮추셨으며'라는 말의 의미입니다.

구름기둥과 불기둥으로 보호받고, 만나와 메추라기가 공급되고, 의복이 해어지지 않고 발이 부르트지 않았으나, 그것이 전부가 아니라는 것을 광야 사십 년을 통하여 배웁니다. 그것만 가지시는 영혼의 민족을 얻을 수 없다는 것을 광야 생활을 통해 배운 것입니다.

모세를 통해 하나님이 말씀하신 것이지요. 전에는 너희가 나와의 관계에서 너희 생애를 펼칠 기회를 갖지 못했다, 그때는 다만 생존이 전부였다, 그때 너희가, 이렇게 사는 것은 사는 게 아니라고 처절하게 배우지 않았느냐, 이것이 광야 사십 년입니다.

이런 깨달음은 우리에게도 낯설지 않습니다. 다들 이런 기도

한 번쯤 해보셨을 것입니다. 하나님, 제가 무엇을 더 바라겠어요, 그저 남한테 꾸러 다니지 않고 자식들 때문에 걱정하지 않는 인생을 살게 해주신다면, 저는 만족합니다. 편안하게 생존하는 것만이 전부라고 생각하는 광야 생활의 기도이지요. 이런 기도에 숨어 있는 것이 무엇일까요? 내가 악착스럽게 굴며 남의 것을 빼앗는 치사한 자리까지만 가지 않으면 욕심내지 않고 살 테니 하나님도 이쯤에서 타협해달라는 것이지요.

그러나 우리가 기대하는 이런 삶이 실상 어떤 것인지 하나님이 사십 년의 광야 생활 동안 보여주신 것입니다. 광야에서는 걱정할 것이 없었습니다. 아침이면 만나가 내리고 저녁이면 메추라기가 땅에 떨어집니다. 구름기둥과 불기둥이 갈 길을 인도하고 보호합니다. 그러니 무엇을 더 바라겠습니까? 하지만 그것만으로는 안 됩니다. 그것만으로는 인간이라는 존재에 답이 되지 않습니다. 그래서 하나님이 낮추셨습니다. 먹고 생존하는 것이 전부인 인생으로 인간을 창조하신 것이 아니기 때문입니다. 계속해서 신명기 8장 15절부터 이어서 봅시다.

> 너를 인도하여 그 광대하고 위험한 광야 곧 불뱀과 전갈이 있고 물이 없는 간조한 땅을 지나게 하셨으며 또 너를 위하여 단단한 반석에서 물을 내셨으며 네 조상들도 알지 못하던 만나를 광야에서 네게 먹이셨나니 이는 다 너

를 낮추시며 너를 시험하사 마침내 네게 복을 주려 하심
이었느니라 (신 8:15-16)

여기 이 '마침내'가 이루어지기까지 하나님은 사십 년을 기다리십니다. 앞서 이야기했듯이, 하나님의 목적은 우리의 마음을 얻는 것입니다. 이것을 잊지 마십시오.

하나님의 목적은 우리

사사 시대에 이르자 이스라엘은 자유인이 되어 무엇인가를 자유롭게 선택할 수 있는 정황에 놓입니다. 비로소 그들에게 선택의 기회가 주어진 것이지요. 그러나 그들은 그 선택을 그르칩니다.

자유란 독립적으로 선택하고 주장할 수 있는 권리입니다. 사랑과 믿음에는 자유가 있어야 합니다. 자유 없이는 모든 것이 다 굴종에 불과하기 때문입니다. 하나님은 우리에게 자유를 주십니다. 그리고 우리가 가진 자유와 선택 속에서 하나님은 우리와 싸우십니다. 우리가 소원하고 기대하는 것, 그래서 우리가 선택해 버린 것이 하나님이 주시려고 하는 것과 달라 벌어지는 싸움입니다. 이 싸움으로 우리만 죽어난다고 생각하십니까? 그렇지 않습니다. 우리의 주장과 하나님의 목적이 부딪쳐 생기는 갈등과

긴장과 충돌을 하나님이 견디십니다. 그것이 사사기의 내용이고 성경의 내용입니다. 호세아 11장을 보겠습니다.

> 에브라임이여 내가 어찌 너를 놓겠느냐 이스라엘이여 내가 어찌 너를 버리겠느냐 내가 어찌 너를 아드마 같이 놓겠느냐 어찌 너를 스보임 같이 두겠느냐 내 마음이 내 속에서 돌이키어 나의 긍휼이 온전히 불붙듯 하도다 내가 나의 맹렬한 진노를 나타내지 아니하며 내가 다시는 에브라임을 멸하지 아니하리니 이는 내가 하나님이요 사람이 아님이라 네 가운데 있는 거룩한 이니 진노함으로 네게 임하지 아니하리라 (호 11:8-9)

이것이 하나님의 진심입니다. 인간의 감정에 빗대어 표현하자면 하나님의 초조함이라 할 수 있습니다. 하나님은 우리가 하나님의 마음을 알기 원하십니다. 또한 우리가 하나님의 이 마음에 승복하기 원하십니다. 하나님은 우리의 잘잘못에 보복하는 하나님으로 계시지 않습니다. 하나님은 단지 우리가 당신의 말씀을 규칙처럼 잘 지키는 존재가 되는 것을 원하시지 않습니다. 하나님은 우리가 당신께 쓸모가 있거나 도움이 되기를 바라셔서 우리에게 다가오신 것이 아닙니다. 하나님은 우리의 아버지가 되려 하십니다. 우리의 하나님이 되려 하십니다. 내 자녀가 되어라, 내 백성이 되어라, 하시며 우리에게 찾아오신 것입니다. 이것이 믿음과 사랑의 관계입니다.

그런데 우리는 이런 관계가 영 불편합니다. 하지만 잘 생각해 보면, 인간은 하나님과의 관계를 필요로 하는 존재임을 알 수 있습니다. 우리가 그 어떤 대단한 것을 소유했다고 해도 인간이기에 나눌 수 있는 인격적 교제를 할 수 없다면 마음에 만족이 없습니다. 이것이 우리가 인격적 관계, 더 나아가 최상의 인격적 관계인 하나님과의 교제를 필요로 한다는 증거이지요.

쉽게 생각해봅시다. 여러분이 누군가에게 항복하며 그를 존경하게 되는 때는 언제입니까? 사람은 상대방이 많이 가졌다고 해서 항복하지는 않습니다. 하지만 그 사람의 인간성이 훌륭하면 여기에 항복합니다. 인간성이란 물질로는 규정할 수도 없고 채울 수도 없는 것이나, 그것이 인간을 항복하게 합니다. 인간만이 가지는 이해와 용서, 다정함, 만나면 기쁘고 반가운 것, 이런 것들이 인간성에 담겨 있는 것입니다. 인간성에는 당연히 윤리적, 도덕적 요소가 들어 있지만, 그것은 인간성의 일부일 뿐입니다. 윤리나 도덕은 그것 자체로 홀로 존재하는 것이 아니라 사람이 가진 인간성의 아름다움과 위대함에 자연히 묻어나오는 속성일 뿐입니다.

윤리적으로 흠 없게 산다는 사람치고 냉정하고 사나운 사람이 많습니다. 그러나 이렇게 되면 잘못 가고 있는 것입니다. 여러분의 옳음으로 상대방을 웃게 하십시오. 반가운 사람이 되십시오. 만나고 싶은 사람이 되십시오. 신앙은 좋은 표정을 짓는 것부터 시작하는 것입니다. 넉넉하고 따뜻한 표정만큼 좋은 것은 없습니다. 여러분의 진심이나 열심이 여러분을 사납고 교만하게 만든다면 잘못하고 있는 것입니다. 신앙이 불붙어서 무서워지면 곤란합니다.

하나님은 그렇게 안 하십니다. 오늘 에훗 사건에서 가장 놀라게 되는 부분은 하나님이 빙글빙글 웃으시면서 에글론의 압제를 깨트리시는 장면입니다. 에글론을 죽이는 것은 일도 아닙니다. 하나님이 이스라엘에게 이렇게 말씀하시는 것 같습니다. 애야, 이런 일은 아무것도 아니란다, 내가 관심을 갖는 것은 네가 겪는 문제가 아니라 바로 너 자신이란다, 나는 너 자신을 요구한다, 더 가보자꾸나, 지금 네게 장애가 되는 문제가 있느냐, 그렇다면 내가 그걸 없애주마, 그리고 한 걸음 더 가자, 또 한 걸음 더 나아가자.

사사기 내내 인간은 잘못된 선택으로 자초한 재앙 속을 걸어 들어가지만 하나님은 그들을 계속 붙들어 함께 나아가십니다. 구약 역사 내내 그리하시고 결국 어디까지 들어오십니까? 예수를 죽이는 자리까지 들어오십니다. 성경의 증언은 이토록 놀랍습니다. 신명기 32장을 봅시다.

> 하늘이여 귀를 기울이라 내가 말하리라 땅은 내 입의 말

을 들을지어다 내 교훈은 비처럼 내리고 내 말은 이슬처럼 맺히나니 연한 풀 위의 가는 비 같고 채소 위의 단비 같도다 내가 여호와의 이름을 전파하리니 너희는 우리 하나님께 위엄을 돌릴지어다 (신 32:1-3)

신명기 32장은 모세의 경고와 권면을 길게 서술하고 있는 본문입니다. 하늘이여 귀를 기울이라, 땅이여 내 입의 말을 들으라와 같은 표현은 하나님이 하시는 말씀의 엄중함을 드러냅니다. 하나님의 진심, 하나님의 의지, 하나님의 목적의 엄위함을 이렇게 표현한 것입니다. 그러니 우리 눈에 좋아 보이는 것에 붙들려서 자기 소견에 옳은 대로 선택하면 안 됩니다. 성경의 증언에 귀 기울여야 합니다. 같은 표현이 이사야 1장에도 나옵니다. 좀 더 격한 표현이 나오죠.

하늘이여 들으라 땅이여 귀를 기울이라 여호와께서 말씀하시기를 내가 자식을 양육하였거늘 그들이 나를 거역하였도다 소는 그 임자를 알고 나귀는 그 주인의 구유를 알건마는 이스라엘은 알지 못하고 나의 백성은 깨닫지 못하는도다 하셨도다 슬프다 범죄한 나라요 허물 진 백성이요 행악의 종자요 행위가 부패한 자식이로다 그들이 여호와를 버리며 이스라엘의 거룩하신 이를 만홀히 여겨

멀리하고 물러갔도다 너희가 어찌하여 매를 더 맞으려고 패역을 거듭하느냐 온 머리는 병들었고 온 마음은 피곤하였으며 발바닥에서 머리까지 성한 곳이 없이 상한 것과 터진 것과 새로 맞은 흔적뿐이거늘 그것을 짜며 싸매며 기름으로 부드럽게 함을 받지 못하였도다 (사 1:2-6)

여기서 주의해야 할 것이 있습니다. 이사야 1장에 나오는 하나님의 분노는 이스라엘을 공격하기 위해 나온 것이 아닙니다. 그러니 상대방을 정죄하고 공격하는 데에 이 분노를 이용하여 자기 마음 하나 편하려고 해서는 안 됩니다. "그것 봐. 성경이 뭐라고 그랬어. 이 바보들아, 순종해! 하나님을 대적해서 어떡하려고 그래?" 이렇게 써먹으라고 기록된 말씀이 아닙니다.

본문은 이스라엘을 향한 하나님의 깊고 안타까운 진심을 펼쳐내고 있습니다. 여기서 하나님의 진정성을 보아야 합니다. 지금 하나님이 이스라엘을 죽이려고 이 이야기를 하시는 것이 아닙니다. 죽일 것이었다면 이렇게 분노하실 필요도 없었을 것입니다.

선지서를 보면, 하나님이 망하게 된 이스라엘, 이제는 더 이상 어찌할 수 없는 지경에 이른 이스라엘을 위하여 선지자들을 보내시는 장면이 많이 나옵니다. 이스라엘 역사의 끝자락에 보내진 선지자들은, 이제 너희는 망하게 되었다고 외칩니다. 그러나 이 메시지에는 이스라엘에 대한 선고만 들어 있는 것이 아닙니다.

거기에는 슬픔에 잠긴, 상처 받은 하나님의 하소연이 들어 있습니다. 이스라엘아, 너희 나라꼴을 보아라, 에브라임아, 이것이 대체 무엇이냐, 이렇게 사는 것이 좋으냐, 이것은 아니지 않느냐, 라는 하나님의 비탄이 담겨 있습니다. 지금 하나님은, 너희 죽어 볼래, 너희가 한 짓이 무엇인지 한 번 맛 좀 볼래, 하시며 공포 분위기를 조성하시는 것이 아닙니다. 여기에는 이 백성을 놓을 수 없어서 끓어오르는 하나님의 슬픔이, 창자를 끊어내는 하나님의 비탄이 구구절절이 들어 있는 것입니다.

하나님은 우리가 깨닫고 항복하기까지 만나를 내리시고 메추라기를 주시고 구름기둥과 불기둥을 동원하십니다. 우리 마음의 항복을 받아내시기 위해 우리에게 자유를 주십니다. 그런데도 우리는 우리를 압제 밑에 밀어 넣고 울게 만드는 선택만 하고 있습니다. 하나님은 이런 우리의 현실을 멀리서 보시며 그것 봐라, 내가 뭐라고 했느냐, 하며 지적하고 계시지 않습니다. 하나님은 우리가 선택한 그 답 없는 길을 우리와 함께 가십니다. 그 길에서 우리의 못난 선택을 당신의 성실하심과 묶으십니다.

그리하여 우리가 얼마나 중요한 존재인지 보여주십니다. 우리가 하나님을 배반하고서는 다른 어디에서도 답을 찾을 수 없는 존재임을 깨닫게 하십니다. 이 하나님의 진지한 성의와 우리의 항복을 받아내시는 당신의 놀라운 일하심에 대해 성경은 하늘이여 들으라, 땅이여 귀를 기울이라, 이렇게 표현한 것입니다.

조마조마하게, 위대하게

여기서 우리는 인간의 참모습을 보게 됩니다. 이스라엘의 광야 시절에서, 사사 시대의 전쟁에서, 멸망을 앞둔 왕국에서, 그리고 드디어 오신 메시아를 죽이고 만 사건에서 인간의 선택의 끝을 봅니다. 반복하여 하나님을 거부하는, 고집에 찬 못난 인간을 봅니다. 이 모습은 지금 우리 현실에서도 마찬가지입니다. 이 못난 모습이 우리에게서 발견되지요. 이런 우리를 기다리고 있는 운명은 무엇일까요?

예수는 우리를 구원하기 위해 메시아로 오셨습니다. 그런데 메시아로 오신 이가 죽으십니다. 그의 죽음은 우리가 요구한 것이요, 우리가 선택한 것이요, 우리가 만든 결과입니다. 그러나 하나님은 우리가 죽인 그 예수를 살리십니다. 우리가 그렇게 저지른 살인으로부터 반전을 이루신 것입니다. 그 반전의 장본인이 예수입니다.

인류 역사의 끝은 어떻게 될까요? 예수가 역사적이고 구체적인 사건으로 증거하신 것같이, 우리의 운명은 우리가 선택한 결과로 끝나지 않습니다. 우리는 우리의 못난 것으로 끝나지 않는 다, 절망으로 끝나지 않는다는 것이 성경이 이스라엘 역사를 통해 증언하는 사실입니다.

우리의 자유와 선택을 우리를 향한 하나님의 목적 속에서 사용하지 못하면 어떻게 될까요? 그렇게 하여 맞게 되는 결과는 온통 헛된 것일 뿐입니다. 이 사실을 우리는 각자의 생애 속에서 반복하여 확인합니다. 인생의 답은 선행이나 사심 없음, 고차원의 윤리 같은 것으로 때워서는 찾을 수 없습니다. 그런 것들은 너무 쉬운 답입니다. 나라는 존재와 내 생애를 하나님의 손에 맡기지 않는 한, 인생에 답은 없다는 것을 기억해야 합니다.

우리 인생에서 받아 누려야 할 것은 하나님이 우리에게 요구하시는 믿음과 순종과 사랑의 관계입니다. 오래 참으시며 역사를 통해 증거하신 것같이, 하나님은 당신만이 주실 수 있는 영광, 하나님을 아는 지식, 예수 안에서 보이신 진리와 생명과 자유를 우리도 누리게 하실 것입니다. 이 기쁨, 예수 믿는 이 기쁨을 확보하지 못하면, 하나님이 그 일을 기어코 이루신다는 것을 알지 못하면, 우리 인생의 수고는 헛될 뿐입니다. 우리 인생이 얼마나 멋진 것인지 고린도전서 15장이 이렇게 소개하고 있습니다.

보라 내가 너희에게 비밀을 말하노니 우리가 다 잠 잘 것이 아니요 마지막 나팔에 순식간에 홀연히 다 변화되리니 나팔 소리가 나매 죽은 자들이 썩지 아니할 것으로 다시 살아나고 우리도 변화되리라 이 썩을 것이 반드시 썩지 아니할 것을 입겠고 이 죽을 것이 죽지 아니함을 입으리로다 이 썩을 것이 썩지 아니함을 입고 이 죽을 것이 죽지 아니함을 입을 때에는 사망을 삼키고 이기리라고 기록된 말씀이 이루어지리라 사망아 너의 승리가 어디 있느냐 사망아 네가 쏘는 것이 어디 있느냐 사망이 쏘는 것은 죄요 죄의 권능은 율법이라 우리 주 예수 그리스도로 말미암아 우리에게 승리를 주시는 하나님께 감사하노니 그러므로 내 사랑하는 형제들아 견실하며 흔들리지 말고 항상 주의 일에 더욱 힘쓰는 자들이 되라 이는 너희 수고가 주 안에서 헛되지 않은 줄 앎이라 (고전 15:51-58)

승리를 주시는 하나님을 기억하십시오. 우리가 해야 할 순종이 무엇인지 기억하십시오. 순종은 내가 가진 것을 드리는 싸움이 아니라, 나를 드리는 싸움입니다. 우리에게 걸어오시는 하나님의 씨름은 전부 이것입니다. 형통하며 남보다 우월한 형편에 있을 때에 자신이 가진 것을 갖다 바치는 것은 신앙이 아닙니다. 신앙생활에서 우리의 자랑은 하나님의 자녀로서 우리에게 주어진 조건을 감수하는 데에 있습니다. 그 억울한 자리와 조건 속에서도 나는 하나님의 자녀로 산다, 하며 여러분의 인생을 하나님의 이름을 의지하여 감수하는 것, 그것이 신앙입니다.

이런 우리를 보며 사람들은 "너는 예수 믿는데도 왜 그런 꼴이냐, 왜 그렇게 지지리도 못살아?"라며 비난하고 오해할 것입니다. 이럴 때 "너는 몰라도 돼"라고 웃으며 대답하십시오. 우리 신앙이 길을 잃는 것은 그런 못난 형편 때문이 아닙니다. 보이는 것에 붙잡혀 사느라, 에글론을 처치하는 데에 붙잡혀 있느라 길을 잃고 헤매기 때문입니다. 이 일만 해결해주시면 하나님께 항복하겠습니다, 이것은 신앙이 아닙니다. 우리를 괴롭게 하는 그 일마저 감수하고 하나님께 항복하십시오.

승리는 우리의 것입니다. 예수 안에서 이미 본 것입니다. 아무것도 아닌 존재로 살아가는 것, 이것이 성육신의 길입니다. 우리가 지고 망하는 그 자리에서 하나님은 승리를 만들어내신다고 합니다. 이 약속 없이는 오늘을 살 수 없습니다. 조건이 충족되면 그때서야 제대로 살겠다고 늘 미루는 것이 우리 모습입니다. 더 이상 미루지 마십시오. 오늘부터 그렇게 사십시오. 그래도 아직 감사할 것이 없고 조마조마하다고요? 그렇습니다. 여전히 조마조마합니다. 그러나 위대하게 사십시오. 조마조마하나 위대하게 사십시오. 여러분 모두에게 하나님이 이 비밀을, 이 은혜를 채우시고 마침내 항복하게 하실 것입니다.

기도

하나님 아버지, 은혜를 감사합니다. 우리 인생의 크기와 우리 존재의 위대함을 우리로 알게 하옵소서. 우리가 잠시 사는 세상에서 당하는 환난과 고난과 삼키어지는 일은 다만 하나의 소품에 불과하다는 것을 알게 하옵소서. 인생의 주인공은 그런 것들이 아니라 바로 우리 자신인 것을 알게 하옵소서. 하나님을 사랑하고 기뻐하며 순종하고 살게 하옵소서. 세상에서 나를 손가락질하며 비난해도 지지 말게 하옵소서. 하나님이 나와 함께하시니 내 인생이 하나님을 만나는 자리라는 것을 기억하는 매일의 삶이 되게 하옵소서. 예수님 이름으로 기도합니다. 아멘.

Chapter 8

드보라_
이름 없는 자의 명예

4 그 때에 랍비돗의 아내 여선지자 드보라가 이스라엘의 사사가 되었는데 **5** 그는 에브라임 산지 라마와 벧엘 사이 드보라의 종려나무 아래에 거주하였고 이스라엘 자손은 그에게 나아가 재판을 받더라 **6** 드보라가 사람을 보내어 아비노암의 아들 바락을 납달리 게데스에서 불러다가 그에게 이르되 이스라엘의 하나님 여호와께서 이같이 명령하지 아니하셨느냐 너는 납달리 자손과 스불론 자손 만 명을 거느리고 다볼 산으로 가라 **7** 내가 야빈의 군대 장관 시스라와 그의 병거들과 그의 무리를 기손 강으로 이끌어 네게 이르게 하고 그를 네 손에 넘겨 주리라 하셨느니라 **8** 바락이 그에게 이르되 만일 당신이 나와 함께 가면 내가 가려니와 만일 당신이 나와 함께 가지 아니하면 나도 가지 아니하겠노라 하니 **9** 이르되 내가 반드시 너와 함께 가리라 그러나 네가 이번에 가는 길에서는 영광을 얻지 못하리니 이는 여호와께서 시스라를 여인의 손에 파실 것임이니라 하고 드보라가 일어나 바락과 함께 게데스로 가니라 **10** 바락이 스불론과 납달리를 게데스로 부르니 만 명이 그를 따라 올라가고 드보라도 그와 함께 올라가니라 (삿 4:4-10)

여인들이 나설 수밖에 없었던 상황

오늘 본문에는 사사 드보라 이야기가 나옵니다. 에훗이 죽은 뒤 이스라엘이 하나님 앞에 다시 악을 행하자, 하나님은 그들을 가나안 왕 야빈의 손에 파십니다. 야빈은 군대 장관 시스라를 시켜 폭력을 휘둘러 이스라엘을 수탈하게 합니다. 고통을 견디다 못한 이스라엘이 하나님 앞에 부르짖자 하나님은 사사 드보라를 세워 이스라엘을 구원하십니다.

우리는 사사기를 이스라엘의 배신과 회개 그리고 이스라엘을 괴롭힌 이방 민족들을 전멸시켜 얻은 하나님의 구원이라는 틀에 서만 읽으려는 경향이 있습니다. 그러나 사사 에훗의 이야기에서 보듯이, 하나님은 장애물을 제거하는 일 곧 이스라엘을 괴롭히는 침략자들과 수탈자들을 꺾는 일에 별 관심이 없으십니다. 에훗이 에글론을 죽인 이야기에는 희극적 요소마저 보였지요.

성경은 사사 시대를 어떤 기회의 시간으로 그리고 있습니다. 이스라엘 백성이 애굽에서 종살이를 하던 때에는 하나님의 뜻을 자유롭게 행할 수 없었습니다. 약속의 땅인 가나안에 들어가서야 비로소 하나님의 뜻을 마음껏 행할 수 있는 자유로운 상태가 되었지요. 하나님은 사사 시대를 자유인이 된 이스라엘 백성들의 마음에서 나오는 깊은 항복을 받아내시려는 기회의 시간으로 삼고 계십니다. 사사기를 통해 이 사실을 확인할 수 있습니다.

그런데 우리는 사사들이 마치 사사 시대의 해결사라도 되는 양 생각합니다. 약탈당하던 삶을 평안한 삶으로 바꾸어주는 주술 정도로 오해하지요. 그러나 사사기는 사사들이 이스라엘을 구해낸 이야기를 외형적 구원에 불과한 것으로 소개합니다. 사사들의 구원으로 말미암아 이스라엘에게 내면의 각성이 일어났거나 신앙의 진보가 있었다는 언급은 사사기에 없습니다. 사사기는 결코 그렇게 말하지 않는데도, 우리는 사사들을 너무 쉽게 영웅으로 떠받드는 것 같습니다.

드보라는 사사기 4장과 5장에 걸쳐 소개됩니다. 할애된 분량으로 보아 드보라 이야기의 중요성을 짐작할 수 있습니다. 드보라의 활약상과 그의 노래가 두 장에 연달아 나올 만큼 그는 뛰어난 사사로 그려져 있습니다. 그런데 믿음의 위인들을 열거한 히브리서 11장에서 드보라를 도운 바락은 언급되어도 드보라는 기론되지 않습니다. 무슨 영문일까요?

히브리서 11장은 믿음에 대한 성경적 권면을 많이 담고 있어서 흔히 '믿음장'이라고 불립니다. 여기서 말하는 믿음이란 지금 무엇인가를 이루는 방편이 아니라, 종국적이며 궁극적인 것과 관계있는 것이라고 설명합니다. 믿음을 발휘해야 하는 현재는 영광에 이르기 위한 과정이고 따라서 현재는 기다려야 하는 시간, 곧 기다림의 시간이라고 소개되지요.

이런 시간을 살아간 믿음의 사람들로 기드온, 바락, 삼손, 다윗, 사무엘이 등장합니다. 우리는 이들을 믿음의 영웅이라고 생각하지요. 하지만 바락의 이름은 들어 있으나 드보라의 이름은 빠져 있는 것을 보면, 성경이 소개하는 믿음의 사람들은 우리가 생각하는 영웅과는 좀 거리가 있어 보입니다. 오늘 본문에서 보듯 바락은 아주 소심한 사람으로, 드보라는 매우 담대한 하나님의 종으로 소개되기 때문입니다. 이런 점은 성경을 읽는 데 중요한 실마리가 됩니다.

먼저, '여인'인 드보라가 사사로 세워진 일에 어떤 의미가 담겨 있는지 잘 생각해봅시다. 드보라는 워낙 훌륭한 사람이라서 '여자임에도 불구하고 사사로 세워졌다'는 것을 강조하려는 것이 아닙니다. 그때의 형편이 '여자라도 나설 수밖에 없는' 지경이었다는 방증입니다.

드보라는 랍비돗이라는 사람의 아내였습니다. 그런데 남편인 랍비돗이 아닌, 부인인 드보라가 나서야 했던 것이지요. 이런 상황에서 군대 지휘관인 바락이 드보라가 가지 않으면 자기도 가지 않겠다고 합니다. 이에 드보라가 따라나서지요. 그런데 하솔과의 전투에서 바락이 영광을 얻지 못할 것이라는 예언대로, 그는 전쟁의 최전선에 서지만 공을 세우지는 못합니다. 야빈의 군대장관 시스라를 죽인 것은 바락이 아닌 헤벨의 아내 야엘이었기 때문입니다.

본문에는 랍비돗의 아내 드보라, 헤벨의 아내 야엘이라는 표현이 계속 반복됩니다. 이런 표현을 들으면 금방 다음과 같은 생각이 떠오르지요. 그럼, 랍비돗은 뭐하고 있는가, 헤벨은 대체 뭐하고 있는가, 어디 가서 뭘 하고들 있기에 이렇게 부인들이 나서야 하는가, 하는 물음이 나오게 되는 것이 드보라 이야기입니다.

드보라의 이야기에는 이런 수치스러운 상황이 배경으로 깔려 있습니다. 그때 이스라엘은 가부장적 사회였다, 그런데 권력을 쥔 남자들이 여자들과 아이들을 보호할 수 없었다, 그래서 보호를 받아야 하는 이들이 전쟁의 최전선까지 내몰려 나라를 구해야 했다, 라는 것이 사사 드보라 이야기에 담긴 내용입니다. 이런 내용은 시편에서도 만나볼 수 있습니다. 시편 8편입니다.

> 여호와 우리 주여 주의 이름이 온 땅에 어찌 그리 아름다운지요 주의 영광이 하늘을 덮었나이다 주의 대적으로 말미암아 어린 아이들과 젖먹이들의 입으로 권능을 세우심이여 이는 원수들과 보복자들을 잠잠하게 하려 하심이니이다 (시 8:1-2)

주의 이름의 위엄이 온 땅에 넘칩니다. 그 영광이 충만합니다. 하나님께서는 대적들에 맞서 어린아이들과 젖먹이들의 입을 사용하십니다. 그들을 통해 원수들과 보복자들을 잠잠하게 하려 하신다고 합니다. 어린아이와 젖먹이란 어떤 존재입니까? 이들은 아무 능력 없는 이들, 그래서 보호가 가장 필요한 이들을 상징합니다. 그런데 이들을 통해 하나님이 권능을 세우신다고 시편 8편이 기록하고 있는 것입니다. 이것은 사사기 내내 강조되는 메시지입니다. 특히 오늘 본문 드보라의 이야기가 드러내고자 하는 메시지입니다.

세상의 권력과 하나님의 권능

하나님께서는 이스라엘이 이방을 힘으로 꺾어 그 위에 군림하기를 원하시는 것이 아닙니다. 하나님이 이스라엘에게 말씀하시는 것은 이것입니다. 이곳 가나안은 약속의 땅이다, 너희는 내 율법을 지켜 공의와 평화가 있는 나라를 건설하여라, 내 통치가 드러나는 그런 나라를 세워라, 이것이 하나님이 원하시는 것입니다.

그러나 이스라엘은 이 약속의 땅에 들어와 권력을 쟁취하는 싸움에 말려듭니다. 가나안 원주민들에게 가장 중요한 삶의 원리는 권력인데, 이스라엘이 그 원리를 받아들인 것이지요. 하나님은 이스라엘이 힘으로 자리를 지키는 싸움에 말려드는 것을 막지 않으십니다. 그것이 답이 아니라는 것을 가르치기 위해, 이스라엘로 하여금 자기네 힘으로는 이길 수 없는 현실을 계속 만나게 하십니다. 그러다 곤경에 빠질 때면 그들은 새삼스럽게 하나님께 부르짖습니다. 그러면 하나님이 건져주시지요. 이런 일이 반복됩니다. 그러나 이스라엘은 그 과정을 반복하면서도 하나님이 무슨 싸움을 걸고 계시는지 깨닫지 못합니다. 전쟁이 없이 편안해지면 다시 열심히 권력을 추구하여 신앙에서 부패하는 일이 거듭됩니다.

권력이란 무엇입니까? 강제하는 힘 곧 강제력입니다. 경쟁자를 무너트리고 그가 가진 것을 약탈하여 자기 것으로 삼는 것, 이것이 권력이 하는 일입니다. 그러나 하나님은 이런 권력을 추구하시지도, 그것을 행사하려고도 하시지 않습니다.

이런 하나님의 속성을 잘 드러내주는 신약의 사건이 있습니다. 바로 예수께서 마귀에게 시험을 받으신 사건이지요. 예수님은 공생애를 시작하시기 전에 광야에서 사십 일을 금식하시며 기도하십니다. 이때 마귀가 와서 시험합니다. 오늘 본문에서 언급하는 이 권력에 대한 문제가 사탄이 예수에게 건 시험 중 하나로 들어 있습니다. 마귀는 예수를 높은 산에 데려가 온 세상을 보인 후, 자신에게 절하면 이 세상을 다 주겠노라고 말합니다. 그러나 예수님은 사탄아, 물러가라, 오직 주 하나님께만 경배하고 다만 그를 섬기라, 하시며 사탄의 제안을 거절하십니다. 예수님은 권력 싸움으로 가지 않겠다고 답하신 것입니다. 세상 권력으로 쟁취하는 나라는 하나님 나라가 아니라는 것이지요.

하나님은 우리 모두가 하나님을 경배하기를 원하십니다. 이것이 하나님의 뜻입니다. 하나님을 경배하는 것은 세상이 권력을 숭배하는 것과 극명하게 대조됩니다. 이 둘은 어떻게 대조될까요? 먼저 우리는 하나님을 경배하는 것이 무엇인지 알아야 합니다. 사사기는 하나님이 일하시는 방법을 보여주며, 우리로 하나님이 누구신가와 하나님이 무엇을 요구하시는가를 깨닫게 합니다. 그러니 사사기 내내 계속되는 질문과 도전이 무엇인지 생각해보아야 합니다. 이는 인문학이 도달한 질문의 자리와 비슷합니다.

인문학은 인류 역사와 인간이 처한 현실을 대하며 '인간의 정체성과 운명은 무엇인가'라는 질문에 도달합니다. 이 질문을 했다는 데에 인문학의 가치가 있습니다. 인문학은 인간이 그 거대한 질문에 직면해 있다는 것을 깨닫게 해주지만, 안타깝게도 답을 만들어내지는 못합니다. 여러 번 강조했듯, 문맥이 본문은 아닙니다. 인류 역사라는 문맥을 아무리 살펴보아도 인간의 정체성과 운명에 대한 답, 곧 본문은 찾을 수 없습니다. 찾지 못하니 답을 만들어낼 리는 만무하지요. 컨텍스트는 텍스트를 담을 뿐 만들지는 못합니다.

사사기 내내 이스라엘 백성은 컨텍스트를 교체해달라고 계속 부르짖습니다. 하나님이 이에 응해주시지요. 그들에게 시간도 더 주시고 기회도 더 주십니다. 이것이 사사기의 가치입니다. 사사기를 읽으며 '결국 이스라엘은 끝까지 아무것도 못했어'라고 쉽게 판단하고 그들의 문제를 외면하면 끝나는 문제가 아닙니다. 사사기를 통해 하나님이 던지시는 질문에 답해야 합니다. 이 싸움이 마태복음 11장에서는 이렇게 소개되어 있습니다.

> 예수께서 권능을 가장 많이 행하신 고을들이 회개하지 아니하므로 그 때에 책망하시되 화 있을진저 고라신아 화 있을진저 벳새다야 너희에게 행한 모든 권능을 두로와 시돈에서 행하였더라면 그들이 벌써 베옷을 입고 재에 앉아 회개하였으리라 내가 너희에게 이르노니 심판 날에 두로와 시돈이 너희보다 견디기 쉬우리라 가버나움아 네가 하늘에까지 높아지겠느냐 음부에까지 낮아지리라 네게 행한 모든 권능을 소돔에서 행하였더라면 그 성이 오늘까지 있었으리라 내가 너희에게 이르노니 심판 날에 소돔 땅이 너보다 견디기 쉬우리라 하시니라
>
> (마 11:20-24)

예수께서 오셔서 의에 대하여, 진리에 대하여, 생명에 대하여 증거하십니다. 권능을 베풀어 죽은 자를 살리시고 나을 수 없는 병을 고치십니다. 바다를 잠잠케 하시며 오병이어로 오천 명을 먹이시며 귀신을 쫓아내십니다. 그러나 사람들은 예수 믿기를 거절합니다. 그들이 추구하는 것은 권력이기 때문입니다. 그래서

예수님은 그들을 꾸짖으신 후 이런 말씀을 이어가십니다.

> 그 때에 예수께서 대답하여 이르시되 천지의 주재이신 아버지여 이것을 지혜롭고 슬기 있는 자들에게는 숨기시고 어린 아이들에게는 나타내심을 감사하나이다 옳소이다 이렇게 된 것이 아버지의 뜻이니이다 내 아버지께서 모든 것을 내게 주셨으니 아버지 외에는 아들을 아는 자가 없고 아들과 또 아들의 소원대로 계시를 받는 자 외에는 아버지를 아는 자가 없느니라 수고하고 무거운 짐 진 자들아 다 내게로 오라 내가 너희를 쉬게 하리라 나는 마음이 온유하고 겸손하니 나의 멍에를 메고 내게 배우라 그리하면 너희 마음이 쉼을 얻으리니 이는 내 멍에는 쉽고 내 짐은 가벼움이라 하시니라 (마 11:25-30)

예수님은 이렇게 말씀하고 있습니다. 결국 너희에게는 권력욕밖에 없다, 너희는 자신의 정체성과 지위를 강제력으로밖에는 확인할 줄 모른다, 그러나 하나님은 그렇게 하지 않으신다, 수고하고 무거운 짐 진 자들아, 싸우고 이기고 부수고 약탈해서 채우려는 자들아, 이제 그렇게 살지 마라, 다 내게로 오라, 내가 너희를 쉬게 할 것이다, 내 안에 오라, 나를 믿으라, 와서 내가 걷는 길과 내가 보이는 증거를 보아라. 이것이 예수로 증거된 기독교 신앙의 핵심입니다. 하나님을 믿는 자의 정체성과 지위가 여기에 있습니다. 우리가 누리는 힘은 다른 사람을 격파하여 탈취해서 얻은 힘에서 나오지 않습니다. 우리는 하나님께서 무한히 생산하시는 힘, 그분의 은혜와 능력과 복과 정의와 평화로 채워지는 힘으로 삽니다.

시편 8편에서 보았듯, 주의 이름과 주의 영광이 온 땅에 충만합니다. 이 영광은 하나님 없이 세상이 만들어낼 수 있는 것이 아닙니다. 하나님만이 행하실 수 있는 창조와 부활의 권능입니다. 보상받을 조건이나 능력을 갖춘 자, 또는 그에 합당한 원인을 제공한 자가 아닌, 어린아이와 젖먹이의 입으로 세우시는 권능입니다. 이 부분을 모르면 우리는 기독교 신앙을 알 수 없어 우리가 받은 영광이 무엇인지, 매일 도전해오는 삶에서 자신의 책임이 무엇인지 알 수 없게 됩니다.

예수로 드러난 하나님의 목적

더 깊은 이해를 위해서 요한복음 16장으로 가봅시다.

> 내가 이것을 너희에게 이름은 너희로 실족하지 않게 하려 함이니 사람들이 너희를 출교할 뿐 아니라 때가 이르

면 무릇 너희를 죽이는 자가 생각하기를 이것이 하나님을 섬기는 일이라 하리라 그들이 이런 일을 할 것은 아버지와 나를 알지 못함이라 오직 너희에게 이 말을 한 것은 너희로 그 때를 당하면 내가 너희에게 말한 이것을 기억나게 하려 함이요 처음부터 이 말을 하지 아니한 것은 내가 너희와 함께 있었음이라 지금 내가 나를 보내신 이에게로 가는데 너희 중에서 나더러 어디로 가는지 묻는 자가 없고 도리어 내가 이 말을 하므로 너희 마음에 근심이 가득하였도다 그러나 내가 너희에게 실상을 말하노니 내가 떠나가는 것이 너희에게 유익이라 내가 떠나가지 아니하면 보혜사가 너희에게로 오시지 아니할 것이요 가면 내가 그를 너희에게로 보내리니 그가 와서 죄에 대하여, 의에 대하여, 심판에 대하여 세상을 책망하시리라 죄에 대하여라 함은 그들이 나를 믿지 아니함이요 의에 대하여라 함은 내가 아버지께로 가니 너희가 다시 나를 보지 못함이요 심판에 대하여라 함은 이 세상 임금이 심판을 받았음이라 (요 16:1-11)

이 본문에서 예수님은 하나님이 누구시며, 우리가 누구인가를 말씀합니다. 신자의 정체성은 무엇입니까? 그것은 하나님의 사랑을 받는 자녀라는 지위입니다. 하나님을 빼놓고 우리의 정체성을 설명할 방법은 없습니다. 하나님이 없으면 우리는 마치 허공에 떠 있는 것과 같습니다. 하나님이 우리를 끌어안으셔야 우리의 지위가 견고해지며 비로소 실재實在가 되는 것입니다.

하나님이 예수를 시간과 공간 속에 그리고 한 육체 속에 보내셔서 하나님이 누구시며, 그분이 무엇을 만들어내시는지를 구체적으로 보이십니다. 성경은 우리가 가진 모호한 개념과 추상명사들을 예수 그리스도를 통해 구체화합니다. 예수님은 이렇게 말씀하셨습니다. 내가 곧 길이요, 진리요, 생명이다. 길과 진리와 생명은 사전에 담길 수 있는 개념이 아니라, '예수'입니다. 예수로 실재가 된 것입니다. 예수께서 스스로 길과 진리와 생명의 증거가 되셔서 구원을 이루실 것입니다. 그리고 이제 아버지께로 돌아가 성령을 보내기로 하십니다.

신약 시대는 성령 시대입니다. 성령님이 오셔서 능력과 결과를 베푸신다는 뜻에서 그렇게 말하는 것이 아닙니다. 예수로 이루신, 그리고 마침내 이루시고야 말 일들을 하나님이 성령님을 통해 모든 영혼, 모든 실존에게 각각 구체적으로 이루신다는 뜻입니다. 예수께서 시간과 공간에 붙잡혀 계셨다면 성령께서는 그것을 넘어서시는 것입니다. 하나님은 이제 모든 인생, 모든 개인과 함께하십니다.

성령이 증거하는 가장 분명한 사실은 '예수의 부재'입니다. 성령이 오셨다는 것은 예수가 이 땅에 계시지 않는다는 증거입니다. 그리고 예수가 지금 여기 계시지 않다는 것은 그가 원래 여기 계셨다는 것을 전제합니다. 그가 지금 여기 계시지 않은 것은 세상이 그를 죽여서 내쫓았기 때문입니다.

9절, '죄에 대하여라 함은 그들이 나를 믿지 아니함이요'라는 말씀에서 보듯, 예수님은 예수를 믿지 않은 것이 죄라고 지적하십니다. 죄라고 하면 대개 우리는 도둑질하고 기도 안 하고 성경도 안 읽고 사는 것을 떠올리지만, 예수님은 세상의 논리를 따르느라 예수의 논리를 따르지 않는 것을 죄라고 말씀하십니다. 아직도 권력에 붙잡혀 사느라 하나님이 예수 안에서 보이신 방법을 여전히 수긍하지 않는 것이 죄입니다. 술 마시는 것이 죄가 아니라 정직하면 다 된다고 생각하는 것이 죄인 것이지요.

10절에서 '의에 대하여라 함은 내가 아버지께로 가니 너희가 다시 나를 보지 못함이요'라고 하십니다. 예수 이외에는 이 땅에 정의와 평화를 만들 다른 방법이 없습니다. 예수가 아버지께로 되돌아가셔서 세상이 예수를 다시 보지 못하게 되면, 세상은 불의와 전쟁뿐입니다. 그러니 예수가 아버지께로 되돌아가신 일은 그 자체로 책망입니다. 하나님의 공의로우심이 이렇게 나타나지요.

예수는 방법이 아니라 목적입니다. 하나님의 목적, 하나님이 채우시려는 내용, 하나님이 드러내시는 권능이 예수로 표현되었습니다. 아무것도 아닌 자같이, 볼품없는 나사렛 출신으로, 정신

나간 사람으로, 다른 사람은 구하고 정작 자신은 구하지 못한 자로 세상에 나타나셨습니다. 그것이 민중의 기대와 너무 달라 사람들은 예수를 보며 배신감을 느끼고 돌아서서 마침내 분노하여 그를 죽이고 말지요. 그들의 뜻을 고스란히 받아들여 죽으신 분이 예수입니다.

11절은 '심판에 대하여라 함은 이 세상 임금이 심판을 받았음이라'고 합니다. 예수님은 당신의 부활로 정말 심판을 받을 자가 누구인지 보여주십니다. 이 세상 임금, 곧 죽음이죠. 그런데 이 죽음이 궁극적 권세가 아님을 보이신 것입니다. 예수님은 다시 살아나셔서 아버지 보좌 우편에 계십니다. 이것이 예수의 부재 곧 성령 강림의 의미이며, 우리에게 펼쳐진 지금의 현실입니다.

무명하나 위대한

사사기에서 이스라엘은 끊임없이 이웃 나라와 권력 투쟁을 하며 자신들의 안녕과 지위를 확인하려다가 계속 실패합니다. 마찬가지로 신약 시대 성도들도 예수를 믿어 현실적 보상을 얻고자 합니다. 그래서 실패를 반복하지요.

그러나 우리가 원하는 것을 하나님이 주시지 않은 것이 복입니다. 세상에서 소용되는 권력으로 해결책을 삼는 한, 여러분은 하나님의 진정한 도전에 직면하지 못하게 됩니다. 하나님이, 아무것도 아닌 자처럼 보이는 랍비돗의 아내나 헤벨의 아내를 통해 대적을 물리치시고 허락하신 평화가 우리에게 시사하는 바는 무엇입니까? 하나님의 구원은 우리가 생각하는 것처럼 무력이나 폭력에서 나오지 않는다, 구원은 그분만이 주실 수 있는 생명과 진리, 공의와 평화, 자비와 긍휼, 그리고 은혜 속에 있다, 라는 것이지요. 그리고 이 사실을 확인해야 하는 일이 우리에게 요구됩니다. 사사 시대에 그러했듯이 신약 시대 모든 성도 각각에게 여전히 요구되는 것이지요. 여기에 항복하는 것은 만만한 일이 아닙니다. 빌립보서 2장으로 가봅시다.

> 너희 안에 이 마음을 품으라 곧 그리스도 예수의 마음이니 그는 근본 하나님의 본체시나 하나님과 동등됨을 취할 것으로 여기지 아니하시고 오히려 자기를 비워 종의 형체를 가지사 사람들과 같이 되셨고 사람의 모양으로 나타나사 자기를 낮추시고 죽기까지 복종하셨으니 곧 십자가에 죽으심이라 이러므로 하나님이 그를 지극히 높여 모든 이름 위에 뛰어난 이름을 주사 하늘에 있는 자들과 땅에 있는 자들과 땅 아래에 있는 자들로 모든 무릎을 예수의 이름에 꿇게 하시고 모든 입으로 예수 그리스도를 주라 시인하여 하나님 아버지께 영광을 돌리게 하셨느니

라 (빌 2:5-11)

우리나라는 역사 내내 유교 윤리를 유산으로 지녀 왔습니다. 유교 윤리가 내세우는 명분은 그 내용이 모호한 것임에도 다른 대안이 없어서 명분이라는 것 자체가 무게 있게 여겨지고 있지요. 그러나 내용이 명확하지 않으면 명분은 결국 치열함만으로 무게를 담게 됩니다. 그래서 한국 사회의 역사적 유산이나 민족적 정서를 살펴보면, 지극함이 언제나 최고의 자리로 간주되어 왔습니다.

이렇게 유교적 배경을 전제하고 빌립보서 2장 5절 이하를 읽으면 이런 생각이 들게 됩니다. 예수님이 이 모든 것을 버리고 오셔서 결국 십자가에 죽으셨다, 이 얼마나 지극하고 치열한 일인가. 그러나 그렇게 장렬함으로만 생각하고 말 뿐, 하나님이 이런 방식으로 일하신다는 생각은 하지 못합니다. 세상이 힘으로 자신의 우위를 확보하는 데에 그들의 자존심이 달려 있다고 생각하는 것과 달리, 하나님은 지고 내주고 기다리고 감싸 안고 용서하여 결국 고쳐내신다고 하는 것을 도무지 이해하지 못합니다.

이것을 이해한다고 하면서도 사람들을 만날 때에 웃는 일이 없다면, 잘못 가고 있는 것입니다. 웃는다는 것은 넘어가준다는 것이지요. 웃으면 완벽을 요구하지 않게 됩니다. 넘어가줄 때만 웃음이 있고, 치열해지면 서로 인상을 쓰게 됩니다. 그러니 모일 때에 공포와 두려움이 나온다면 잘못하고 있는 것입니다. 성경은 그렇게 살벌한 삶을 권면하고 있지 않습니다.

하나님의 사랑과 웃음을 빼앗으려는 거짓된 것에 대한 분노가 성경이 말하는 심판입니다. 누가 여러분의 자녀를 건드리면 화가 나지요. 이 분노는 보복하는 데에 목적이 있는 것이 아니라, 자녀를 보호하자는 데에 있습니다. 성경의 심판과 진노는 언제나 우리를 보호하기 위한 분노입니다. 내 자녀들에게 손대지 마라, 내 백성을 유혹하지 마라, 하며 들고 일어나시는 것이지, 너희가 잘하나 못하나 어디 두고 보자, 하는 경고가 아닙니다. 이번이 마지막 기회라며 하나님은 우리를 공포로 내몰지 않으십니다.

그러면 빌립보서 2장 5절 이하를 어떻게 읽어야 할까요? 하나님은 당신의 영광을 예수의 죽으심으로 드러내기를 좋아하십니다. 또한 하나님은 당신이 어떤 분인지 예수, 곧 예수의 죽으심으로 증거하기를 가장 기뻐하십니다. 그는 용서하시고 져주시는 분입니다. 하나님의 이런 모습이 여러분에게 실소를 자아낸다면 여러분은 기독교를 모르는 것입니다. 예수라는 이름을 동원하여 권력을 가져 안심하고 싶어 한다면, 아직도 사사 시대의 상태를 벗어나지 못하는 것입니다.

사사기의 이 가르침이 우리 삶에 실제로 어떻게 적용될 수 있을까요? 아무것도 아닌 것 같은 여러분의 존재가 매우 중요하다는 사실을 알아야 합니다. 예수가 이 땅에 오셨을 때 그러셨던 것처럼 우리도 아무것도 아닌 모습으로 존재합니다. 우리는 누구의 아내에 불과합니다. 성경이 여인을 '누구의 아내'로 표현하는 이 수사학을 이해해야 합니다.

대개 여자들은 이름이 잊힌 채로 살아왔습니다. 누구의 엄마, 누구의 아내로 불리지요. 이 말은 누군가의 보호 아래 있는 것을 뜻합니다. 아무 힘도 없는 존재라서 누군가 보호해줘야 한다는 의미가 아닙니다. 자기가 자신을 다 책임질 필요가 없는, 보호를 받아야 하는 존재라는 점, 또한 그가 받는 보호가 충분해야 함을 암시합니다. 하나님은 우리가 하나님을 아버지라고 부르는 순간 아버지로서의 모든 책임을 기꺼이 받아들이십니다. 그러므로 우리가 하나님의 자녀라고 불리는 것은 아버지 되신 하나님의 보호를 늘 받아야 한다는 것을 의미합니다. 그러나 우리는 자주 이런 기도를 하곤 하지요. 하나님, 다시는 하나님을 찾아오지 않도록 이 기도에 응답해주옵소서,라고 말입니다.

우리는 자신의 인생이 아무것도 아닌 존재로, 아무것도 아닌 순간을 지나는 것에 대해 늘 불안해하고 못마땅해합니다. 그러니 신앙생활에 오늘이 없지요. 지금보다 더 나은 조건, 더 나은 지위, 더 나은 명분을 갖기 위하여 결국 권력을 추구하는 것 외에 남는 것이 없는 존재로 살아갑니다. 그러면서도 우리는 마치 양보라도 하듯 이렇게 기도합니다. 하나님, 제가 이렇게 사심이 없습니다, 욕심이 없습니다, 그렇지만 최소한 요만큼은 해주십시오, 라고 말입니다.

그러나 하나님은 우리가 서 있는 바로 이 자리에서 어린아이들과 젖먹이들을 부르십니다. 그들로 권능을 세우겠다고 하십니다. 수고하고 무거운 짐 진 자들도 다 부르십니다. 이들에게 쉼도 주시고 이들을 통해 하나님의 영광을 드러내겠다고 약속하십니다. 하나님이 예수에게 하신 일이 우리에게도 일어납니다. 하나님이 예수를 지극히 높여 모든 이름 위에 뛰어난 이름을 주사 하늘에 있는 자들과 땅에 있는 자들과 땅 아래 있는 자들로 모든 무릎을 예수의 이름에 꿇게 하신 일이 바로 여기에서 벌어집니다. 우리의 존재가 바로 그 현장에 있습니다.

세상은 우리를 두렵게 합니다. 그러나 세상은 약탈과 폭력 이외에 할 줄 아는 것이 아무것도 없습니다. 우리만이 나눌 것이 있는 자로, 증명할 것이 있는 자로, 영광과 명예라는 이름으로 그 앞에 서 있을 수 있습니다. 세상은 우리 앞에 무릎을 꿇을 것입니다.

이후 드보라는 성경에서 다시 언급되지 않습니다. 야엘도 마찬가지입니다. 아무것도 아닌 지이니 히니님의 위대한 일에 동참한 드보라를 기억하여 여러분의 인생과 존재를 영광과 승리로 살기 바랍니다.

기도

하나님 아버지, 은혜를 감사합니다. 오늘 여기 모인 우리 믿음의 식구들이 다 드보라 같고 야엘 같습니다. 우리는 하나님께서 권능을 펼치시는 어린아이와 젖먹이 같은 자들입니다. 각자 서 있는 현실과 삶의 현장에서 하나님의 사람인 것을 기억하여 우리가 넉넉한 인생을 살며 나누는 자로 서 있게 하옵소서. 세상이 우리를 만나 구원을 받게 하옵소서. 예수님 이름으로 기도합니다. 아멘.

Chapter 9

드보라의 노래_
경탄이자 비명

12 깰지어다 깰지어다 드보라여 깰지어다 깰지어다 너는 노래할지어다 일어날지어다 바락이여 아비노암의 아들이여 네가 사로잡은 자를 끌고 갈지어다 **13** 그 때에 남은 귀인과 백성이 내려왔고 여호와께서 나를 위하여 용사를 치시려고 내려오셨도다 **14** 에브라임에게서 나온 자들은 아말렉에 뿌리 박힌 자들이요 베냐민은 백성들 중에서 너를 따르는 자들이요 마길에게서는 명령하는 자들이 내려왔고 스불론에게서는 대장군의 지팡이를 잡은 자들이 내려왔도다 **15** 잇사갈의 방백들이 드보라와 함께 하니 잇사갈과 같이 바락도 그의 뒤를 따라 골짜기로 달려 내려가니 르우벤 시냇가에서 큰 결심이 있었도다 **16** 네가 양의 우리 가운데에 앉아서 목자의 피리 부는 소리를 들음은 어찌 됨이냐 르우벤 시냇가에서 큰 결심이 있었도다

(삿 5:12-16)

승리의 노래에 감춰진 부끄러움

사사 드보라는 하나님이 이스라엘에게 주신 승리를 노래합니다. 기쁨과 감사와 경탄으로 하나님의 구원을 노래하고 있지요. 하나님이 이 전쟁에 개입하셔서 어떻게 시스라를 쳐부수었는가를 자세히 소개하고 있습니다. 다볼 산에 군사를 이끌고 간 바락은 시스라와 싸우기 위하여 다볼 산 아래 기손 강으로 내려오는데, 이 전쟁에 홍수가 있었던 것으로 보입니다. 4절과 5절에 잘 나와 있습니다.

> 여호와여 주께서 세일에서부터 나오시고 에돔 들에서부터 진행하실 때에 땅이 진동하고 하늘이 물을 내리고 구름도 물을 내렸나이다 산들이 여호와 앞에서 진동하니 저 시내 산도 이스라엘의 하나님 여호와 앞에서 진동하였도다 (삿 5:4-5)

철 병거를 이끌고 온 시스라의 군대는 홍수가 나자 바퀴가 진흙 탕에 빠져 맥을 못 쓰게 됩니다. 할 수 없이 시스라는 병거를 버려둔 채 도망갈 수밖에 없게 되지요. 19절 이하를 보겠습니다.

> 왕들이 와서 싸울 때에 가나안 왕들이 므깃도 물 가 다아

낙에서 싸웠으나 은을 탈취하지 못하였도다 별들이 하늘에서부터 싸우되 그들이 다니는 길에서 시스라와 싸웠도다 기손 강은 그 무리를 표류시켰으니 이 기손 강은 옛 강이라 내 영혼아 네가 힘 있는 자를 밟았도다 (삿 5:19-21)

별들이 하늘에서부터 시스라와 싸웁니다. 그리고 기손 강은 시스라의 무리를 휩쓸고 갑니다. 홍수와 이로 말미암은 결과가 어떤 초월적인 힘의 간섭이었음을 시사해주는 대목입니다.

23절을 보면, '메로스를 저주하라'는 말씀이 나옵니다. 메로스는 중북부 지방에 자리한 성읍인데, 이 전쟁에서 이쪽저쪽 눈치만 살피다 결국 뛰어들지 않습니다. 자칫 잘못했다가 야빈 왕 쪽이 승리하는 날에는 보복을 당하게 될까 봐 방관하고 있었던 것이지요. 이런 메로스에 대해 하나님은 저주하라고 말씀하신 것입니다.

승리를 거둔 후에 지난날을 회상해보는 일은 신나는 일입니다. 우리에게도 이와 같은 경험이 있지요. 대승을 거두었던 스포츠 경기의 장면을 두고두고 반복하여 보는 것은 승리의 결과를 알고 보는 짜릿함과 자랑스러움이 있기 때문입니다. 기막힌 반전의 장면들을 다시 음미하며 그때의 승리를 한번 더 느껴보는 것입니다.

이처럼 오늘 본문에서 드보라는 승리를 즐기고 있습니다. 그런데 가만히 보면, 이 노래에는 묘한 민망함이 묻어 있다는 것을 알게 됩니다. 통쾌함 속에 어떤 민망함, 수치와 부끄러움 같은 것이 함께 들어 있지요.

이 전투에서 가장 큰 공을 세운 야엘의 이야기가 24절에 나옵니다. "겐 사람 헤벨의 아내 야엘은 다른 여인들보다 복을 받을 것이니 장막에 있는 여인들보다 더욱 복을 받을 것이로다." 야엘은 시스라를 죽인 여인입니다. 장막 말뚝을 시스라의 관자놀이에 직접 박아 넣어 머리통을 부수어 죽였습니다. 참으로 참혹한 장면입니다. 여자가 할 일은 더더욱 아닙니다. 사납고 용맹한 남자들이 할 일을 헤벨의 아내 야엘이 한 것이지요. 지난 장에서 보았듯, 사사기는 가나안 왕 야빈을 쳐부순 드보라를 랍비돗의 아내로, 시스라를 죽인 야엘을 헤벨의 아내로 소개합니다. 그럼 랍비돗은 뭐하고 있었는가, 헤벨은 또 뭐하고 있었는가, 하는 깊은 질문을 성경이 던지고 있는 것입니다.

24절의 '장막에 있는 여인들'이라는 표현에서 보듯, 여자는 장막 안에서 보호를 받아야 하는 존재입니다. 그런데 보호를 받아야 할 사람들이 나서서 나라를 구해야 했던 것입니다. 여기에 어떤 비명이 있습니다. 하나님의 구원은 놀랍다, 그런데 이 놀라운 구원을 능히 이루실 수 있는 하나님이 왜 하필 우리 여인들의 손에 피를 묻히시는가, 하는 비명이지요. 그러니 따지고 보면 일단 드보라의 노래는 남자들에게 수치입니다. 그런데 이는 다만 남자들의 수치에 그치는 것이 아니라, 가부장제 사회의 폭력성을 고발하여 이 체제마저 부끄럽게 만들고 있습니다. 힘으로 사회 질서를 유지하고 보존하려는 제도가 얼마나 헛되고 무력하며 불공평한지를 고발하고 있는 것입니다. 역사 내내 증언된 현실은 가부장적 제도가 마땅히 보호해야 할 대상들을 보호하지 못하고 있다는 것입니다.

이런 고발은 단지 그때 판단을 잘못했다거나 당시 사회제도가 문제였다는 차원에서 나온 것이 아닙니다. 드보라의 이 노래는 당시의 가부장적 제도만을 까발리고 있지는 않습니다. 역사 내내 인류에게 주어진 질문, 곧 인간의 정체성과 운명은 무엇인가와 같은 질문을 상기시켜 주는 것입니다. 이는 인문학이 도달한 질문과 같습니다. 사사기는 이 현실을 꺼내 놓으면서 바로 이 질문을 던지고 있습니다. 그리고 이 질문에 대한 진정한 답은 여호와라고 말하고 있습니다.

더러운 역사라도 좋다

성경을 다만 교훈이나 해결책을 담고 있는 묘약으로 여기면, 손쉽게 '여호와가 답이다'라고 하는 성급한 결론에 이르게 됩니다. 그렇게 되면, 이 결론은 간단한 구호나 선언에 불과해져 구체적 실존이 자꾸 외면됩니다. 한 인간의 실존이 역사 속에서 구체적으로 반복하여 도전해오는 현실 속에 있다는 것을 확인하지 못하게 되지요.

드보라 이야기는 '이런 일이 있었다'고 하는 역사적 사실을 남기기 위해 기록된 것입니다. 금방 적용할 수 있는 교훈을 담고 있지 않는데, 이는 사사기가 교훈을 목적으로 한 책이 아니기 때문입니다. 그래서 사사기에는 이스라엘 역사가 이런 일들을 겪어 진전했다는 이야기도 없고, 이러지 말아야겠다는 반성이나 참회도 없습니다. 사사기의 어조는 무섭도록 냉정합니다. 사실만을 건조하게 기록할 뿐입니다. 이것은 역사다, 사실이다, 너희가 어떻게 듣든 그것은 부수적 문제이다, 이 점에 주의해야 합니다.

역사란 무엇일까요? 그 답을 이렇게 정리해보았습니다. "역사란 '나'라는 각각의 존재가 전후 문맥에 있는 인류라는 이름의 가치와 운명을 나누는 것이다." 한 문장에 많은 내용을 담아 압축하려다 보니 표현이 조금 어렵습니다. 쉽게 말하자면, '나는 인류의 운명 속에 있고 그 운명의 한 부분을 책임지고 있다'는 말입니다.

교훈 몇 마디를 얻어내려고 우리에게 역사가 주어진 것이 아닙니다. 그보다 더 중요합니다. 하나님이 우리에게 무엇을 경험하게 하고 거기서 어떤 확인을 하게 하는 장場이 역사인 것입니다. 하나님은 역사 속에서 우리로 인류 보편의 질문에 직면하게 하고, 이에 대해 인류가 제시한 답을 구체적으로 경험하게 하십니다. 이 역사적 경험을 거쳐야만 비로소 개념과 정의가 만들어집니다. 개념과 정의는 다른 말로 '단어'라고 쉽게 표현해 볼 수 있겠습니다.

이 말에 대한 이해를 돕기 위해 우리나라 현대사를 생각해봅시다. 우리나라는 6·25전쟁을 겪고 나서야 국력의 필요성을 깨닫게 됩니다. 여기서 국력이란 특히 국방력을 가리키는데, 국방력을 갖추려면 경제력이 뒷받침되어야 한다는 사실을 알게 됩니다. 다른 나라에 빌붙어서는 나라의 안전도 운명도 보장받을 수 없다는 것을 알게 된 것은 시간이 훨씬 지난 후였습니다. 비로소 제3공화국 때에 이르러서였다고 할 수 있습니다. 그때부터 경제를 발전시켜 국력을 키우지 않으면 안 된다는 생각에 매달리게 된 것입니다. 굶주림을 면하고 국력을 키워 다른 나라에 얕보이지 않게 성장해야 한다는 것이 최고 목표였습니다. 이것이 우리가 지나온 역사입니다. 이런 경험을 겪어내면서 우리에게도 그 당시를 설명해낼 수 있는 개념과 정의가 형성되었습니다. 우리의 삶을 담아낼 수 있는 단어가 만들어진 것이지요. 지나온 시절에 대해서는 여러 가지로 평가할 수 있을 것입니다. 그러나 평가에 앞서 우리는 이런 과정을 거쳐서 비로소 우리 삶을 말할 수 있는 개념과 정의를 갖게 되었다는 사실에 먼저 주목해야 합니다.

시대마다 그 시대만의 독특한 사건들을 겪어내며 경험이 쌓입니다. 그렇게 역사 속에서 경험한 일들을 통해 개념이 형성되고 단어가 만들어집니다. 그리고 이 개념 덕분에 이전 시대의 역사적 유산을 정리할 수 있고 또 거기에 자기 시대도 덧붙여 후손들에게 전수할 내용을 담을 수 있게 됩니다. 단어 곧 개념과 정의가 없으면 사건만 나열할 수 있을 뿐, 이해하기는 어려운 역사가 되고 맙니다. 잊힌 역사, 연속성이 없는 역사가 되고 말지요. 이런 차원에서 김수영 시인1921~1968의 〈거대한 뿌리〉[2]라는 시를 읽어볼 수 있습니다. 그는 역사를 이렇게 말하고 있습니다.

> 나는 이사벨 버드 비숍 여사와 연애하고 있다
> (중략)
> 버드 비숍 여사를 안 뒤로부터는 썩어빠진 대한민국이
> 괴롭지 않다 오히려 황송하다 역사는 아무리
> 더러운 역사라도 좋다
> 진창은 아무리 더러운 진창이라도 좋다
> 나에게 놋주발보다도 더 쨍쨍 울리는 추억이
> 있는 한 인간은 영원하고 사랑도 그렇다

---

[2] 김수영, 《김수영 전집1 시》(민음사, 2007년), 285-286쪽

김수영이 이 시를 남기게 된 것은 이 시에 나오는 이사벨 버드 비숍 Isabella Bird Bishop 1831~1904이라는 사람 때문입니다. 영국의 '왕립지리학회' 회원인 이 여인은 1894년에 우리나라를 처음으로 방문합니다. 이후에도 1897년까지 네 차례나 더 방문하여 현장 답사를 합니다. 비숍이 속한 '왕립지리학회'는 당시 최고 식민제국인 영국의 지리학회였습니다. 이런 점으로 미루어 보아 '왕립지리학회'의 '지리'는 단지 지식의 대상만이 아님을 알 수 있습니다. 침략하고 탈취하려는 대상인 것이지요. 버드 비숍은 극동 아시아를 다녀온 자신의 경험을 담은 책《조선과 그 이웃나라들》에서 "조선은 언급하려고만 해도 무섭다. 겁이 난다. 구역질이 난다"라고 썼습니다. 이 표현을 김수영 시인이 보게 된 것입니다. 그래서 그런 시를 남기게 된 것이지요.

당시 지식인들은 일제 강점기와 6·25전쟁을 겪은 터라 거의 대부분 진보주의자였습니다. 당시 진보주의는 이념의 문제보다는 무지몽매한 나라를 빨리 깨우쳐서 서구 열강의 꼬리에라도 가서 붙자, 그리하여 더 이상 피해를 입지 말자, 라는 주장이었지요. 이처럼 당시 '진보'는 현실을 타개하는 일을 뜻했습니다.

《지식의 발견》이라는 책에서 고명섭 씨는 이 문제를 언급하면서 김수영을 이렇게 설명합니다. "제국주의의 압도적 시선 아래서 자기 역사를 부정할 수도 없고, 그렇다고 해서 그 형편없는 역사를 통째로 긍정할 수도 없는 딜레마"³를 안고 있는 사람이었다고 말이지요.

　김수영은 어떤 길을 선택했을까요? 역사를 부정하는 길과 긍정하는 길 가운데 어느 길을 선택했습니까? 그는 역사를 긍정하기로 했습니다. 역사는 선택의 문제가 아니었기 때문입니다. 쌍꺼풀 수술을 하고 머리를 노랗게 물들여도 한국 사람은 한국 사람일 뿐, 다른 나라 사람이 될 수 없는 것입니다. 여기서 역사에 대한 이해가 필요합니다.

　역사의 중심부에 서느냐 주변부에 서느냐 하는 것은 우리가 정하지 못합니다. 여러분이 아무리 서구인들보다 더 문명한 사람이고, 전문 지식을 더 많이 가졌다고 해도 서구인일 수는 없습니다. 하나님이 허락하신 각자의 정체성을 벗어날 수 없기 때문입니다. 아무리 한국인이라는 사실이 싫어 서구인처럼 되려 애써보아도 우리에게는 '한국인치고는 잘난 사람이야'라는 말이 늘 붙어 다닐 것입니다. 이런 이해가 없으면 하나님이 일하시는 방법을 전혀 모르는 것입니다.

　역사가 우리에게 반복하여 던지는 질문은 너는 누구냐, 너는 무엇이냐, 너는 왜 사느냐, 하는 것입니다. 잘살든 못살든, 중심

---

3 고명섭,《지식의 발견》(그린비, 2005년), 7쪽

부에 있든 주변부에 있든, 인간은 결국 이 질문에서 벗어날 수 없습니다. 우리는 역사 속에서 살아갑니다. 과거 역사의 산물을 받아 특정한 자리에서 살아가죠. 이처럼 인생은 실제 경험하며 현실을 살아가는 것입니다. 오늘은 어제의 산물이면서 동시에 우리가 사는 날입니다. 이것을 내일에 그리고 우리 후손에 넘겨줄 것입니다.

그렇게 오늘이 내일을 만드는 원인이 될 것인데 그 모든 것 속에 반복되는 질문은 언제나 이것입니다. 너는 왜 사느냐, 앞으로 어떻게 살 것이냐, 무엇을 위해 살 것이냐. 우리는 이 질문 앞에 계속 다시 서게 될 것입니다. 이것이 역사입니다.

보호받던 자에서 보호하는 자로

드보라의 노래에 담긴 내용은 무엇일까요? 모두에게 현실은 피할 수 없이 분명하고, 어떠한 조건과 제한 속에 있다는 점은 동등한데, 인류는 자꾸 이것을 놓치고 꿈꾸듯 살아갑니다. 누구를 부러워하느라 자신의 현실은 살아내지 못하고 오히려 분노와 거부와 체념으로 그 현실을 덮어버립니다. 그렇게 되면 신앙조차 맥을 못 쓰기에 이르는데, 드보라의 노래에는 이런 정경이 아주 담담하게 드러나 있습니다.

그런데 드보라를 영웅으로 치켜세워 이에 비하면 자기 인생은 얼마나 별 볼 일 없나 하며 절망하고, 이스라엘은 왜 저럴까 하며 비난하는 것으로 자신의 책임을 외면하면 역사의 진정한 가치를 놓치게 됩니다. 오늘을 사는 일에서 무엇을 어떻게 책임지고 누려야 하는지를 모르게 됩니다. 이처럼 한심한 일은 또 없을 것입니다.

드보라의 노래가 그려내는 상황은 어떤 것이었습니까? 사사기 5장 28절 이하에 잘 나와 있지요. 시스라의 어머니는 시스라가 오지 않는 이유를 시녀들에게 묻는데, 시녀들의 답변을 듣고서야 위안이 됩니다. "틀림없이 이긴 후에 어디 가서 약탈한 것을 모아 나누고 있겠지. 용사 하나에 여자 하나둘씩 얻어 노리개로 삼아 즐기고 있을 것이다." 이런 말이 왜 여기 등장할까요? 그런 일이 늘 있었고, 누구도 그런 상황에서 벗어날 힘이 없었다는 점을 암시해주는 것이지요.

그런데 이런 현실에서 하나님이 구원해주신 것입니다. 현실에서 늘 반복되어 온 비극, 노리개의 운명에서 하나님이 벗어나게 해주신 것이지요. 노리개로 살 수밖에 없던 여인과 어린이를 구해야 하는 일은 가부장제 사회에서는 힘과 책임을 가진 남자들의 몫입니다. 그러나 남자들이 이 일을 못하고 있으며 세상이 모두 나서도 그들을 보호하지 못하고 있는데, 그 일을 하나님이 하십니다.

하나님은 이 일을 어떻게 이루십니까? 우리가 기대하듯 힘을 가진 이들에게 맡기시지 않고, 그와 정반대에 있는 이들 곧 보호의 대상에 불과했던 자들을 세우십니다. 보호의 대상에 불과했던 자들이 보호자로 나타나는 반전을 여기 펼치십니다. 그렇게 하셔서 그들이 처한 세상의 현실이 잘못되었음을 보이시는 것입니다. 인류가 처한 상황이 하나님의 통치와는 대조되는 정황과 운명 속에 있음을 이 반전이 드러내주고 있습니다.

4장에서 보았듯, 드보라의 승리는 어린아이와 젖먹이의 입으로 권능을 세우시는 하나님의 역사입니다. 5장에 오면, 하나님의 역사는 어린아이와 젖먹이에서 여인으로 나아갑니다. 한편, 그들이 당하는 비참함도 더욱 깊어집니다. 그러니 드보라의 노래는 하나님의 구원에 대한 경탄이면서 동시에 비명인 것입니다.

하나님, 당신의 큰 구원과 승리를 우리가 목도합니다, 그런데 이 일을 왜 하필 여인들에게 시키십니까, 당연히 이 일을 책임져야 할 남자들에게 시키셨어야죠, 장막 말뚝을 들고 일어나 머리통을 박살내는 그런 참혹한 일을 왜 여인에게 시키셨습니까, 하나님, 왜 이렇게 일하십니까, 라는 비명이지요. 이것이 우리 모든 인류의 현실입니다.

여러분, 자녀에게 먹이려고 닭을 잡아본 적이 있습니까? 그럴 때는 보통 누가 잡습니까? 남편과 부인 중 누가 잡을까요? 뜻밖에 남편은 잘 못 잡고, 대개 부인이 잡습니다. 왜 부인이 닭을 잡을까요? 자식을 먹여야 하는 모성애 때문입니다. 그런데 닭을 다 잡고서는 돌아서서 남편에게 화를 내지요. "아니, 남자가 되어 가지고 말이야. 돈이나 벌어다주면 다야? 닭을 사왔으면 잡아야지. 그래야 삶을 것 아냐?" 이런 모습이 드보라에게 있는 것입니다. 보호 아래 있던 여인이 힘을 가진 중심 세력보다 더 많은 역할을 감당해낸 것을 드보라의 노래에서 보게 되지요. 드보라는 중심부의 개념과 질서를 반전하는 이로 등장하는 것입니다.

우리는 살면서 자신이 별것 아닌 존재라는 자기 이해를 갖게 되는데 이 대목이 가장 안타깝습니다. 앞서 본 고명섭 씨의 책에서는 "피지배자는 자신을 설명할 개념이 없다"[4]고 말합니다. 왜 그럴까요? 지배자에게 종속되어 있기 때문입니다. 권력을 가진 이들에게 종속되어 있어서 자기 자신을 설명할 개념을 가질 권리가 없습니다. 그래서 사회나 체제 속에서 고유한 가치를 담은 명칭조차 가지지 못합니다. 그저 주변인일 뿐이지요.

그런데 묘하게도 주변인이야말로 중심부의 관념, 곧 지배자들의 생각을 혁신할 수 있다고 이 책의 저자는 설명을 이어갑니다. 주변인만이 그렇게 할 수 있다는 것입니다. 왜 그럴까요? 중심부에 들어가면 머지않아 관료화되기 때문입니다. 중심부에 있

---

[4] 고명섭, 앞의 책, 11쪽

는 사람들은 조직을 현 상태로 보존하고 유지하는 데 관심이 있을 뿐, 창조적인 무엇을 해야 할 필요를 더 이상 느끼지 못하기 때문에 그렇습니다.

시스라의 어머니는 시스라가 늦는 진짜 이유를 알지 못합니다. 그가 패배해서 죽었다고는 전혀 생각하지 못합니다. 당연히 전리품을 갖고 놀다가 늦는 줄로 알고 있습니다. 시스라는 이미 죽었는데 말이죠. 기가 막힌 증언입니다. 시스라의 어머니는 지금 하나님이 벌이시는 일을 상상도 못하고 있는 것입니다. 하나님은 어떻게 일하셨습니까? 하나님은 여인들을 통해 상상도 못할 방식으로 이스라엘을 구원해내셨습니다.

그러니 하나님의 이런 일하심은 세상이 추구하는 식으로는 발견되지 않습니다. 세상이 상상할 수 없는 곳에서 답이 만들어집니다. 하나님이 그 답을 만드시느라 여인 드보라를 사용하셨고 드보라처럼 주변인인 우리도 들어 쓰십니다. 여기에 오늘을 사는 일에 대한, 하나님의 일하심에 대한 기독교 신앙의 본질적 이해가 있습니다.

여인들의 노래

성경에는 여인들의 유명한 노래가 네 개 나옵니다. 그 가운데 하나가 출애굽기 15장에 나오는 미리암의 노래입니다. 모세와 이스라엘 자손이 홍해를 건너와 애굽 군대의 멸망을 지켜보면서 하나님 앞에 구원을 노래하는 장면이 1절에서 18절까지 나오고, 19절 이하에서는 미리암의 노래가 뒤를 잇습니다.

> 바로의 말과 병거와 마병이 함께 바다에 들어가매 여호와께서 바닷물을 그들 위에 되돌려 흐르게 하셨으나 이스라엘 자손은 바다 가운데서 마른 땅으로 지나간지라 아론의 누이 선지자 미리암이 손에 소고를 잡으매 모든 여인도 그를 따라 나오며 소고를 잡고 춤추니 미리암이 그들에게 화답하여 이르되 너희는 여호와를 찬송하라 그는 높고 영화로우심이요 말과 그 탄 자를 바다에 던지셨음이로다 하였더라 (출 15:19-21)

하나님이 하신 일은 세상을 내동댕이치는 정도가 아니었습니다. 하나님은 세상의 폭력을 해결하십니다. 이제 더 큰 권위를 드러내시며 공의와 자비와 긍휼로 세상을 다스리겠다고 하십니다. 미리암이 노래하고 미리암을 뒤따라 여자들이 소고 치며 춤췄다는 말의 의미를 드보라의 노래와 함께 생각해야 할 것입니다.

다음으로 한나의 노래가 있습니다. 사무엘상 2장에 한나의 기도로 등장한 이 노래는 여호와께서 자기의 기도를 들으셨다는 고백입니다. 여인의 기도를 하나님이 들어주신 것입니다. 원래 누가 들어주어야 하는 것입니까? 남편이 들어주어야 하는 것입니다. 그러나 남편은 들어주지 못했고, 하나님이 들어주시지요. 이 점에서 한나의 기도는 중요합니다.

마지막으로 마리아의 기도를 생각해봅시다. 누가복음 1장에는 마리아의 기도와 찬송이 나오는데, 이 노래에서 우리는 하나님의 일하심의 절정을 보게 됩니다.

> 마리아가 이르되 내 영혼이 주를 찬양하며 내 마음이 하나님 내 구주를 기뻐하였음은 그의 여종의 비천함을 돌보셨음이라 보라 이제 후로는 만세에 나를 복이 있다 일컬으리로다 능하신 이가 큰 일을 내게 행하셨으니 그 이름이 거룩하시며 긍휼하심이 두려워하는 자에게 대대로 이르는도다 그의 팔로 힘을 보이사 마음의 생각이 교만한 자들을 흩으셨고 권세 있는 자를 그 위에서 내리치셨으며 비천한 자를 높이셨고 주리는 자를 좋은 것으로 배불리셨으며 부자는 빈 손으로 보내셨도다 그 종 이스라엘을 도우사 긍휼히 여기시고 기억하시되 우리 조상에게 말씀하신 것과 같이 아브라함과 그 자손에게 영원히 하시리로다 하니라 (눅 1:46-55)

마리아의 찬송은 비참한 자신을 돌아보신 하나님을 노래한 것입니다. 하나님의 돌보심은 마리아를 고난과 억울함에서 구원하는 것에 그치지 않습니다. 하나님은 마리아로 하여금 메시아를 낳게 하십니다. 여기에 어떤 의미가 있을까요?

여자가 아이를 낳았다는 것은 평범한 이야기처럼 들립니다. 그러나 이런 표현을 한번 떠올려보면 생각이 좀 달라질 것입니다. 예전에 많이 썼던 표현으로 '박정희 대통령이 한강의 기적을 낳았다'는 말이 있습니다. 여기서 '낳았다'는 표현에 담긴 의미를 아시겠지요? 마리아가 인류를 구원하는 구원자를 낳았다, 아니 더 극적으로 표현하여 마리아가 구원을 낳았다고 말한다면 어떻게 들리십니까? 믿어지십니까? 그는 처녀입니다. 처녀는 홀로 아이를 낳을 수 없는 존재입니다. 또 힘도 없는 존재입니다. 그런 존재가 구원을 낳습니다. 자신을 아무것도 아니라고 여기게 만드는 지금의 조건과 현실이 구원을 낳고 영광을 낳고 기적을 낳는다고 성경은 이야기하는 것입니다.

그런데도 우리는 계속 아니라고 하지요. 여러분은 도대체 무엇을 더 받아야 자신의 정체성을 제대로 이해하시겠습니까? 어떤 조건들을 더 충족시켜줘야 똑바로 깨닫겠습니까? 사람은 어떤 결실을 얻게 되면, 늘 '내가 잘했더니 복이 왔다'는 식으로 말합니다. 그러나 이것은 세상 질서입니다.

경쟁으로 이겨서 무언가를 얻는 일은 십계명에서 이미 철저

하게 깨졌습니다. 여호와만을 섬겨라, 네 이웃의 것을 빼앗아 네 필요를 채우지 마라, 하나님이 네 필요를 충분히 채워주시니 거짓말하거나 살인하거나 거짓 증거하지 마라, 네 이웃의 것을 빼앗아 네 가치를 만들 수 없다, 십계명에 이미 이렇게 다 나와 있습니다. 그러니 잘 생각하십시오.

예전에 제가, 대통령이 반드시 예수 믿는 사람이어야 할 필요는 없다고 누누이 이야기한 적이 있습니다. 위정자가 예수를 믿어 나쁠 것까지 없겠지마는, 이런 조건을 요구하고 소원하다 보면 우리는 이런 오해를 하게 되기 때문입니다. 예수 믿는 사람이 대통령이 되면, 이 세상이 요구하는 나라와는 비교할 수 없는 나라가 될 것이라고 착각하게 됩니다. 진정한 정의와 평화의 나라는 하나님만이 만드실 수 있는데 말입니다. 또 세상의 권력이나 세상에서의 자랑 같은 것을 하나님이 주겠다고 하신 약속과 내용이라고 오해하게 되지요.

이런 오해는 우리 현실에서 이렇게 드러납니다. 내가 좀 더 배웠더라면, 내가 지금보다 더 건강했다면, 내 남편이 나를 조금만 더 지원해줬다면, 하는 식으로 가는 것이지요. 여러분이 여전히 이런 불평 속에 있다면 여러분은 아직도 하나님이 일하시는 방법을 전혀 모르는 것입니다.

하나님께 불가능한 일이란 없습니다. 여기에 기독교의 위대함이 있습니다. 내가 가진 어떤 부정적인 조건을 가지고서도 언제든지 반전을 이루실 수 있고 기적을 만들어내실 수 있습니다. 어떤 경우에서든 "하나님, 하나님의 일하심은 정말 놀랍습니다"라는 경탄이 일어날 수 있습니다.

역사 속에서 살아가는 우리는 자신이 한 일이 무엇인지, 그 의미가 무엇인지 바로 판단할 수 없습니다. 역사 밖에 나가 우리가 한 일을 보며 "아, 그랬구나"라고 끄덕이며 음미할 수가 없지요. 우리가 역사 안에 있으니 말입니다. 하지만 역사 안에 있기 때문에 우리의 존재, 역할, 인생은 구체성을 띱니다. 그래서 귀합니다. 그러니 이 조건에서 하나님의 사람은 어떻게 해야 하는가, 라고 반복해서 늘 물으십시오.

하나님이 일하시는 방법인 예수 그리스도의 성육신과 십자가를 언제나 생각하십시오. 하지만 예수께서 걸으신 길이 겸손과 순종과 충성과 믿음의 길이었다는 어떤 방법론으로 축소하지 마십시오. 하나님이 몸소 구체적인 길을 걸어가신 것입니다. 그런 정황 속에 들어가셔서 친히 한 부분이 되셨고 그로써 전체를 구원하는 일을 시행하신 것입니다. 우리가 가야 할 인생도 그런 구체적 인생이며, 그래서 유일하다고 이해해야 합니다. 예수님은 그가 왜 죽어야 했는지 아무도 이해하지 못하는 그런 죽음을 맞이하셨습니다. 그분을 따라 그 길에 들어서지 않은 채, 예수님을 그저 고통당해 죽어가신 분으로 동정하는 순간 우리는 망하는 것입니다.

이 큰 질문을 주신 하나님이 시대마다 사건마다 각 사람마다 반복하여 답도 주십니다. 너는 위대한 존재다, 네 삶은 성육신의 연장이다, 그러니 이 삶을 살아내라, 이렇게 말씀하십니다. 이것을 모르면 인생을 살 수가 없습니다. 아무것도 아닌 존재라는 것을 견딜 수 없어서 살 수 없지요.

여러분의 인생과 조건을 기꺼이 감수하고 살겠습니까? 역사라면, 아무리 더러운 역사라도 좋다, 이렇게 말한 인문학의 결론을 거쳐서 이 자리까지 오십시오. 하나님이 어린아이와 젖먹이와 과부와 처녀를 통해 일하신다는 것을 오늘 말씀을 통해 확인하시고, 내 인생이 바로 하나님의 일하심의 현장이라는 사실도 거기에 함께 묶으십시오. 무엇으로도 대체할 수 없는 위대하고 명예로운 생애가 될 것입니다.

기도

하나님 아버지, 은혜를 감사합니다. 우리가 가는 길의 중요성과 그 구체성을 기억하겠습니다. 하루를 사는 기적, 하나님과 동행하는 우리의 지위, 영광, 위대함을 기억하고 살겠습니다. 어떤 조건, 어떤 상황, 어떤 역할도 하나님이 함께하시는 자리라는 것을 기억하여 은혜와 용기를 갖고 살아내게 하여 주옵소서. 예수님 이름으로 기도합니다. 아멘.

Chapter 10

기드온[1] _
억지로
끌려간
촌부

6 이스라엘이 미디안으로 말미암아 궁핍함이 심한지라 이에 이스라엘 자손이 여호와께 부르짖었더라 7 이스라엘 자손이 미디안으로 말미암아 여호와께 부르짖었으므로 8 여호와께서 이스라엘 자손에게 한 선지자를 보내시니 그가 그들에게 이르되 여호와께서 이같이 말씀하시기를 이스라엘의 하나님 내가 너희를 애굽에서 인도하여 내며 너희를 그 종 되었던 집에서 나오게 하여 9 애굽 사람의 손과 너희를 학대하는 모든 자의 손에서 너희를 건져내고 그들을 너희 앞에서 쫓아내고 그 땅을 너희에게 주었으며 10 내가 또 너희에게 이르기를 나는 너희의 하나님 여호와이니 너희가 거주하는 아모리 사람의 땅의 신들을 두려워하지 말라 하였으나 너희가 내 목소리를 듣지 아니하였느니라 하셨다 하니라 (삿 6:6-10)

이스라엘의 정체성과 사사

사사기에는 행적이 간단히 언급된 사사들도 나오고, 행적이 훨씬 자세히 기록된 사사들도 나옵니다. 행적이 많이 기록된 사사들을 흔히 '대★사사'라고 부르는데, 대★사사라고 해서 우리가 기대하는 것처럼 그가 위대한 인물이라는 뜻은 아닙니다. 사사기는 그런 목적으로 사사들을 그리고 있지 않습니다.

사사기의 전체 윤곽을 한번 살펴봅시다. 이스라엘은 종 되었던 애굽에서 하나님의 큰 능력으로 구원을 받고 광야 생활을 거쳐 마침내 약속의 땅 가나안에 들어갑니다. 그곳에 이르러 비로소 자신의 기업을 소유하고 스스로 선택하며 사는 자유민이 됩니다. 그러나 그들은 자신들의 선택권을 하나님을 섬기는 데 쓰지 않고, 가나안 족속들이 숭배하는 우상을 섬기는 데 사용합니다. 그래서 폭력 사회를 형성합니다. 폭력 사회란 힘의 논리에 지배되는 사회를 말합니다.

하나님은 이스라엘 백성에게 가나안 족속을 진멸하라고 여러 번 단단히 일러두십니다. 그들에게 가나안 족속처럼 살지 말라고 하신 것이지요. 우상을 섬겨 폭력 사회를 만들지 말고, 이스라엘을 구원하시고 그들에게 자유를 주신 하나님을 섬겨 정의와 평화가 넘치는 하나님 나라를 만들라고 하십니다.

그러나 이스라엘은 그렇게 하지 못합니다. 그들은 가나안 원주민들을 쫓아내지 않습니다. 이는 이스라엘이 가나안 사람들의 삶을 좋아하여 그들의 생활 방식을 선택하여 따라갔다는 것을 의미합니다. 그리하여 이스라엘은 폭력 사회인 가나안의 폭력을 경험하고 그로 인해 고통을 겪습니다.

가나안의 폭력에 이스라엘이 괴로워하여 비명을 지르면 하나님이 오셔서 그들을 구원해주십니다. 그러나 그런 뒤에도 이스라엘은 하나님께 불순종합니다. 다시 우상을 섬기고 거듭 고난을 당하면 또다시 울부짖습니다. 이에 하나님이 다시 응답하시고 이들을 구원하시지요. 이 일이 사사기 내내 반복됩니다.

사사 시대에 하나님은 사사를 세워 그를 통해 일하셨습니다. 그런데 자세히 보면 사사를 세웠다고 해서 이스라엘 백성이 믿음의 진보를 보이는 것도, 자신들이 저지른 실패에 대해 새삼스럽게 성찰하는 것도 아닙니다. 사사기는 그런 그들의 모습을 사실로서 참으로 무심하게 기록하고 있습니다.

사사기가 관심을 기울이는 대목은 어디일까요? 사사기 3장의 에훗 이야기에서 보았듯, 하나님은 이스라엘을 괴롭히는 현실 권력을 제거하는 일에는 큰 관심이 없어 보입니다. 하나님에게 그런 일은 너무나 사소한 것 같습니다. 사사 에훗 이야기를 하면서, 에훗이 에글론을 찔러 죽이는 장면에는 희극적 요소가 있다고 했습니다. 하나님은 이스라엘만 쳐다보고 계시는데, 에글론이 이스라엘을 괴롭히자 등 뒤로 손가락을 한 번 튕기듯이 그를 간단하게 제거하시는 모습을 보았지요. 하나님의 모든 관심은 이스라엘에게만 있는 것입니다.

이어 드보라가 등장합니다. 드보라 이야기는 사사기를 이해하는 데 중요한 안목을 제공합니다. 드보라는 랍비돗의 아내로 소개되지요. 또 이스라엘을 못살게 굴던 하솔의 군대 장관 시스라의 머리를 박살내 죽여 이스라엘을 구원한 사람인 야엘은 헤벨의 아내였습니다. 상황이 그토록 긴박했는데, 랍비돗과 헤벨은 뭐하고 있었느냐는 질문이 여기 제기되지요. 이 지경에 이르도록 랍비돗과 헤벨은 어디 가서 놀고 있었던 것이냐는 비난과 지적이 드보라의 이야기에 들어 있습니다.

사사기 5장에서 보았던 드보라의 노래는 하나님이 주신 구원이 얼마나 크며, 그분이 주신 승리가 얼마나 굉장한가를 찬양하고 있습니다. 그런데 이 노래에는 찬양과 동시에 폭로가 들어 있습니다. 고난 중이라면 더욱 보호받아야 할 여인들이 이 위험한 시기에 오히려 책임을 지고 나설 수밖에 없었던 당시의 신앙 현실을 통렬하게 폭로하고 있는 것이지요. 하나님을 섬기고 그분이 주시는 정의와 평화를 실현하는 일에 실패한 사회, 그래서 비명을 지를 수밖에 없는 자리에 들어간 이스라엘의 현실을 고발하고 있습니다.

뒤이어 나오는 기드온, 아비멜렉, 입다, 삼손도 드보라와 마찬가지로 이스라엘의 못난 현실을 드러내는 일에 부름을 받습니다. 하나님이 이스라엘을 위하여 이런 사사들의 못난 점에도 불구하고 그들을 사용하셨다는 사실을 보지 못하고, 그저 그들을 위대한 사사로 치켜세운다면 이는 성경이 하는 이야기를 제대로 따라가지 못하는 것입니다. 사사기를 보면서 이스라엘의 실패를 쉽게 지적하는 것과 마찬가지로, 사사들을 위대한 인물이라고 덮어놓고 높이는 것도 사사기를 제대로 읽어내지 못하는 것입니다. 이는 신앙이 무엇인지 오해하는 데서 비롯되는 것이지요.

사사기 6장에서는 이스라엘이 여호와의 목전에 악을 행하여 칠 년 동안 미디안의 손에 넘겨지는 내용이 나옵니다. 미디안이 이스라엘을 지배하던 이 시기에 이스라엘은 산에 웅덩이와 굴을 파고 산성을 쌓아 피신하는 등 고통을 겪습니다. 먹을 것도 없습니다. 무엇인가를 심어 싹이 나기만 하면 미디안이 다 싹쓸이해 버리니 먹을거리가 남아나지 않지요.

결국 이스라엘은 멸망 직전까지 몰려 다시 하나님 앞에 울부짖습니다. 이제 하나님이 그들의 울부짖음을 들으시고 사사를 보내어 구원하실 것입니다. 그런데 사사를 세우시기 전에 선지자를 보내셔서 이런 말씀을 먼저 전하게 하십니다.

이스라엘 자손이 미디안으로 말미암아 여호와께 부르짖었으므로 여호와께서 이스라엘 자손에게 한 선지자를 보내시니 그가 그들에게 이르되 여호와께서 이같이 말씀하시기를 이스라엘의 하나님 내가 너희를 애굽에서 인도하여 내며 너희를 그 종 되었던 집에서 나오게 하여 애굽 사람의 손과 너희를 학대하는 모든 자의 손에서 너희를 건져내고 그들을 너희 앞에서 쫓아내고 그 땅을 너희에게 주었으며 내가 또 너희에게 이르기를 나는 너희의 하나님 여호와이니 너희가 거주하는 아모리 사람의 땅의 신들을 두려워하지 말라 하였으나 너희가 내 목소리를 듣지 아니하였느니라 하셨다 하니라 (삿 6:7-10)

이 본문에서 선지자는 무엇을 말하고 있는 것일까요? 지금 너희는 우상을 섬겨 이런 형편이 되었다, 하나님을 섬기지 않으면 정의와 평화, 생명과 진리는 결코 만들어지지 않는다, 이는 우상을 섬기든 너희 스스로 애쓰든 마찬가지다, 라는 지적이지요. 여기에 이스라엘과 가나안의 정체성 차이가 분명히 드러납니다.

그러나 사사기 내내 이스라엘은 자기네들의 정체성을 확인하는 일은 하지 않고, 현실적 고난을 면하게 해주는 해결책만 찾아다닙니다. 하나님은 이스라엘이 어려움을 겪을 때마다 사사를 세워 구원하시지만, 특별히 위대한 사람이나 지혜로운 사람을 골라 사사로 세우시지는 않습니다. 자기네의 정체성을 이해하지도 확인하지도 못하는 사람, 여느 이스라엘 사람과 조금도 다를 바 없는 사람을 사사로 세워 구원을 허락하십니다. 그리하여 구원은 아무것도 아니다, 구원은 쉽다, 문제는 너희다를 반복하여 말씀하십니다. 그러니 사사기를 읽으면서 이스라엘은 정말 미련한 사람들이다라고 비난하는 것으로 끝내지 말고, 우리의 현실을 사사기에 대입하여 자신을 돌아보아야 합니다. 우리도 이스라엘처럼 정말 중요한 문제에서는 자꾸 도망가려고 하니 말입니다.

기드온, 너는 큰 용사다

이렇게 선지자를 보내어 이스라엘의 정체성을 지적하신 이후 기드온이 등장합니다. 먼저 기드온이 사사로 나서게 된 정황을 살펴봅시다.

> 여호와의 사자가 아비에셀 사람 요아스에게 속한 오브라에 이르러 상수리나무 아래에 앉으니라 마침 요아스의 아들 기드온이 미디안 사람에게 알리지 아니하려 하여 밀을 포도주 틀에서 타작하더니 여호와의 사자가 기드온에게 나타나 이르되 큰 용사여 여호와께서 너와 함께 계시도다 하매 기드온이 그에게 대답하되 오 나의 주여 여호와께서 우리와 함께 계시면 어찌하여 이 모든 일이 우리에게 일어났나이까 또 우리 조상들이 일찍이 우리에게

이르기를 여호와께서 우리를 애굽에서 올라오게 하신 것이 아니냐 한 그 모든 이적이 어디 있나이까 이제 여호와께서 우리를 버리사 미디안의 손에 우리를 넘겨 주셨나이다 (삿 6:11-13)

기드온은 미디안 사람들에게 들키지 않으려고 포도주 틀에서 몰래 밀을 타작하고 있습니다. 참 난감한 장면입니다. 거기서 타작하면 밀을 한 움큼이나 얻을 수 있었을까요? 그때 여호와의 사자가 기드온에게 나타나 "큰 용사여, 여호와께서 너와 함께 계시도다"라고 말을 겁니다. 이 말을 들은 기드온은 당황합니다.

여호와의 사자가 한 이 말을 듣고 기드온은 "여호와께서 우리와 함께 계시면 어찌하여 이 모든 일이 우리에게 일어났나이까?"라고 되묻습니다. 이 말은 "하나님, 저라고 뭐 이러고 싶어서 그러겠습니까?"라는 의미입니다. 기드온의 이 대답으로 미루어 보아 하나님이 그를 '큰 용사'라고 불러주신 것이 칭찬이 아니라는 것을 알 수 있습니다. 기드온은 큰 용사처럼 대답하고 있지 않지요.

그러면 기드온을 칭한 이 '큰 용사'라는 말은 무슨 뜻일까요? 여기에는 이중적 의미가 있습니다. 이스라엘은 전부 나에게 위대한 존재다, 이스라엘 중에 나에게 소중하지 않은 존재는 아무도 없다, 기드온, 너는 원래 큰 용사여야 맞다, 이스라엘아, 너희는 큰 용사여야 맞다, 너희는 위대한 족속이다, 그런데 이게 뭐냐, 너희가 지금 하고 있는 일이 대체 무엇이냐, 이런 의미가 담겨 있는 것이지요. 하나님께서는 지금 이스라엘의 정체성을 묻고 계십니다.

기드온의 답변은 우리도 쉽게 공감할 수 있는 내용입니다. 사실 우리 모두가 하나님께 자주 하는 반항이기도 합니다. "하나님, 저라고 뭐 이렇게 살고 싶겠습니까? 하나님이 좀 더 나은 환경을 주셔야 무얼 하든 말든 할 것 아닙니까?" 신자가 자신의 현실에 대해 계속 반복하는 불평이 바로 이것이지요.

기드온의 반문을 들은 하나님의 사자가 "너는 가서 너의 힘으로 이스라엘을 미디안의 손에서 구원하라. 내가 친히 너를 보낸다"라고 말합니다. 기드온이 다시 아뢰지요. "내가 어떻게 이스라엘을 구할 수 있습니까? 보시는 바와 같이 나의 가문은 가장 약하고 또 나는 아버지의 집에서도 가장 어린 사람입니다." 기드온의 이 말은 "하나님, 하나님이 우리와 함께하신다면 그리고 하나님이 우리 조상들에게 들은 바로 그 하나님이 맞다면, 도대체 이 현실은 무엇이며 제가 이 현실을 어떻게 뒤집을 수 있다는 말입니까?"라는 의미이지요. 그러자 하나님이 다시 "그래? 그럼, 내가 이 현실을 뒤집어줄 수 있지. 너는 가서 네 손으로 구원하여라. 너를 보내는 이는 나다. 나는 하나님이다. 내가 너와 함께할 것이다."

기드온은 그동안 이스라엘이 바알에게 가고 아세라에게 갔던 것은 여태껏 하나님이 잠잠하신 탓이라고 생각한 것입니다. 그런데 지금 하나님이 나타나셔서 "나는 너희 조상의 하나님이다. 이제 내가 너와 너희 민족을 구원하겠다"라고 말씀하십니다. 기드온은 하나님께서 정말 그렇게 해주실 것인지 묻고서 이제 하나님께 드릴 예물을 가져오겠다고 합니다. "하나님, 제가 번제물을 가지고 올 테니 받아주십시오. 그러면 하나님이 진정 구원자이시며 우리와 함께하신다는 것을 제가 확신할 수 있을 것입니다"라고 말합니다. 하나님은 "좋다. 그렇게 해라"라고 하시지요.

기드온은 예물을 가져와서 바위 위에 놓고 국을 붓습니다. 여호와의 사자가 기드온이 드린 제물에 지팡이를 대자 바위에서 불이 나와 그것을 삼켜 태웁니다. 이렇게 하나님이 기드온의 예물을 받으셨다는 것이 확인되지요. 하나님이 임하셨으며 그분의 약속과 명령이 진실함을 증거하는 것입니다. 이를 본 기드온이 떱니다.

그는 왜 떨었을까요? 지금까지 그가 과소평가하여 잊어버렸던 여호와의 임재를 보았기 때문입니다. 하나님의 임재가 어떤 것인지, 그 크기와 위엄을 실감한 것입니다. 기드온이 두려워 떨자 하나님은 걱정 말라고 하십니다. 그리고 그날 밤 여호와께서 다시 기드온에게 말씀하십니다. "네 아버지의 바알 제단을 제거하고 아세라 상을 찍어라. 주 너의 하나님께 제단을 쌓고 아세라

상을 쪼개 거기서 나온 나무를 갖고 칠 년 된 소를 잡아 번제물로 바쳐라"라고 하시지요.

그러나 기드온에게는 이런 일을 담대하게 감당할 만한 실력이 아직 없습니다. 낮에는 사람들 이목이 두려워서 못하다가 밤에 아무도 모르게 하나님이 명하신 대로 행합니다. 기드온의 이러한 행동은 당시 이스라엘 사회가 하나님과 얼마나 멀어져 있는지를 보여줍니다. 또한 이방 신들과 긴밀하게 교제하는 일이 사회 전반에 만연해 있는 현실인지를 암시해줍니다. 그때는 이런 일이 당연하던 시대였습니다.

다음 날 아침 성읍 사람들이 일찍 일어나 보니, 어이없게도 바알의 제단이 헐려 있었고 곁에 서 있던 아세라 상도 찍혀 있었으며 새로 세운 제단 위에는 살진 소가 번제로 타오르고 있습니다. 이것을 본 마을 사람들이 분노합니다. 당연히 그랬을 것입니다. 누가 한 일인지 추궁하다가 기드온이 이 일을 저질렀다는 것을 마침내 알게 됩니다.

마을 사람들이 기드온의 아버지 요아스를 찾아갑니다. "네 아들 기드온을 내놔라. 기드온이 바알 제단을 헐었으니 그를 죽여야겠다. 도저히 가만히 놔둘 수 없다"며 그에게 으름장을 놓습니다. 아버지는 자식 편이라서 이렇게 따지지요. "왜 당신들이 나서서 이 아우성을 치는가? 바알이 신이라면 그가 알아서 이 일을 저지른 자에게 벌을 내릴 것이니 두고 보자. 바알이 직접 알아서 할 것이다." 마을 사람들은 요아스의 말이 옳다고 생각하여 그냥 돌아갑니다. 이때부터 기드온은 '여룹바알' 곧 '바알을 대적하는 자'라는 별명을 얻게 됩니다.

이스라엘, 너희는 누구냐

사사 에훗의 이야기에서 보았듯, 기드온의 이야기에서도 하나님은 바알을 꺾는 일에는 그리 관심이 없으신 것으로 보입니다. 바알을 꺾는 일은 기드온 같은 사람 한 명만 있으면 되는 것입니다. 시편 8편이 노래하듯, 하나님은 어린아이와 젖먹이의 입으로 원수와 보복자들을 잠잠케 하시는 분입니다. 하나님은 이렇게 일하십니다. 그러니 바알을 꺾는 일은 하나님에게는 일도 아닌 것입니다.

그러면 하나님의 관심은 어디에 있을까요? 장애물을 제거하는 것이 하나님의 관심사가 아니라면, 하나님은 무엇에 관심이 있으실까요? 하나님의 목적은 적극적이고 긍정적인 데에 있습니다. 방해물을 제거하는 일처럼 소극적이고 부정적인 데에 있지 않습니다. 하나님은 당신의 자녀를 당신의 영광과 찬송으로 부르시는 일에 관심이 있으십니다. 우리의 자유는 그 길로 나아가기 위해 주어진 것이며, 이런 면에서 우리의 삶은 명예로운 것입니다. 하나님이 우리에게 정체성의 문제를 들고 나오시는 이유가 바로 이것입니다.

그러나 기드온은 한평생 이 정체성을 확인하는 싸움을 전혀 하지 않습니다. 하나님은 기드온에게 계속 정체성을 물으시지만 기드온은 계속 다른 대답을 하지요. 이것이 기드온 이야기의 핵심입니다.

33절을 보면, 미디안이 아말렉과 동방 사람들과 함께 모여 다시 이스라엘을 치려고 합니다. '여룹바알'이라는 별명을 얻은 기드온에게 여호와의 영이 임합니다. 이제 기드온이 군사를 모아 미디안을 치려고 하자 각 지파에서 지원군이 일어섭니다.

상황이 전쟁으로 급박하게 돌아가자, 기드온은 이 일이 성공할지 실패할지 확신이 서지 않아 겁을 내고 불안해합니다. 그래서 하나님께 양털을 들고 가서 확신을 구합니다. "하나님이 정말 나와 함께하시고 승리를 주실 것이면 제게 징표를 주십시오. 제가 양털을 갖다놓을 테니 밤에 이슬이 양털에만 내리고 주변에는 내리지 않게 해주십시오. 그리하면 하나님이 저와 함께하심을 확신하겠나이다"라고 합니다. 기드온의 요구에 대한 하나님의 답은 간단합니다. "그래라." 아니나 다를까 아침에 일어나서 보니 양털만 흠뻑 젖어 있고 양털 주변은 바싹 말라 있습니다. 기드온은 한 번 더 확신을 구하지요. "하나님, 한 번만 더 구합니다. 그 반대의 일도 일어나게 해주십시오." 다음 날 일어나 보니 양

털 주위는 다 젖어 있고 양털만 뽀송뽀송합니다. 이제 기드온은 더 이상 할 말이 없어졌습니다. 진짜 싸우러 갈 수밖에 없게 된 것입니다.

여기서 하나님이 뜻밖의 요구를 하십니다. "모인 군사가 삼만 이천 명인데 너무 많다. 이 사람들을 다 데려가 싸워 이기면, 틀림없이 너희는 너희 자신의 군사력으로 이겼을 것이라고 생각할 것이다. 너희에게 승리를 주었다는 것이 무슨 의미인지, 너희에게 승리를 허락한 나 하나님이 누구인지에 대해서는 전혀 생각하지 않을 것이다. 그러니 마음 내키지 않은 사람은 다 돌아가라고 해라" 이렇게 말씀하십니다.

하나님의 명령을 따라 기드온이 "마음에 싸우기 싫은 사람은 다 돌아가도 좋다"라고 외칩니다. 그러자 삼만 이천 명 가운데 이만 이천 명이나 돌아갑니다. 절반이 넘는 숫자가 돌아간 것이지요. 얼마나 어수선하고 분위기가 나빴겠습니까? 기드온은 간이 오그리들도록 두려웠을 것입니다.

이제 겨우 만 명이 남은 상황에서 하나님이 다시 말씀하십니다. "남은 만 명을 이끌고 시냇가로 가서 물을 먹여라. 내가 거기서 다시 구별하겠다." 그래서 기드온은 이들을 데려다가 물을 먹입니다. 무릎을 꿇고 물에 직접 입을 대고 마신 자와 손으로 물을 떠서 마신 자로 나눕니다. 하나님은 손으로 물을 떠서 마신 삼백 명만 남기고 구천 칠백 명은 돌려보내게 하십니다.

손으로 물을 떠서 마신 것과 물에 입을 직접 대고 마신 것은 아무런 차이가 없습니다. 두 행동에 영적 차이가 있었던 것이 아니라, 더 적은 쪽을 남기기 위한 하나의 방법이었던 것입니다. 그러니 자꾸 기드온과 믿음의 삼백 용사, 기드온의 소수 정예 부대 삼백 명, 이런 이야기는 하지 마십시오. 아마 여기 삼백 명은 어디 갈 데가 없는 사람들이었을 것입니다. 사사기를 기록한 목적과 사사기가 담고 있는 내용에 대해 자꾸 우리가 아는 간단한 해법, 윤리적이고 종교적인 답을 얻으려다 보니 너무 쉽게 읽는 것입니다. 어림도 없습니다. 조심조심 따라가야 합니다.

이제 기드온에게는 정말 삼백 명밖에 남지 않았습니다. 삼백 명만 남겨두신 것을 보고 기드온은 얼마나 힘이 빠졌을까요? 그래서 하나님은 기드온에게 승리를 확신할 증표를 다시 주십니다. "네 마음에 여전히 걱정이 있다면 부하를 데리고 먼저 적진으로 내려가 보아라. 가서 적들이 무슨 말을 하는지 들어보면, 네가 적진으로 내려갈 용기를 얻을 것이다."

이 말씀을 따라 기드온은 부하를 데리고 적진에 내려갑니다. 거기서 마침 병사 둘이 나누는 꿈 이야기를 듣게 됩니다. 병사 중 하나가 간밤에 꾼 꿈 이야기를 옆에 있는 병사에게 들려줍니다. "꿈에 보리떡 하나가 우리 진영에 굴러와서 장막을 쳤다. 그래서 우리 장막이 다 무너지고 말았다." 이 이야기를 들은 다른 병사가 이렇게 말하지요. "그것은 다름 아니라 기드온의 칼이다. 하나님이 미디안과 그 모든 진영을 기드온에게 넘길 것이라는 징조다." 이 말에 기드온은 용기를 얻어 싸워 이깁니다.

이처럼 기드온의 행적을 따라가 보아도, 우리가 모범으로 삼을 만한 모습이 그에게 전혀 보이지 않습니다. 그저 하나님의 일하심에 붙들려 억지로 끌려간 못난 촌부가 있을 뿐입니다. 자기가 가는 길이 무엇인지, 자기에게 일어난 승리가 어떤 것인지도 모르는 그저 어리바리한 사람이 있을 뿐입니다. 하나님에게 미디안은 누가 가서 싸워도 이길 수 있는 존재였던 것입니다.

그러면 이제 당연히 "이 촌부 따위도 이길 수 있는 승리를 우리는 왜 이제껏 얻지 못했습니까? 왜 우리는 여태껏 고난 속에 살아야 했습니까? 도대체 무엇이 문제였습니까?"라는 질문이 나올 것입니다. 하나님이 기드온의 이야기를 통해 주시는 답은 이런 것입니다. 너희는 너희 자신의 정체성을 깨닫지 못하고 그 명예로운 책임을 잊었기 때문에 이 고난을 당한 것이다, 이 세상은 폭력과 희생 외에 담을 수 있는 것이 없다, 나 하나님이 함께하지 않으면 너희 존재와 생애에 자랑과 만족과 영광과 승리를 담아낼 길은 없다, 이것이 바로 하나님이 기드온의 이야기에 담고 싶은 메시지인 것입니다.

정체성을 물으시는 하나님

기드온 이야기가 주는 메시지를 우리는 각자의 현실을 놓고 이해해야 합니다. 우상 섬기는 일을 하나님이 얼마나 크게 문제 삼으시는지 살펴봅시다. 이사야 42장 8절에 보면, "나는 여호와이니 이는 내 이름이라 나는 내 영광을 다른 자에게, 내 찬송을 우상에게 주지 아니하리라"라는 말씀이 나옵니다. 언뜻 보면, 하나님이 우상을 라이벌로 대하시는 것처럼 보이지만, 전혀 그런 말씀이 아닙니다.

우상이란 무엇입니까? 골로새서 3장 5절에 따르면 탐심이 우상 숭배라고 합니다. 즉 우상이란 우리의 소원을 이루어주는 자, 우리의 소원을 이루어주는 능력에 불과합니다. 인격이 아니고, 경배의 대상이 아닙니다. 그저 수단일 뿐입니다.

우리의 소원과 기대는 무엇일까요? 그저 고난을 겪지 않고 괄시받지 않고 자존심 지키며 사는 것, 그것이 전부입니다. 그러나 하나님은 우리의 그런 소원에 부응할 수 없다고 하십니다. 그리하여 이스라엘과 이렇게 씨름하시는 것입니다. 하나님은, 내가 너희에게 원하는 것은 너희가 바라는 것과 다르다, 너희가 만사형통을 목적하여 사는 것을 나는 원하지 않는다, 그보다 더 크다, 라고 하십니다. 하나님이 원하시는 것은 무엇일까요? 우리가 하나님의 자녀가 되는 것입니다. 거룩하시며 영광스러우신 분,

생명과 진리의 하나님께서 우리를 자녀로 부르십니다. 이 하나님의 자녀로 하나님을 닮아 살기를 원하십니다. 이것을 깨닫게 하려고 사사기 내내 이스라엘과 타협하지 않고 긴 싸움을 하고 계신 것입니다.

하나님은 우리가 달라고 아우성치는 것도 허락하십니다. 하나님, 세상이 이런 것을 요구하니 우리에게도 이것을 주십시오, 라고 하면 이것마저 우리에게 허락하십니다. 우리 뜻대로 살겠다고 하면 그렇게 해보라고 긴 세월을 기다려주십니다. 우리는 우리 마음대로 해본 뒤에 하나님께 다시 묻지요. 하나님, 이것인가요, 정말 이것뿐인가요, 라고 오히려 하나님께 따집니다.

더 가져봐야 경험하는 것은 폭력과 불명예뿐입니다. 이건 아니구나, 이건 아니구나 하고 알게 될 때까지 하나님은 우리 인생 내내 반복해서 기회를 주십니다. 간섭하여 구원하시며 다시 자유를 주십니다. 그러니 이 자유를 갖고 누린 후에 세상이 거짓되다는 사실을 깨닫지 못하면, 하나님의 자녀가 되어 살아보라는 하나님의 명령을 도무지 이해하지 못하는 것입니다. 에베소서 4장입니다.

> 그러므로 내가 이것을 말하며 주 안에서 증언하노니 이제부터 너희는 이방인이 그 마음의 허망한 것으로 행함 같이 행하지 말라 그들의 총명이 어두워지고 그들 가운

데 있는 무지함과 그들의 마음이 굳어짐으로 말미암아
하나님의 생명에서 떠나 있도다 그들이 감각 없는 자가
되어 자신을 방탕에 방임하여 모든 더러운 것을 욕심으
로 행하되 오직 너희는 그리스도를 그같이 배우지 아니
하였느니라 진리가 예수 안에 있는 것 같이 너희가 참으
로 그에게서 듣고 또한 그 안에서 가르침을 받았을진대
너희는 유혹의 욕심을 따라 썩어져 가는 구습을 따르는
옛 사람을 벗어 버리고 오직 너희의 심령이 새롭게 되어
하나님을 따라 의와 진리의 거룩함으로 지으심을 받은
새 사람을 입으라 (엡 4:17-24)

흔히 종교를 가지면, 종교 없이 살 때보다 도덕적으로 더 나아져야 한다고 생각합니다. 그런데 잘 생각해봅시다. 그렇게 생각하면, 가치의 기준이 도덕에 있게 됩니다. 이것은 하나님이 질색하시는 일입니다. 하나님이 원하시는 것은 도덕성으로는 가늠할 수 없는 일입니다.

하나님은 우리에게 너희는 내 자녀가 되어라, 내 백성이 되어라, 내가 누구인지를 알고 너희 자신이 어떤 존재인지 알아라, 나 없이 너희가 무엇을 할 수 있는지 생각해보아라, 나 없이 사는 삶은 허망하며 시간 낭비에 불과할 뿐이다, 세상의 것은 다 죽음으로 끝난다, 사는 동안 아무리 잘난 척 해보아야 허망한 것이다,

이렇게 말씀하고 계십니다.

이스라엘은 계속 죽어납니다. 미디안 족속이 쳐들어오고, 암몬 족속이 침략해서가 아닙니다. 그들이 선택한 세상이 아무것도 만들어낼 수 없는 세상이어서 죽어나는 것입니다. 자신을 위하여 이웃을 칠 수밖에 없는 세상 원리 속에서 얻게 되는 명예나 만족이란 없습니다. 누구를 약탈하고 누구를 꺾어 얻을 수 있는 것은 없습니다. 이스라엘은 죽어나는 일을 계속 당하고 있는 것입니다.

그러니 우리 삶에서 씨름하는 것이 다만 더럽게 살지 마라, 욕하지 마라, 거짓말하지 말라와 같은 싸움뿐이라면 우리 인생은 명분과 의지의 싸움에 불과할 것입니다. 이런 싸움을 해봐야 우리는 정체성의 문제에 다가서지 못하고 '누가 더 잘났냐?'는 식의 자기 확인에 머물 뿐입니다. '나는 너보다 잘났다'는 자랑 외에는 아무것도 없게 됩니다.

잘난 척한 다음에는 뭘 할 수 있을까요? 그렇게 잘난 척한 다음에 무슨 유익을 나누겠습니까? 자기 잘난 것을 확인할 때마다 상대방이 열등하다는 것이 자연히 증명되는데, 누가 그를 보고 반가워하겠습니까? 우리 모두 이 현실을 겪고 있지요.

이스라엘을 보며 욕할 것 없습니다. 우리도 또한 그렇게 하고 있습니다. 그래서 성경이 우리에게 '너희는 예수를 그렇게 배우지 않았다'라고 말씀하시는 것입니다. 예수가 어떻기에 그렇습니까? 예수는 부활로 죽음을 이기신 존재, 생명이 사망을 이기신 존재입니다. 예수 안에서 우리는 사망으로 끝나지 않습니다. 우리는 예수와 묶여서 영생으로 마치게 될 것입니다.

정체성을 지키는 싸움

우리는 하나님 앞에 설 것입니다. 우리에게는 다른 정체성이 있기 때문입니다. 어떤 정체성일까요? '새사람'의 정체성입니다. 멋지게 살 수 있는 존재, 참 멋진 정체성이 주어진 존재입니다.

> 그런즉 거짓을 버리고 각각 그 이웃과 더불어 참된 것을 말하라 이는 우리가 서로 지체가 됨이라 분을 내어도 죄를 짓지 말며 해가 지도록 분을 품지 말고 도둑질하는 자는 다시 도둑질하지 말고 돌이켜 가난한 자에게 구제할 수 있도록 자기 손으로 수고하여 선한 일을 하라 무릇 더러운 말은 너희 입 밖에도 내지 말고 오직 덕을 세우는 데 소용되는 대로 선한 말을 하여 듣는 자들에게 은혜를 끼치게 하라 하나님의 성령을 근심하게 하지 말라 그 안에서 너희가 구원의 날까지 인치심을 받았느니라 너희는 모든 악독과 노함과 분냄과 떠드는 것과 비방하는 것을

> 모든 악의와 함께 버리고 서로 친절하게 하며 불쌍히 여기며 서로 용서하기를 하나님이 그리스도 안에서 너희를 용서하심과 같이 하라 (엡 4:25-32)

기독교 신앙에 대한 아주 중요한 이해가 여기 있습니다. 새사람이 되었으니 착하게 살라는 말이 아닙니다. 새롭게 되었으니 다시는 죄를 짓지 말라는 말이 아닙니다. 여러분더러 흠 없게 살라는 이야기가 아닙니다. 이것은 실천의 유무를 따지는 의지의 문제가 아닙니다. 이제 우리가 어디에 속한 존재인지, 기회가 있을 때마다 사건이 있을 때마다 그 정체성을 내보이라는 것입니다. 더러운 말이나 거짓을 내놓을 수 없습니다. 우리의 역할은 그런 것이 아닙니다.

여러분의 정체성을 지키십시오. 하나님의 자녀, 하나님의 백성이라는 정체성, 하나님의 이름이 동원되는 존재, 이 귀한 명예를 지키라는 것입니다. 말 그대로 명예입니다. 내 잘잘못을 벗어나 있는, 그것과는 비교할 수 없는 훨씬 큰 명예이자 특권입니다. 그 명예를 지키라는 것입니다.

이 싸움에서 지지 마십시오. 자신의 정체성을 확인하지 못하면 우리의 나날은 빨리 흘러가는 것이 제일 좋습니다. 그러나 이 정체성을 확인하게 되면 오고 오는 날들과 내가 처해 있는 온갖 정황이 전부 기회가 됩니다. 멋있게 행동할 수 있는 기회 말입니다. 고함을 질러보아야, 욕을 해보아야, 분을 터트려보아야 이루어지는 일은 없습니다.

멋있게 행동하십시오. 웃으십시오. 반가운 사람이 되십시오. 만나면 기쁜 사람이 되십시오. 사사기에 나오는 사사들에게서는 신자의 정체성에 속하는 이 같은 성품이 하나도 드러나지 않았습니다. 그런데도 사사들을 영웅으로 높이는 것으로 사사기 읽기를 마치면 잘못 읽은 것입니다.

성경은 무서운 지적을 하고 있습니다. 너희에게는 아직 정체성의 싸움이 없다, 하나님이 너희에게는 아직도 수단에 불과하다, 너희 인생을 돌아보아라, 이렇게 하나님이 말씀하고 계십니다. 사사기는 우리에게 이렇게 권면합니다. 내 말을 들어라, 이 기록이 남의 이야기라고 생각하지 마라, 이 기록을 보고 네 현실을 제대로 살아라, 하나님의 자녀로 사는 명예를 누려라, 그 길을 가라, 그것이 멋있는 길이다, 은혜를 나눠라, 그러니 너희는 각자의 인생을 귀하게 여겨라, 살아내라, 그래서 기쁨이 배가 되게 하라. 아멘입니다.

기도

하나님 아버지, 은혜를 감사합니다. 우리의 인생과 존재는 무엇일까요? 우리는 정말 아무것도 아닌 존재일까요? 우리는 그저 숫자에 불과할까요? 그럴 리 없습니다. 우리는 매번 기도할 때마다 하나님을 아버지라 부르는 하나님의 자녀입니다. 하나님이 그 아들 예수를 주시기까지 사랑하시는, 세상보다 큰 존재가 바로 우리입니다. 그런 우리가 하루하루를 살아갑니다. 어떤 경우에서든 어떤 사건에서든 우리가 주인공입니다. 우리만이 하나님의 영광을 드러낼 수 있고 담아낼 수 있고 열어놓을 수 있기 때문입니다. 그 위대한 인생을 살아내는 우리 되게 하셔서 우리 얼굴과 인생에 감사와 기쁨이 넘쳐나게 하옵소서. 예수님 이름으로 기도합니다. 아멘.

Chapter 11

기드온[2] _
에봇을
만들다

22 그 때에 이스라엘 사람들이 기드온에게 이르되 당신이 우리를 미디안의 손에서 구원하셨으니 당신과 당신의 아들과 당신의 손자가 우리를 다스리소서 하는지라 **23** 기드온이 그들에게 이르되 내가 너희를 다스리지 아니하겠고 나의 아들도 너희를 다스리지 아니할 것이요 여호와께서 너희를 다스리시리라 하니라 **24** 기드온이 또 그들에게 이르되 내가 너희에게 요청할 일이 있으니 너희는 각기 탈취한 귀고리를 내게 줄지니라 하였으니 이는 그들이 이스마엘 사람들이므로 금 귀고리가 있었음이라 **25** 무리가 대답하되 우리가 즐거이 드리리이다 하고 겉옷을 펴고 각기 탈취한 귀고리를 그 가운데에 던지니 **26** 기드온이 요청한 금 귀고리의 무게가 금 천칠백 세겔이요 그 외에 또 초승달 장식들과 패물과 미디안 왕들이 입었던 자색 의복과 또 그 외에 그들의 낙타 목에 둘렀던 사슬이 있었더라 **27** 기드온이 그 금으로 에봇 하나를 만들어 자기의 성읍 오브라에 두었더니 온 이스라엘이 그것을 음란하게 위하므로 그것이 기드온과 그의 집에 올무가 되니라 **28** 미디안이 이스라엘 자손 앞에 복종하여 다시는 그 머리를 들지 못하였으므로 기드온이 사는 사십 년 동안 그 땅이 평온하였더라 (삿 8:22-28)

에봇을 만든 기드온

기드온은 미디안의 침략과 수탈에 신음하던 이스라엘을 구원한 사사입니다. 그런데 사사기는 우리의 기대와 달리, 사사 기드온을 위대한 용사나 훌륭한 신앙인으로 그려내고 있지 않습니다.

기드온에게 승리를 허락하실 때, 하나님은 이 승리가 하나님의 기적으로 말미암은 것임을 확인시키기 위해 그의 군사를 삼백 명까지 줄이십니다. 여기 삼백 명은 소수 정예로 선발된 사람들이 아닙니다. 그러니 이 숫자에 '잘 가려 뽑은 믿음의 용사'라는 의미를 부여해서는 안 됩니다. 삼백 명은 기드온과 그의 용사들이 얻은 승리가 결코 그들의 힘으로 말미암은 것이 아님을 드러내는 증거일 뿐입니다. 미디안과의 전투는 십이만 명의 미디안 군사가 죽고 겨우 만 오천 명만이 패잔병으로 도망갈 만큼 이스라엘의 큰 승리로 끝납니다.

미디안과의 전투에서 기드온을 도운 지파는 므낫세, 아셀, 스블론, 납달리 정도입니다. 기드온은 미디안을 격파한 후, 도망가는 적과 잔당들을 잡기 위해 에브라임 지파에 도움을 요청합니다. 이에 에브라임이 미디안 군대가 도망가는 길목을 막아 오렙과 스엡, 두 지휘관을 죽입니다.

한편, 기드온은 퇴각하여 숨어 있는 미디안의 두 왕 세바와 살문나를 사로잡아 옵니다. 그는 세바와 살문나가 자기 형제들을 죽인 사실을 확인하고서는 그 둘을 죽입니다. 대승을 거두며 전쟁이 마무리되자, 이스라엘 백성이 기드온에게 한 가지 요청을 합니다. 미디안의 손에서 자신들을 구원해주었으니 기드온과 그의 자손들이 대대로 다스려달라는 것입니다. 자기네 왕이 되어달라는 요청이지요. 그러나 기드온은 이를 거절합니다.

오늘 본문에서는 왕이 되어달라는 이스라엘의 요구와 기드온의 거절, 이어 기드온이 에봇을 만든 일을 언급하고 있습니다. 성경이 기드온에 대해 말하고 싶은 내용이 이 사건에 들어 있지요. 우리의 기대대로 그는 과연 믿음의 영웅일까요?

먼저, 자기네를 다스려달라는 이스라엘 백성의 요청을 기드온이 거절하면서 했던 말을 생각해봅시다. 8장 23절입니다. "기드온이 그들에게 이르되 내가 너희를 다스리지 아니하겠고 나의 아들도 너희를 다스리지 아니할 것이요 여호와께서 너희를 다스리시리라 하니라."

이 구절만 보면 기드온이 상당한 신앙의 경지에 있는 것으로 보입니다. 그러나 그는 곧 에봇을 만들어 이스라엘 백성을 잘못된 길로 인도합니다. 이스라엘이 그 에봇을 음란하게 섬기게 되기 때문입니다. 기드온의 이런 행동으로 보아 어느 쪽이 그의 진심이고 실력인지 쉽게 분별할 수가 없습니다.

사사 시대에는 사사가 제사장 역할과 선지자 역할을 겸했습니다. 에봇은 원래 제사장이 입는 상의인데, 기드온은 이것을 금으로 만듭니다. 금으로 만들었다는 점에서 알 수 있듯, 이 에봇은 착용하려고 만든 것이 아닙니다. 자신이 신탁을 받았다는 상징으로 에봇을 만든 것이지요.

기드온은 '자기네를 다스려달라'는 백성의 요구를 여호와의 이름을 내세우며 거절했지만, 이 거절은 신앙적 판단에서 나온 것이 아니라 정치적 분별에서 나온 것으로 보입니다. 기드온은 권력과 지위를 가지고 싶었으나, 정치력과 군사력에 있어 자신의 기반이 취약함을 잘 알고 있었습니다. 그래서 하나님을 빙자하여 자신의 지위를 유지하고자 에봇을 만든 것입니다. 이렇게 볼 근거가 성경에 여럿 나옵니다.

기드온이 에봇의 힘을 빌고자 했던 이유는 무엇일까요? 우선 에브라임과의 관계에서 위축된 기드온의 태도를 보면 잘 알 수 있습니다. 8장 1절을 봅시다. "에브라임 사람들이 기드온에게 이르되 네가 미디안과 싸우러 갈 때에 우리를 부르지 아니하였으니 우리를 이같이 대접함은 어찌 됨이냐 하고 그와 크게 다투는지라." 이 구절에서 보듯 기드온은 미디안과의 전투에서 적군을 맹추격하는 가운데 에브라임 지파의 반발에 부딪칩니다. 에브라임 지파는 자신들이 미디안과의 본 전투에서는 싸우지 못하고, 기드온과 다른 지파가 다 이겨놓은 후에 뒤처리를 맡게 되자 화가 난 것입니다. 겨우 패잔병 따위를 소탕하는 일에 부름받았다는 것이지요. 처음에는 에브라임도 기드온이 이렇게 미디안을 대파할 줄은 예상하지 못했을 것입니다. 그러니 에브라임의 불평은 대승을 거둔 기드온이 우월한 지위에 서게 될 것을 두려워하여 나온 정치적 반발이었을 것입니다.

에브라임은 유다와 쌍벽을 이루는 지파입니다. 선지서를 보면, 이스라엘을 "이스라엘아" 또는 "야곱아"라고 부르기도 하지만 "에브라임아"라고 부르기도 합니다. 그만큼 에브라임은 이스라엘을 대표하는 중요한 지파입니다.

이 에브라임 앞에 기드온은 꼬리를 내립니다. 8장 2절에서 보듯, '내가 이제 행한 일이 너희가 한 것에 비교되겠느냐 에브라임의 끝물 포도가 아비에셀의 맏물 포도보다 낫지 아니하냐'라고 바짝 엎드리죠. 에브라임 사람들은 기드온의 이 말을 흡족하게 여깁니다.

기드온이 에봇의 힘을 빌리고자 했던 또 다른 이유는 앞서 언급한 세바와 살문나 사건에서도 잘 드러납니다. 미디안의 두 왕 세바와 살문나를 추적하던 기드온은 마침내 이들을 사로잡고 그들이 죽인 사람들에 대해서 묻습니다. 세바와 살문나는 기드온을 대단히 얕잡아 보아 이 질문에 겁내지 않고 답합니다. 자신들이 죽인 자들이 기드온의 형제들이었다고 시인하지요.

세바와 살문나가 자기 형제들을 죽였음을 확인한 기드온은 자신의 장자 여델에게 그들을 죽이라고 명령합니다. 그런데 여델은 아직 어리고 겁이 많아 죽이지를 못합니다. 이를 두고 세바와 살문나가 조롱하지요. "너는 이스라엘의 군 지휘자로 우리를 사로잡아 놓고서는 왜 네가 직접 죽이지 않고 네 아들을 시키는가, 사내대장부답지 않게 왜 남의 손에 피를 묻히려고 하느냐?"라며 죽음을 앞둔 상황에서조차 기드온을 비웃습니다. 이 말에 모멸감을 느낀 기드온이 자기 손으로 이 둘을 죽여버리지요. 이 일은 당시 이스라엘 내에서 기드온의 지위가 어떠했는지를 시사해줍니다.

지난 장에서 보았듯이, 기드온의 행적과 마찬가지로 그의 인간 됨됨이에도 용사에게서 기대할 수 있는 어떤 기상이나 위대함, 용맹함 같은 것은 보이지 않습니다. 바알 제단을 헐 때나 미디안과의 싸움을 앞두고 기드온이 주저하던 모습을 떠올려보면 잘 알 수 있습니다.

이런 여러 정황을 염두에 두어 생각해보면, 기드온이 이스라엘 사람들의 왕이 되어달라는 요구를 거절하면서도 에봇을 만든 이유를 찾을 수 있습니다. 기드온은 미디안과의 싸움에서 대승을 거둔 업적에 상응하는 대접과 지위를 확보하고 싶어 그렇게 한 것입니다. 그리고 향후 이스라엘 내에서 받게 될 공격도 예방하고 싶은 것입니다. 자기를 향한 시기나 위해를 미리 막아 안전을 보장받고 싶어서 금으로 에봇을 만들었던 것이지요.

그런데 이 에봇으로 인해 이스라엘은 큰 죄에 빠집니다. 아니 어쩌면 그들의 실체를 드러내준 계기가 되었다고 할 수 있습니다. 27절에 보면, 기드온이 그 금으로 에봇 하나를 만들어 자기의 성읍 오브라에 두었더니 온 이스라엘이 그것을 음란하게 위했다고 합니다. 이것이 바로 이스라엘의 참모습입니다. 우상을 섬겼던 것과 똑같이 이제 에봇을 섬기는 것이죠. 이것이 사사기가 내내 증언하는 당시 이스라엘 사회의 실상이었습니다.

하나님 말고 다른 왕을 달라

앞으로 돌아가 기드온이 사사로 등장하게 된 배경을 다시 살펴보면서 이스라엘의 실체가 무엇인지 생각해봅시다. 사사기 6장입니다.

> 이스라엘 자손이 미디안으로 말미암아 여호와께 부르짖었으므로 여호와께서 이스라엘 자손에게 한 선지자를 보내시니 그가 그들에게 이르되 여호와께서 이같이 말씀하시기를 이스라엘의 하나님 내가 너희를 애굽에서 인도하여 내며 너희를 그 종 되었던 집에서 나오게 하여 애굽 사람의 손과 너희를 학대하는 모든 자의 손에서 너희를 건져내고 그들을 너희 앞에서 쫓아내고 그 땅을 너희에게 주었으며 내가 또 너희에게 이르기를 나는 너희의 하나

님 여호와이니 너희가 거주하는 아모리 사람의 땅의 신들을 두려워하지 말라 하였으나 너희가 내 목소리를 듣지 아니하였느니라 하셨다 하니라 (삿 6:7-10)

이런 배경에서 구원자 기드온이 등장합니다. 미디안으로 인한 곤고함, 재난, 그래서 부르짖는 비명과 호소 앞에 하나님이 선지자를 앞서 보내십니다. 이스라엘의 처지를 개선하여 현실 문제를 해결하는 것보다 하나님이 우선하는 바가 있어서 선지자를 보내어 말씀하신 것입니다.

나 주 이스라엘의 하나님이 말한다, 내가 애굽 곧 너희가 종 살이하던 그 땅에서 너희를 구했다, 그리고 약속의 땅으로 너희를 보내 너희 보는 앞에서 그 원주민을 쫓아내고 그 땅을 너희에게 주었다, 너희가 아모리 사람의 땅에서 살고 있으나 그들의 신들을 섬기지 마라, 나는 너희와 함께 폭력의 신, 약탈의 신이 지배하는 사회를 청산하려고 했다, 새로운 나라, 공의와 평화, 진실과 자비와 긍휼이 시행되는 나라를 너희와 함께 만들려고 했던 것이다, 그러나 너희는 나를 버리고 그들을 섬겨 폭력과 약탈이 난무하는 비참한 사회를 자초하였다, 너희는 내 말을 듣지 않았다, 라는 말씀을 하십니다.

그러나 이스라엘은 이 말을 알아듣지 못합니다. 그들은 끊임없이 현실 문제의 해결만을 소원하고 있습니다. 정치적, 사회적,

국방적, 경제적 해결만을 기대할 뿐, 하나님의 백성으로 살고자 하는 소원은 없습니다. 이것이 사사기 내내 반복됩니다. 이 일의 심각성은 뒤에 오는 왕정시대에도 그대로 이어진다는 데에 있습니다. 사무엘상 8장에 가보겠습니다.

> 이스라엘 모든 장로가 모여 라마에 있는 사무엘에게 나아가서 그에게 이르되 보소서 당신은 늙고 당신의 아들들은 당신의 행위를 따르지 아니하니 모든 나라와 같이 우리에게 왕을 세워 우리를 다스리게 하소서 한지라 우리에게 왕을 주어 우리를 다스리게 하라 했을 때에 사무엘이 그것을 기뻐하지 아니하여 여호와께 기도하매 여호와께서 사무엘에게 이르시되 백성이 네게 한 말을 다 들으라 이는 그들이 너를 버림이 아니요 나를 버려 자기들의 왕이 되지 못하게 함이니라 (삼상 8:4-7)

왕을 세워달라는 이스라엘의 요구는 무엇을 의미하는 것일까요? 이스라엘은 하나님을 버려 하나님이 자기네 왕이 되지 못하게 하려고 합니다. 하나님이 이스라엘의 왕이라는 말은, 이스라엘이라는 국가와 민족은 하나님이 구원하셔서 새로 세우신 하나님 나라라는 정체성을 가지고 있는 나라임을 의미합니다. 그러나 이스라엘은 하나님이 아닌 다른 왕을 구하고 있습니다. 하나님과 함께 만드는 새로운 나라 말고, 외적으로부터 안전하게 지켜줄 중앙 권력을 요구하고 있는 것입니다. 이는 하나님을 버리는 행위이죠.

정치나 경제나 국방이 필요 없다는 이야기가 아닙니다. 이스라엘은 하나님과의 특별한 관계 때문에 세워져 지속되는 나라였습니다. 그러기에 이스라엘은 '이스라엘'이라는 이름에 담긴 자신들의 정체성을 이해해야 했습니다. 이것은 이스라엘 공동체뿐만 아니라, 이스라엘에 속한 각 개인도 깨달아야 할 정체성이었습니다. 그러나 이들은 이 정체성을 자꾸 놓칩니다. 단지 외세의 핍박을 물리치고 풍요를 좇고 탐욕을 채우기에만 골몰합니다. 이런 모습이 우상 숭배와 에봇 사건에서 그대로 나타납니다. 이스라엘은 자기네가 원하는 것을 이루어줄 수 있는 힘을 찾아다니며 이들을 섬기고 있습니다. 그들이 우상과 에봇을 섬기는 이유이죠. 사무엘상 13장에 나오는 사울 왕의 실수가 바로 이와 같습니다.

> 사울은 사무엘이 정한 기한대로 이레 동안을 기다렸으나 사무엘이 길갈로 오지 아니하매 백성이 사울에게서 흩어지는지라 사울이 이르되 번제와 화목제물을 이리로 가져오라 하여 번제를 드렸더니 번제 드리기를 마치자 사무엘이 온지라 사울이 나가 맞으며 문안하매 사무엘이 이

르되 왕이 행하신 것이 무엇이냐 하니 사울이 이르되 백
성은 내게서 흩어지고 당신은 정한 날 안에 오지 아니하
고 블레셋 사람은 믹마스에 모였음을 내가 보았으므로
이에 내가 이르기를 블레셋 사람들이 나를 치러 길갈로
내려오겠거늘 내가 여호와께 은혜를 간구하지 못하였다
하고 부득이 하여 번제를 드렸나이다 하니라

(삼상 13:8-12)

사울 왕 당시 이스라엘의 권력은 왕권과 제사장권으로 나뉘어 있었습니다. 정치 질서를 바로잡는 것이 왕의 역할이라면, 신앙 질서를 세우는 것은 제사장의 역할이었습니다. 따라서 제사는 제사장만 드릴 수 있었지요. 아무리 왕이라 해도 제사장직을 스스로 떠맡거나 그것을 왕권 아래에 둘 수는 없었습니다.

이 분립을 무시하여 비극적 결말을 초래한 왕이 웃시야입니다. 웃시야 왕은 나라가 부강하고 평안해지자 교만하게 됩니다. 그래서 제사장만이 할 수 있는 분향을 자신이 하겠다며 직접 성전에 들어가지요. 그러다가 결국 그는 나병에 걸리고 맙니다. 하나님을 만나는 일은 결코 우리의 필요나 요구에 따라 아무 때나 마음대로 할 수 있는 일이 아니라는 것이 이 사건을 통해 강력하게 증언되는 것입니다.

그런데 사울 왕은 지금 이런 구분을 도무지 생각하지 않습니

다. 제사를 드리려면 제사장이 와야 한다는 점에 전혀 주의를 기울이지 않습니다. 이는 가장 두려워하며 받들어 모셔야 할 주인이 하나님이라는 사실을 조금도 염두에 두지 않은 행동입니다. 그저 자기가 하는 일에 백성들의 마음을 얻기 위한 수단으로 신적 권위가 필요할 뿐입니다. 기드온의 에봇 같은 것이지요.

사울은 왜 이런 죄를 범했을까요? 하나님을 두려워하지 않고 백성을 두려워했기 때문입니다. 사울에게는 전쟁을 이기는 것이 우선이었습니다. 제사는 심리적 효과를 주는 하나의 상징일 뿐, 아무것도 아니라고 여깁니다. 이런 사울을 보고 사무엘이 펄쩍 뛰지요. 더 깊이 들어가봅시다. 사무엘상 15장입니다.

> 사울이 사무엘에게 이르되 내가 범죄하였나이다 내가 여호와의 명령과 당신의 말씀을 어긴 것은 내가 백성을 두려워하여 그들의 말을 청종하였음이니이다 청하오니 지금 내 죄를 사하고 나와 함께 돌아가서 나로 하여금 여호와께 경배하게 하소서 하니 사무엘이 사울에게 이르되 나는 왕과 함께 돌아가지 아니하리니 이는 왕이 여호와의 말씀을 버렸으므로 여호와께서 왕을 버려 이스라엘 왕이 되지 못하게 하셨음이니이다 하고 사무엘이 가려고 돌아설 때에 사울이 그의 겉옷자락을 붙잡으매 찢어진지라 사무엘이 그에게 이르되 여호와께서 오늘 이스라엘

나라를 왕에게서 떼어 왕보다 나은 왕의 이웃에게 주셨
나이다 이스라엘의 지존자는 거짓이나 변개함이 없으시
니 그는 사람이 아니시므로 결코 변개하지 않으심이니이
다 하니 사울이 이르되 내가 범죄하였을지라도 이제 청
하옵나니 내 백성의 장로들 앞과 이스라엘 앞에서 나를
높이사 나와 함께 돌아가서 내가 당신의 하나님 여호와
께 경배하게 하소서 하더라 이에 사무엘이 돌이켜 사울
을 따라가매 사울이 여호와께 경배하니라 (삼상 15:24-31)

사울은 하나님의 뜻에 순종하는 일보다 자신의 지위를 유지하는 일을 우선하고 있습니다. 하나님의 뜻과 자신의 지위, 이 둘의 우선순위가 뒤바뀐 것입니다. 백성 앞에 자기 지위를 공고히 하려는 생각만 있을 뿐, 하나님의 뜻에 순종하는지 여부는 그에게 중요하지 않습니다. 그저 사무엘을 붙잡고서 자기 지위를 확보하고자 할 뿐입니다. 그래서 돌아서는 사무엘의 옷자락을 찢어질 만큼 붙잡는 것이지요.

이런 일을 오늘 본문의 기드온도 하고 있는 것입니다. 하나님이 기드온을 통해 이스라엘에게 구원을 주셨습니다. 그러나 이스라엘은 이 구원의 의미를 깨닫지 못하고 있습니다. 기드온 역시 자기가 한 일의 진정한 의미를 모르고 있습니다. 기드온은 에봇을 만들고 이스라엘은 그것을 음란하게 섬깁니다. 이런 잘못을 저지르기는 오늘날 우리도 마찬가지입니다. 예수 믿는 것이 무엇인지를 오해하면 이처럼 잘못된 신앙을 갖게 됩니다. 오늘 본문에 빗대어 표현해보면, 이런 신앙은 그저 에봇에 불과합니다. '내가 다스리지 않고 여호와가 다스리신다'라고 말은 멋지게 하면서 말입니다. 또 이와 같은 잘못된 신앙은 자신의 정체성을 이해하지 못해서 그런 것이기도 합니다.

사사기를 읽은 자답게

자신의 정체성에 대한 이해가 부족하다는 것은 무엇일까요? 하나님은 이스라엘을 애굽에서 꺼내 당신의 나라를 세우고자 하셨습니다. 그래서 이스라엘을 거룩한 백성으로 불러 제사장 나라로 삼으신 것입니다. 이렇게 부름받은 이스라엘은 자신의 존재와 역사를, 그 사회와 나라를 하나님 통치의 아름다움으로 채워야 했습니다. 그러나 실패하고 맙니다. 자신의 진정한 정체성을 깨닫지 못했기 때문입니다.

    신약 시대에서도 마찬가지의 일을 봅니다. 하나님은 칼과 창으로 구원을 이루시지 않고 예수를 보내어 구원을 이루십니다. 교회는 이런 하나님의 일하심을 담는 곳입니다. 이와 같은 교회의 정체성을 제대로 이해하지 못하면, 우리는 하나님이 만들고

자 하시는 하나님 나라를 이해할 수 없게 됩니다. 또 그 나라의 내용을 담아내고 살아내는 책임도 이해할 수 없게 됩니다. 다만 안심과 권력을 구할 뿐이지요. 에베소서 5장에 가봅시다.

> 그런즉 너희가 어떻게 행할지를 자세히 주의하여 지혜 없는 자 같이 하지 말고 오직 지혜 있는 자 같이 하여 세월을 아끼라 때가 악하니라 (엡 5:15-16)

이 구절은 마치 기드온 사건 뒤에 이어 나와야 할 말씀 같습니다. 그런즉 너희는 기드온 사건을 주의하여 보아라, 그리하여 너희가 어떻게 행할지를 자세히 살펴 지혜 있는 자같이 하라, 이렇게 권면하는 것 같습니다. 어떻게 살아가야 할지를 자세히 주의하라, 무엇이 진정한 신앙생활인지 알아라, 무엇이 하나님이 의도하시고 목적하시고 일하시는 방법인지를 깨달으라, 그렇게 세월을 아끼라, 이런 권면이죠.

이스라엘은 하나님의 약속으로 얻은 땅에서 못난 짓을 하며 실패하였습니다. 역사 속 이들의 실패를 거울삼아 여러분은 그리하지 마십시오. 인생을 허비하지 말고 세월을 아끼십시오. 여러분이 있는 곳이 약속의 땅입니다. 각자의 인생에서 하나님 나라에 합당한 통치를 이루어가십시오. 아직 좀 막막하게 들리십니까? 그렇다면 에베소서 말씀을 이어서 읽어봅시다.

> 그러므로 어리석은 자가 되지 말고 오직 주의 뜻이 무엇인가 이해하라 술 취하지 말라 이는 방탕한 것이니 오직 성령으로 충만함을 받으라 (엡 5:17-18)

성령 하나님이 우리 안에 와 계십니다. 그러니 주의 뜻이 무엇인지를 이해하라고 합니다. 주의 뜻은 무엇일까요? 성령의 열매를 맺어 악에게 지지 말고 선으로 악을 이기라, 주 예수를 본받아 주어진 환경에서 하나님의 백성으로 자기 일을 하라, 이런 권면에 잘 나와 있습니다. 그러니 "성령께서 임하셔서 이 나라를 불태우시고 서울을 고치소서"라고 외치는 것은 성령에 대한 이해가 아직 부족한 것입니다. 보이는 것에 머물기 때문입니다. 사사기 내내 하나님의 구원이 보이는 것으로 나타났으나 이스라엘의 신앙은 조금도 전진하지 않았다는 것을 기억하십시오.

여러분은 각자의 조건 속에서 하나님을 대신하는 그 무엇을 구비하고 싶은 유혹과 시험 앞에 서게 될 것입니다. 이 도전에 정면으로 맞서 사사기를 읽은 자답게, 사사기의 교훈을 깨달은 자답게 자신의 인생을 살아내십시오. 이것이 바로 우리 안에 계신 성령을 따라 사는 삶, 곧 우리가 그토록 바라는 성령 충만인 것입니다. 이렇게 성령과 함께 사는 삶은 어떤 상황에서나 가능합니다. 왕이 있어야만, 우리를 대표하는 누군가 나와주어야만 살 수 있는 삶이 아닙니다. 누구에게나 가능한 삶입니다. 이것이 여러분 모두가 입술과 마음으로 고백하는, 각자의 운명과 약속 속에 이미 허락되어 있는 예수를 믿는 일입니다.

조마조마하나 위대하게

현실은 고단합니다. 고단하니 무얼 어떡하시겠습니까? 여러분은 무엇을 확인하고 싶으십니까? 또 무엇을 가져 그 확인을 할까요? 기드온은 무엇을 위해서 에봇을 만들었으며, 이스라엘은 에봇을 통해 무엇을 확인했을까요? 이 에봇은 기드온과 이스라엘에게 신앙적 확인을 주기는커녕, 오히려 혼란만 가중시켰습니다. 입으로는 여호와의 이름을 부르지만 삶으로는 그 이름에 담긴 내용을 왜곡하고 있었던 것입니다.

이런 일은 아비멜렉에게서, 입다에게서, 삼손에게서 더욱 심화됩니다. 너도나도 하나님의 이름을 부르며 그의 뜻을 따른다고 우기지만, 하나님과 하나님이 하시는 일에 대한 관심과 이해는 점점 없어져 갑니다.

우리는 사사기를 읽으면서 "이 바보들아, 너희는 왜 그렇게 사니?"라고 한심해하지만 사실 이런 지적은 바로 우리 자신을 향한 것이어야 마땅합니다. 그렇지 않고서, 사사기에서 일어난 일을 비난하기만 한다면, 우리는 에베소서에서 권면하는 삶을 살 수 없게 됩니다.

> 시와 찬송과 신령한 노래들로 서로 화답하며 너희의 마음으로 주께 노래하며 찬송하며 범사에 우리 주 예수 그리스도의 이름으로 항상 아버지 하나님께 감사하며 그리스도를 경외함으로 피차 복종하라 (엡 5:19-21)

사사기에 나오는 이스라엘의 허물을 보면서 자신을 돌아보지 않는다면 이런 감사는 나올 수 없습니다. 나중에 삼손에게서 보겠지만, 온갖 분노를 다 터트리며 보복해봤자 아무 소용이 없습니다. 거기는 감사가 없습니다. 각자가 자기 존재와 인생 속에서 그렇게 해서는 답이 없음을 스스로 확인하는 것 말고는 감사에 이를 다른 방법이 없습니다.

'그리스도를 경외함으로 피차 복종하라'는 말씀은 왜 여기에 덧붙여졌을까요? 내 마음에 들지 않는, 거스르고 적대적인 모든 것에 대해서 걱정하지 말라는 것입니다. 그런 것들을 꺾고 엎어 이겨야만 평화로 가는 것은 아니라는 말씀입니다. 그런 것들 속에 서 계십시오. 바람아 불어라, 눈보라야 쳐라, 하며 맞서십시오. 그때 거기서 하나님이 우리에게 약속하신, 하나님 나라의 진정한 깊이와 가치와 영광을 아는 일이 여러분의 마음과 영혼 속에 무한히 충만해질 것입니다.

그러고 나면 마음이 평안해질까요? 평안해지지는 않습니다. 조마조마합니다. 하지만 조마조마해도 위대합니다. 고통스러우나 위대합니다. 고통스러움과 조마조마함은 우리의 한계이나, 우리의 한계가 하나님의 무한하심 속에서 위대하게 쓰인다는 사실을 알게 됩니다. 이 자리까지 오지 않으면 사사기를 읽을 자격이, 성경을 들고 다닐 자격이 없습니다. 여러분의 인생을 제대로 살 다른 방법도 없습니다. 그러나 이 사실을 알고 순종한다면 여러분의 인생보다 더 위대한 인생은 없고, 여러분의 존재보다 더 귀한 존재도 없을 것입니다. 모두가 이 삶을 살아내어 이 복과 자랑과 이 하나님의 위대함을 맛보고 확인하기 바랍니다. 여러분이 부르는 그 하나님의 자녀 되는 귀한 복을 누리십시오.

기도

하나님 아버지, 은혜를 감사합니다. 하나님의 자녀가 되는 것은 얼마나 위대한 것일까요? 믿음으로 인생을 사는 것은 얼마나 놀라운 기적일까요? 다른 사람을 지적하여 확인하지 않고 자기 자신과 자기 인생에서 이 복을 누리는 은혜와 기적을 오늘 우리에게도 주옵소서. 성경에서 본 감사와 증언과 기적이 우리 인생에서도 가능하고 또 당연하다는 사실을 확인하는 우리 믿음의 식구들 다 되게 하여 주시옵소서. 예수님 이름으로 기도합니다. 아멘.

Chapter 12

아비멜렉_
모두가
처한 자리

7 사람들이 요담에게 그 일을 알리매 요담이 그리심 산 꼭대기로 가서 서서 그의 목소리를 높여 그들에게 외쳐 이르되 세겜 사람들아 내 말을 들으라 그리하여야 하나님이 너희의 말을 들으시리라 **8** 하루는 나무들이 나가서 기름을 부어 자신들 위에 왕으로 삼으려 하여 감람나무에게 이르되 너는 우리 위에 왕이 되라 하매 **9** 감람나무가 그들에게 이르되 내게 있는 나의 기름은 하나님과 사람을 영화롭게 하나니 내가 어찌 그것을 버리고 가서 나무들 위에 우쭐대리요 한지라 **10** 나무들이 또 무화과나무에게 이르되 너는 와서 우리 위에 왕이 되라 하매 **11** 무화과나무가 그들에게 이르되 나의 단 것과 나의 아름다운 열매를 내가 어찌 버리고 가서 나무들 위에 우쭐대리요 한지라 **12** 나무들이 또 포도나무에게 이르되 너는 와서 우리 위에 왕이 되라 하매 **13** 포도나무가 그들에게 이르되 하나님과 사람을 기쁘게 하는 내 포도주를 내가 어찌 버리고 가서 나무들 위에 우쭐대리요 한지라 **14** 이에 모든 나무가 가시나무에게 이르되 너는 와서 우리 위에 왕이 되라 하매 **15** 가시나무가 나무들에게 이르되 만일 너희가 참으로 내게 기름을 부어 너희 위에 왕으로 삼겠거든 와서 내 그늘에 피하라 그리하지 아니하면 불이 가시나무에서 나와서 레바논의 백향목을 사를 것이니라 하였느니라 (삿 9:7-15)

왕이 되려 했던 아비멜렉

아비멜렉은 사사가 아닙니다. 기드온의 서자庶子이지요. 그러니 아비멜렉 이야기는 기드온이 사사로서 행한 일의 후유증을 보여 주는 셈입니다. 앞서 살펴보았듯, 기드온은 나라를 구했지만 중앙 권력을 잡기에는 기반이 부족하였습니다. 미디안과의 전투에서 삼백 명의 군사로 대승을 거둔 일은 극적이기는 하나, 삼백 명이라는 숫자는 군사력이나 정치력의 기반으로 삼기에는 너무 적은 수입니다. 더군다나 에브라임의 강력한 반대도 있습니다. 이런 상황 때문에 기드온은 백성들의 요구가 있었음에도 왕이 되는 일을 사양합니다. 그렇지만 여전히 구국 영웅으로서의 사회적 지위와 영화는 누리고 있지요. 8장 29절 이하를 봅시다.

> 요아스의 아들 여룹바알이 돌아가서 자기 집에 거주하였는데 기드온이 아내가 많으므로 그의 몸에서 낳은 아들이 칠십 명이었고 세겜에 있는 그의 첩도 아들을 낳았으므로 그 이름을 아비멜렉이라 하였더라 (삿 8:29-31)

기드온에게는 아들이 칠십 명이나 있었습니다. 많은 아내를 거느렸다는 것일 텐데, 이는 다 사회적 지위나 재정적 뒷받침이 있어야 가능한 일입니다. 아비멜렉은 기드온이 세겜에 있는 첩에게서 낳은 아들입니다. 그의 이름은 '나의 아버지는 왕'이라는 뜻을 갖고 있습니다. 이름에서 보듯, 아비멜렉은 구국 영웅의 지위와 권세를 가진 이를 아버지로 둡니다. 하지만 그는 서자이기 때문에 아버지에게서 아무것도 이어받을 수 없는 참으로 원망스러운 조건 속에 살아가게 됩니다.

아비멜렉은 장성하여 자신의 외가가 모여 사는 세겜으로 갑니다. 그는 외가 친척들에게 말합니다. 나를 왕으로 모셔라, 우리 아버지 기드온에게는 아들이 칠십 명이나 있는데, 그 많은 사람이 다스리면 무엇이 좋겠느냐, 섬겨야 할 대상이 많을수록 당신들에게 손해다, 한 명의 왕만 섬기는 것이 좋지 않겠느냐, 그러니 나를 섬겨라, 게다가 나는 당신들의 친척이지 않느냐, 이렇게 말하여 아비멜렉은 세겜의 지원을 받아냅니다.

아비멜렉은 세겜에서 받은 지원금으로 방탕하고 경박한 사람들을 사서 자기를 따르게 합니다. 그리고 자기의 배다른 형들을 다 죽입니다. 이렇게 스스로 왕 아닌 왕이 되어 세 해 동안 이스라엘을 다스립니다. 아비멜렉과 세겜 사람들은 서로 돕고 힘을 합쳐 그럭저럭 살아가지만, 결국 이 둘 사이에 반목하는 일이 생깁니다.

성경은 이 일을, 요담의 저주를 언급한 후에 기록하여 이런 반목이 우연한 일이 아님을 증언합니다. 요담은 아비멜렉이 배다른 자기 형제 칠십 명을 죽일 때 숨어 있다가 겨우 살아남은 기드온의 막내아들입니다. 요담은 오늘 본문에 나온 우화를 들어 아비멜렉을 비난합니다. 이 우화의 핵심 주제는 '자신의 진정한 정체성을 이해한 사람이라면 결코 왕이 되려 하지 않는다'는 것입니다.

우화의 내용을 풀어봅시다. 나무들이 감람나무에게 왕이 되어달라고 하지만, 감람나무는 거절합니다. 하나님과 사람을 영화롭게 해주는 기름을 생산하는 내 일을 놓아두고 내가 왜 왕이 되어 나무들 위에서 우쭐대겠는가, 하는 것이 거절의 이유입니다. 무화과나무도, 포도나무도 왕이 되어달라는 나무들의 청을 마찬가지로 거절합니다. 거절하는 이유의 근거도 같습니다. 달콤하고 맛있는 내 열매, 하나님과 사람을 기쁘게 하는 포도주를 만드는 내 열매를 놔두고 나무들 위에 군림하려고 왕이 될 수는 없다는 것입니다.

이들이 왕이 되어달라는 다른 나무들의 청을 거절하는 이유가 무엇일까요? 자기들의 영광이 왕이라는 지위에서 나오는 것이 아님을 알고 있기 때문입니다. 그들의 영광은 그들 자신의 정체성 속에 있는 것이지요. 감람나무로 존재하는 것, 무화과나무로 존재하는 것, 포도나무로 존재하는 것이 그 자체로 영광이므로 굳이 왕이 될 이유가 없다는 것입니다.

감람나무도 무화과나무도 포도나무도 왕이 되어달라는 요청을 거절하자, 결국 나무들은 가시나무에게 왕이 되어달라고 말합니다. 가시나무는 자신의 영광으로 삼을 자신만의 정체성을 발견하거나 이해하지 못했습니다. 그래서 왕이 되어달라는 나무들의 제안을 받아들이지요. 그러면서 이런 말을 합니다. 너희가 나를 왕으로 삼겠다면 내 그늘 아래로 피하여 숨어야 한다, 그렇지 않으면 이 가시덤불에서 불을 뿜어낼 것이다, 내 밑으로 들어오지 않으면 레바논의 백향목도 살라지고 말 것이다. 가시나무를 왕으로 삼은 나무들과 그 가시나무가 모두 망하게 되는 이유가 여기 잘 담겨 있지요. 가시나무를 왕으로 삼으니, 나무들이 불에 타 죽는 결과가 따라오는 것입니다.

요담의 우화대로 아비멜렉과 세겜은 서로가 서로에게 망하는 원인과 도구가 됩니다. 둘이 불화하게 되자, 세겜은 아비멜렉을 배반합니다. 그러자 아비멜렉이 세겜으로 쳐들어갑니다.

아비멜렉은 세겜을 공격해 그 성읍을 점령합니다. 세겜 사람들은 공격을 피하여 요새로 도망가지만, 아비멜렉은 기어코 그들을 뒤쫓아가서 불을 놓아 그들을 다 죽입니다. 또 아비멜렉은 자신을 반대하는 데베스에도 쳐들어갑니다. 데베스 성읍에는 견고한 망대가 하나 있는데 온 성읍 사람들이 거기 들어가서 숨습니다. 아비멜렉은 거기까지 쫓아가서 망대에 불을 지르려고 합니다. 이때 한 여인이 아비멜렉에게 맷돌 위짝을 던지자 아비멜렉이 맞고 머리가 깨집니다. 여인에게 죽임을 당했다는 사실이 알려질까 봐 두려웠던 아비멜렉은 무기를 들고 다니는 젊은 병사에게 자신을 죽이라고 명령합니다. 그렇게 아비멜렉은 죽음을 맞습니다.

아비멜렉 사건은 당시 이스라엘 사람들이 불의한 연합과 폭력으로 거둔 결과가 무엇인지 보여줍니다. 자초한 일로 실컷 벌을 받은 것이지요. 그런데 우리는 이 사건을 보며 이들은 왜 이렇게 못나게 구는가, 하고 묻는 것으로 그치면 안 됩니다. 이렇게 지적하는 것으로는 아무 긍정적 교훈도 얻을 수 없습니다. 이스라엘은 이런 어두운 사건을 자기네 역사로 인정하여 기록하고 있습니다. '이스라엘의 암흑기'라고 불리는 사사 시대의 역사를 이스라엘은 자기네들의 역사로 받아들이고 있는 것입니다. 이 점을 깊이 묵상해보아야 합니다. 나아가 이런 역사가 성경의 한 내용을 이루고 있다는 점을 기억해야 합니다. 여기에 성경의 위대함이 있습니다. 아비멜렉 사건과 같은 역사를 통해 우리는 인간의 정체성과 하나님의 일하심에 대한 넓고 깊은 이해로 나아가게 됩니다.

비참한 우리의 현실

서구 역사에서 1차 세계대전은 매우 중요한 사건입니다. 1차 세계대전이 발발한 1914년 즈음은 19세기에 꽃을 피워 절정에 이른 과학 문명과 계몽주의로 말미암아 기대에 가득 차 있던 시기였습니다. 그래서 1차 대전이 일어났을 때에도 서구의 젊은이들은 전쟁에 참가하는 것을 축제에 가고 사냥하러 가는 일 정도로 이해했습니다. 나라를 위하여 목숨 바치는 일을 낭만과 명예로 생각했던 것입니다.

그러나 전쟁의 실상은 달랐습니다. 1차 대전은 지루한 참호전으로 이어졌는데, 그 참혹함은 이루 말할 수 없습니다. 양쪽이 모두 참호를 파고 버티다가 먼저 고개를 내미는 쪽이 죽는 것입니다. 그렇게 참호에서 버티는 가운데 시간은 흐르고 수많은 젊은이가 죽어갑니다. 그래서 그 세대를 '상실의 세대'라고 부르게 됩니다.

그 세대에서는 살아남은 것이 죄였습니다. 너무나 많은 젊은이들이 죽었기 때문에 살아남은 자들은 비겁한 이들로 치부되었습니다. 그래서 살아남은 자들은 살아남은 것을 부끄럽게 여겼습니다.

1차 세계대전이 끝날 무렵, 미국에서는 금주법이 시행됩니다. 어려운 시절을 버텨내는 가장 보편적인 방법은 술을 마시거나 노래를 부르는 것일 겁니다. 그렇게 해야 겨우 견딜 수 있지요. 그런데 금주법을 만들어 술을 못 마시게 단속하자 법을 어기는 일이 사회에 만연해집니다.

그 당시 미국에서는 '보니 앤 클라이드' Bonnie and Clyde 라는 희대의 부부 갱단이 출현하였습니다. 이 둘은 어처구니없는 이유로 갱이 됩니다. 남편 클라이드 Clyde Barrow, 1909~1934 는 경미한 절도죄로 교도소에서 복역하게 됩니다. 그런데 그곳에서 험한 일을 많이 당해서 출소한 이후에 교도소를 습격하여 보복할 생각을 합니다. 그즈음에 보니 Bonnie Parker, 1910~1934 를 만나고, 둘은 의기투합하여 보복을 결심합니다. 그런데 계획만으로는 교도소까지 들어갈 수 없습니다. 교도소를 습격할 만한 충분한 자금이 있어야 하기 때문입니다. 그래서 닥치는 대로 아무 상점이나 들어가 약탈하고 강도짓을 하죠. 그러자 경찰이 쫓아오고 총격전이 벌어집니다. 보니와 클라이드는 계속 쫓기게 되는 급박한 상황에 이르자 자기들을 가로막아 도주에 방해가 되는 자들을 모두 죽여버립니다. 많은 이들을 무차별적으로 죽이게 된 것입니다. 결국 이들은 매복한 경찰들이 쏘는 수백 발의 기관총 세례를 맞고 죽습니다.

미국 정부는 이 부부를 잡는 데 혈안이 되었으나 국민들의 반응은 좀 달랐습니다. 보니와 클라이드가 무사히 도망가고 있는가, 잡혔다고 들었는데 아직 살아있는가, 이것이 국민들에게 초미의 관심사가 됩니다. 이에 정부가 놀랍니다. 이런 말도 안 되는 강도 부부를 왜 국민들이 동정하는가 하고 말이지요. 국민들이 그들을 동정한 것은 다 이유가 있습니다. 그들 모두가 그 부부처럼 하고 싶었기 때문입니다. 이런 말도 안 되는 세상을 사는 것이 정말 억울하고 고단하다, 나도 총만 있다면 마구 쏘아댈 텐데, 법이며 양심이 왜 필요한가, 내가 왜 이 세상을 납득해야 하는가, 하며 다들 억울해한 시대였던 것입니다.

한편, 그 무렵 독일에서는 나치즘이 성행합니다. 독일은 국가사회주의를 내세우며 자신들의 정체성을 반유대주의, 백색인종주의, 제국주의, 반사회주의, 민족주의에서 찾습니다. 이후 자기네의 민족적 우수성을 근거로 삼아 유대인을 학살합니다. 여기서 유럽은 인간성의 상실을 보게 됩니다. 인간성이 상실되자 사람이 다른 사람들을 말살하기 시작하는 것을 보며 경악합니다. 이런 경험 속에서 유럽 사람들은 인생과 인간에 대해 절망하게 되고 결국 허무주의에 이릅니다. 그리하여 무신론적 실존주의가 1950년대 서구의 세계관이 됩니다.

무신론적 실존주의란 이런 것입니다. 신은 없다, 신이 있다면 이런 일이 일어날 리 없다, 그러니 신은 있을 리 없다, 신은 존재하지 않기 때문에 인간은 완전히 자유로운 존재다, 따라서 자유와 선택은 인간에게 있으며 그로 인한 책임도 인간 스스로 져야 하는 수밖에 없다. 이것이 무신론적 실존주의의 내용입니다. 지난 세기의 서구 역사를 보면 어쩌면 그렇게 사사 시대와 흡사한 배경을 가지고 있는지 참으로 놀랍습니다.

사사기 후반에 가면, 사사 시대를 한 줄로 정리한 해설이 나옵니다. '당시에는 왕이 없어서 각각 자기 소견에 옳은 대로 행했다'라는 것입니다. 이런 일의 효시가 어쩌면 아비멜렉인지도 모릅니다. 아비멜렉은 사사도 아니었고 나라를 구한 것도 아니었습니다. 그저 자기 인생에 대한 분노를 어쩌지 못해 닥치는 대로 폭발시켰던 사람입니다. 우리는 성경이 왜 이런 자에 대하여 그토록 많은 분량을 할애하여 기록해놓았는가 묻게 됩니다. 그런 우리에게 성경은 정신 차리고 제대로 된 질문을 하라고 요구합니다.

제대로 된 질문은 무엇일까요? 이것은 옳고 저것은 그르다고 지적해주면 사람이 쉽게 항복하는가, 무엇이 옳은지 알면 실제로도 그렇게 사는가, 하는 물음입니다. 그렇지 않다는 것을 여러분도 이미 다 알고 있습니다. 다 살아봐서 아는 것입니다.

예수를 믿는다는 것이 어떤 면에서는 우리의 이해이고 결단일 수 있습니다. 그러나 예수를 믿게 된 것은 세상 사람들이 흔히 하는 말로 사실 운이 좋아 생긴 일입니다. 왜 여러분이라고 세상을 확 뒤집어엎고 싶다는 생각이 안 들겠습니까? 여러분 주위에도 그렇게 하고 싶은 사람이 한둘이 아닐 것입니다. 확 불을 질러 모두 없애버리려고 기름통을 들고 가다가 돌에 걸려 넘어지는 바람에 정신을 차리게 된, 그런 우연 아닌 우연이 우리 인생에 없었더라면 우리야말로 아비멜렉이 되었겠지요.

이런 우리에게 성경이 말씀합니다. 네 인생을 되돌아보아라, 네 정체성이 무엇이냐, 네 인생의 목적이 무엇이냐, 너라는 존재의 가치를 너는 무엇으로 이해하고 있느냐, 거기에 너는 만족하고 있느냐, 그것이 너를 항복시키고 있느냐, 너는 그런 목적과 그런 가치라면 충분하다고 여기느냐, 그렇지 않다면 네가 내는 열심은 다만 명분이며 핑계에 불과할 뿐 네 존재 자체와는 상관없는 것이 아니냐, 묻고 있습니다. 아비멜렉 사건은 바로 이런 질문을 우리 각자에게 던지고 있는 것입니다.

그러니 아비멜렉이 잘했는가 잘못했는가를 따지며 교훈을 찾지 마십시오. 정말 이상하고 잔인한 사람이라며 아비멜렉을 비웃지 마십시오. 보니와 클라이드의 모습, 성경 속 아비멜렉의 모습, 이런 모습은 사실 우리의 현실, 우리의 실상인 것입니다. 아직 우리가 아비멜렉이 간 자리까지는 내몰리지 않았다고 하더라도, 그렇게까지 미쳐버릴 수 있는 것이 우리입니다.

십자가로 보이신 정체성의 근거

이제 이 문제에 대하여 성경은 무엇이라고 이야기하는가 생각해봅시다. 이 아비멜렉 사건은 어떤 범주에 넣어야 할까요? 이 사람들, 이 미쳐서 날뛰는 것 같은 사람들을 보며 왜 그러는지 이해하지 못하겠다고, 나와 다르다고 생각하면 구별해서 정죄하라고 이런 사건을 보여주는 것일까요? 성경이 말하는 신앙이, 성경이 전하는 구원과 은혜가 과연 그런 것인가 생각해보아야 합니다.
골로새서 2장에 가봅시다.

> 너희가 세례로 그리스도와 함께 장사되고 또 죽은 자들 가운데서 그를 일으키신 하나님의 역사를 믿음으로 말미암아 그 안에서 함께 일으키심을 받았느니라 또 범죄와 육체의 무할례로 죽었던 너희를 하나님이 그와 함께 살리시고 우리의 모든 죄를 사하시고 우리를 거스르고 불리하게 하는 법조문으로 쓴 증서를 지우시고 제하여 버리사 십자가에 못 박으시고 통치자들과 권세들을 무력화하여 드러내어 구경거리로 삼으시고 십자가로 그들을 이기셨느니라 (골 2:12-15)

십자가의 승리, 십자가의 구원이 우리에게는 윤리적이고 도덕적이고 종교적이고 의지적인 것으로 각인되어 있습니다. 그러나 성경은 그렇게 이야기하지 않습니다. 예수 그리스도가 십자가로 이루신 일이 무엇이냐고 할 때에 14절은 "우리를 거스르고 불리하게 하는 법조문으로 쓴 증서를 지우시고 제하여 버리사 십자가에 못 박으시고"라고 말씀합니다. 아비멜렉 사건을 십자가에 적용해보면, 하나님은 그런 비참한 사건, 그런 참혹하면서도 한심한 역사를 지우시고 찢어버리시고 십자가에 못 박아버리신 것입니다. 이것이 십자가, 곧 예수로 인한 구원입니다.

하나님이 다 지우시고 찢어 없애주신다니 그러면 나는 아무렇게나 살아도 괜찮다고 생각할 수 있을까요? 그것은 성경이 인도하는 길이 아닙니다. 너무 쉬운 해결책입니다. 그러면 성실하고 올바른 선택을 하는 자는 구원을 받는다, 이런 이야기일까요? 그렇게 간단하지 않습니다.

예를 들어 우리가 빚에 쪼들리다가 이런 각서를 쓰게 되었다고 생각해봅시다. '이억 원을 연 30% 이율로 1년 동안 빌려준다. 변제를 미룰 때마다 손가락을 하나씩 자른다'라는 문구를 차용증서에 써넣어 도장을 찍고 공증까지 했다고 합시다. 얼마나 무섭고 가혹한 일이겠습니까? 그런데 예수님이 그런 차용증서를 지워버리고 찢어버리고 불태워 없애신 것입니다. 십자가는 바로 이런 것입니다.

만일 여러분이 십자가를, 착한 자와 악한 자를 구별하는 기준으로 삼고 있다면 아직 기독교를 모르는 것입니다. 아니, 기독교나 예수를 모른다고 하기 전에 먼저 인간과 인생에 대한 진지한 이해가 없는 것입니다.

이런 일화가 있습니다. 중국의 어떤 왕비가 한 재상과 모의하여 왕을 독살하기로 합니다. 다가오는 잔치 때 왕의 술잔에 독을 넣어 죽이기로 하지요. 왕비는 긴 손톱 속에 독약 가루를 감춰와서 술잔에 넣을 계획을 세웁니다. 한 잔의 술로 왕을 죽이려고 했으니 아마 제일 강한 독이 필요했을 것입니다. 왕비는 의사에게 독을 구해오게 합니다. "지난번에 내가 명한 것을 준비해놓았느냐?" "네." "과연 이것이 세상에서 가장 강한 독이더냐?" "아닙니다. 가장 강한 독은 이것이 아닙니다." "아니, 뭐라고? 그러면 가장 강한 독은 무엇이란 말이냐?" "바로 사람의 마음입니다."

인간이 얼마나 치사하고 독한 존재인지는 여러분도 많이 당해보셨을 것입니다. 또 여러분 스스로도 다른 이들에게 그렇게 굴어보셨을 것입니다. 그런데 우리가 정말 어떤 존재인가 하는 사실을 먼저 깨달아야만 십자가로 이루어진 일이 얼마나 크고 놀라운 일인지를 알 수 있습니다. 그때서야 인간의 현실을 직시한 성경의 기록을 바로 볼 수 있을 것입니다. 또 예수를 믿고 구원을 받았다는 말이 무슨 말인지 알게 될 것입니다. 울고 북을 친다고 해서 감격할 수 있는 일이 아닙니다. 십자가에 대한 감사는 우리의 비참한 현실에 대해 몸서리칠 만큼 전율할 때 나올 수 있는 감사입니다.

가장 포악한 존재가 예수 안에서 가장 영광스러운 존재가 될 수 있다는 데에 인간이라는 존재의 이중적 경이가 있습니다. 악하면 가장 악할 수 있고, 영광되면 가장 영광스러울 수 있는 존재가 인간입니다. 부패하면 그 어떤 것보다도 더 심하게 부패하는 존재가 바로 우리인 것입니다. 인간의 이러한 현실에 대하여 로마서 3장이 이렇게 말씀하고 있습니다.

우리가 알거니와 무릇 율법이 말하는 바는 율법 아래에
있는 자들에게 말하는 것이니 이는 모든 입을 막고 온 세
상으로 하나님의 심판 아래에 있게 하려 함이라 그러므
로 율법의 행위로 그의 앞에 의롭다 하심을 얻을 육체가
없나니 율법으로는 죄를 깨달음이니라 (롬 3:19-20)

여기서 말하는, 율법 앞에 당당한 사람은 아무도 없다, 의롭다 하
심을 얻을 이는 아무도 없다, 그 누구도 하나님의 진리와 의로움
을 만족하게 할 수 없다, 라는 사실이 다만 관념이나 개념이 아니
라는 것은 나이가 들면 누구나 스스로 알게 되는 일입니다. 이 사
실을 처절하게 깨닫는 자리야말로 복음을 소개받을 수 있는 출
발점이 됩니다.

그러므로 율법의 행위로 그의 앞에 의롭다 하심을 얻을
육체가 없나니 율법으로는 죄를 깨달음이니라 이제는 율
법 외에 하나님의 한 의가 나타났으니 율법과 선지자들
에게 증거를 받은 것이라 곧 예수 그리스도를 믿음으로
말미암아 모든 믿는 자에게 미치는 하나님의 의니 차별
이 없느니라 모든 사람이 죄를 범하였으매 하나님의 영
광에 이르지 못하더니 그리스도 예수 안에 있는 속량으
로 말미암아 하나님의 은혜로 값 없이 의롭다 하심을 얻

은 자 되었느니라 이 예수를 하나님이 그의 피로써 믿음으로 말미암는 화목제물로 세우셨으니 이는 하나님께서 길이 참으시는 중에 전에 지은 죄를 간과하심으로 자기의 의로우심을 나타내려 하심이니 곧 이 때에 자기의 의로우심을 나타내사 자기도 의로우시며 또한 예수 믿는 자를 의롭다 하려 하심이라 (롬 3:20-26)

하나님이 당신과 우리의 관계 속에서 우리를 의롭다고 인정해주시는 것이 구원입니다. 하나님의 자녀라는 지위를 회복해주시는 것이지요.

이 일은 어떻게 이루어질 수 있을까요? 구약을 보면, 인간은 자신의 죄를 희생 제물에 전가하고 이 희생 제물을 바칩니다. 그러면 하나님은 인간을 처벌해야 마땅한데도 인간이 지은 죄를 희생 제물에게 돌려 죄지은 그 사람과의 관계를 회복하십니다. 이것이 제사 제도입니다. 신약에 오면, 하나님은 짐승이 아닌 자기 아들로 속죄 제물을 삼으십니다.

인간이 회개해서 구원을 받는 것이 아니며 자신을 성결하게 함으로써 구원이 시작되는 것도 아닙니다. 회개든 성결이든 이는 다 하나님과의 관계가 회복되어야만 할 수 있는 일입니다. 성경은 마음이 가난한 자가 복이 있다고 산상수훈에서 가르칩니다. 마음이 가난하다는 것은 인간에 대해서 절망하는 마음을 말합니다. 인간에게 구원이 필요하다는 사실을 아는 것이 가난한 마음입니다. 하나님과의 관계가 정상화되어 하나님이 우리의 아버지이시고 우리는 그의 자녀라는 지위를 회복하지 못하면 인간은 참다운 정체성을 발견할 수 없습니다.

그러니 우리는 오늘 말씀으로 이런 깨달음을 얻게 됩니다. 정체성이 없는 자는 희망이 없다. 그 정체성은 하나님이 아닌 다른 어떤 것에서도 근거를 찾을 수 없다. 우리가 우리 존재의 근거를 자신 안에서 찾으려고 하고 능력으로 자기 의를 세우려고 한다면 그것은 우상 숭배다. 우리는 경쟁력 있는 유능한 사람으로 확인받고 싶어 하는데, 오늘 아비멜렉에서 본 것같이 그것은 다만 폭력과 비극을 부를 뿐이다, 라는 깨달음 말입니다.

성경이 우리에게 가르치는 하나님의 자녀 된 정체성은 어떤 것일까요? 우리의 정체성, 곧 하나님의 자녀라는 정체성은 하나님이 누구시냐는 근거 위에 세워지는 것입니다. 하나님께 사랑을 받고 그분께 안겨, 하나님이라는 존재 위에 서 있어야만 인간은 비로소 진정한 정체성을 지니게 됩니다. 이것이 성경이 하고 싶은 이야기입니다.

복음이 제시하는 인생의 답

아사다 지로 淺田次郞, 1951~ 가 쓴 《칼에 지다》라는 소설이 있습니다. 메이지유신이 일어나던 무렵, 곧 막부 시대 끝자락의 혁명기를 시대 배경으로 한 소설입니다. 오랫동안 사회질서를 지탱해 온 막부가 흔들리고, 서양은 문호를 개방하라고 압력을 행사하던 혼란과 격동의 시대였는데, 그때 기회를 잡은 이들은 이전 안정된 시대에서는 자기 자리가 없던 사람들이었습니다.

일본 막부시대에는 장남에게만 가업이 상속되었기 때문에 차남부터는 집안에서 어떤 보호나 지원도 제공받지 못한 채 살아가야 했습니다. 각자 집을 나가 알아서 스스로 먹고살아야 했죠. 그래서 이 당시 차남들에게 검술 사범은 호구지책 중 하나였습니다. 당시 검술은 가장 필요한 기술이었기 때문에, 누구나 검을 다루는 법을 배워야 했습니다. 이런 이유로 검술 사범 자리에 대한 수요는 늘 있었고, 일단 사범으로 자리 잡으면 어느 정도 사회적 지위도 보장받을 수 있었습니다. 그래서 좀 큰 번藩의 지도 사범이 되는 것은 최고의 꿈이었습니다. 그런데 시대가 바뀌면서 이제는 검술 사범 자리도 전과 같지 않게 됩니다. 또한 집에서 나와 대부분 낭인 생활을 하니 하루하루 먹고사는 문제가 시급해졌습니다.

그때 나라에 큰 위기가 닥칩니다. 외세에 의존하는 무리와 막부를 지키려는 무리 간에 갈등이 고조되어 싸움이 일어납니다. 때로는 큰 전투도 일어나지요. 군사가 필요하여 혁명군 쪽에서도 사람을 사고 막부 쪽에서도 사람을 삽니다. 용병들을 모집하는 것이죠. 무슨 일이 일어나건 아무래도 좋다고 생각하는 사람들을 불러 모으는 것입니다. 이런 시대적 배경 때문에 칼솜씨를 자랑하며 일용직으로 살아가는 사람들이 점점 많아집니다. 당시 정부군인 막부의 일용직은 치안군이고, 혁명군은 애국지사입니다. 그러나 어느 편에 속해 있든, 어떤 이름이 붙어 있든 그들에게는 아무 상관이 없었던 것입니다.

《칼에 지다》에 이런 표현이 나옵니다. '목숨 따위는 아무래도 좋았다. 뭘 해야 하는지 모르는 것이 아니라, 할 수 있는 것이 없었다. 그저 멋있게 보이는 것 외에 선택할 수 있는 일이란 아무것도 없었다.' 이 말이 갖는 암담함을 여러분도 잘 알 것입니다.

우리도 피난 시절을 겪었고, 공부 외에는 다른 출구가 없었던 근대화의 과정을 거쳐 이제 살만해지니까 인간성이 상실된 시대에 이르게 되었습니다. 이 모든 것을 경험해보고 나니 어떤 생각이 드십니까? 지금 좋은 자리를 차지하고 있든, 아니면 자기 자리 하나 없이 목숨만 부지하고 있든, 지난 시간을 돌아보면 누구나 그때 어떻게 살아남았을까 하는 생각이 들 것입니다. 우리 모두 운이 좋아 여기까지 이른 것이지요. 이런 우리에게 복음은 무엇을 말하는 것일까요? 이 모든 인생을 감싸준다고 말합니다. 잘

한 놈은 살아남고 못한 놈은 죽는다, 다른 건 나는 모른다, 이렇게 말하는 것은 복음일 수 없습니다.

지금 우리 사회는 보수와 진보로 첨예하게 양분되어 있습니다. 살아온 현실적 조건 때문에 우리는 어느 한 쪽에 더 쏠려 있을 수 있습니다. 여러분이 보수 성향인지 진보 성향인지는 중요하지 않습니다. 그러나 여러분이 보수로서 걱정하는 일, 진보로서 분노하는 일을 다 묶어내고 그에 대한 답을 복음이 제시하고 있다는 것을 알아야 합니다. 오직 예수 안에만 답이 있다는 것을 모른다면, 목숨 따위는 아무래도 좋았다, 우리가 몰라서 이 일을 하는 것이 아니다, 이것 밖에는 선택의 여지가 없었다는 탄식 말고는 남는 것이 없습니다. 그것은 아비멜렉으로 사는 것에 불과한 것입니다.

이런 탄식을 들을 때, 그따위 소리 하지마 하며 입을 막아버리는 것은 기독교 신앙에서 금물입니다. 이 모든 것을 다 뚫고 극복하며 그 모든 신음과 탄식을 다 품을 수 있는 넓이를 가진 것이 십자가라는 것을 이해해야 합니다. 그렇지 않으면 우리는 웃을 수 없습니다. 자신의 지위를 지키고 자신에게 유리한 체제를 지키는 것 외에 할 수 있는 것이 없습니다. 예수를 믿는 것은 그것과는 달라야 하지 않을까요?

유대인들은 아비멜렉을 역사 속에 남겼고, 예수는 이 모든 것을 다 끌어안아 "너희를 불리하게 하는 모든 증서를 내가 지우고 찢어버리고 십자가에 못 박았다"라고 말씀하십니다. 이것이 복음입니다.

여러분이 가진 성도의 지위, 하나님의 자녀라는 신분의 크기와 깊이와 무게를 깨달으십시오. 그 영광과 진정한 명예를 사는 위대한 생애가 되십시오. 여러분이 가는 곳마다 십자가가 함께 있습니다. 여러분의 정체성의 근거는 십자가에 있다는 것을 아는 복된 인생이 되기 바랍니다.

기도

하나님 아버지, 은혜를 감사합니다. 우리에게 세상은 무대에 불과합니다. 하나님이 드라마를 쓰셨고 우리에게는 역할을 주셨습니다. 그러니 우리의 배역을 멋지게 감내해야 할 것입니다. 희망이 없어서 자폭하는 멋이 아니라, 우리만이 담아내는 생명과 진리와 영광의 멋을 드러내게 하옵소서. 그리하여 우리 신분의 존엄성에 대해 증언하는 멋진 삶을 살게 하옵소서. 그 인생 살도록 우리를 지키시고 하나님의 영광을 드러내시옵소서. 우리가 고백하는 믿음의 기적들을 살아생전에 우리 이웃과 나누는 복을 주시옵소서. 예수님 이름으로 기도합니다. 아멘.

Chapter 13

입다_
모순마저
품은 은혜

1에브라임 사람들이 모여 북쪽으로 가서 입다에게 이르되 네가 암몬 자손과 싸우러 건너갈 때에 어찌하여 우리를 불러 너와 함께 가게 하지 아니하였느냐 우리가 반드시 너와 네 집을 불사르리라 하니 2입다가 그들에게 이르되 나와 내 백성이 암몬 자손과 크게 싸울 때에 내가 너희를 부르되 너희가 나를 그들의 손에서 구원하지 아니한 고로 3나는 너희가 도와 주지 아니하는 것을 보고 내 목숨을 돌보지 아니하고 건너가서 암몬 자손을 쳤더니 여호와께서 그들을 내 손에 넘겨 주셨거늘 너희가 어찌하여 오늘 내게 올라와서 나와 더불어 싸우고자 하느냐 하니라 4입다가 길르앗 사람을 다 모으고 에브라임과 싸웠으며 길르앗 사람들이 에브라임을 쳐서 무찔렀으니 이는 에브라임의 말이 너희 길르앗 사람은 본래 에브라임에서 도망한 자로서 에브라임과 므낫세 중에 있다 하였음이라 5길르앗 사람이 에브라임 사람보다 앞서 요단 강 나루턱을 장악하고 에브라임 사람의 도망하는 자가 말하기를 청하건대 나를 건너가게 하라 하면 길르앗 사람이 그에게 묻기를 네가 에브라임 사람이냐 하여 그가 만일 아니라 하면 6그에게 이르기를 쉽볼렛이라 발음하라 하여 에브라임 사람이 그렇게 바로 말하지 못하고 십볼렛이라 발음하면 길르앗 사람이 곧 그를 잡아서 요단 강 나루턱에서 죽였더라 그 때에 에브라임 사람의 죽은 자가 사만 이천 명이었더라 7입다가 이스라엘의 사사가 된 지 육 년이라 길르앗 사람 입다가 죽으매 길르앗에 있는 그의 성읍에 장사되었더라

(삿 12:1-7)

모순으로 가득한 현실

사사 입다는 길르앗이 기생에게서 낳은 아들입니다. 길르앗은 인명이기도 하고 지명이기도 합니다. 길르앗이라는 사람의 이름을 따서 나중에 그 지방의 이름으로 삼았기 때문입니다. 사사기 9장에서 본 아비멜렉은 서자였는데, 입다는 그보다 지위가 더 낮다고 볼 수 있습니다. 그래서 길르앗 본처의 아들들이 입다를 내쫓지요. 아버지의 기업을 나눠줄 수 없다는 것이 이유였습니다. 쫓겨난 입다는 그의 이복형제들을 피하여 돕 땅에 거주하게 되는데, 잡류 곧 건달패가 모여들어 그를 따라다닙니다.

입다의 행적을 평가하고 그의 인물됨을 이해하기란 사실 만만하지 않습니다. 입다를 모범적 인물로 볼 것인지 아니면 실패한 인물로 볼 것인지를 판단하기가 쉽지 않습니다. 이런 두 모습 모두 입다의 행적 속에 들어 있기 때문입니다.

입다를 이해하기 전에 먼저 기억할 점은 그는 억울한 형편에 처한 사람이라는 것입니다. 우선 출신이 미천합니다. 그리고 그는 사는 내내 뿌리칠 수도 끌어안을 수도 없는, 별다른 대책이 없는 인생에 묶여 있습니다. 건달패가 입다에게 모여든 것은 입다의 처지가 자기네와 방불했기 때문일 것입니다. 달리 갈 데가 없어서 입다에게 모인 것이겠죠. 예전에 거지들이 굴다리 밑에 모이듯이 말입니다.

그러던 어느 날 암몬 자손이 이스라엘을 쳐들어옵니다. 입다를 몰아낸 길르앗의 적자들이나 다른 유지들은 이 외적을 막아내지 못합니다. 다급해진 길르앗의 장로들이 방도를 구하다가 입다에게까지 찾아옵니다. 길르앗의 기득권자들이 책임을 다하지 못한 것이지요. 이런 사실로 미루어 입다는 아마 걸출한 인물이었던 것으로 보입니다.

입다를 찾아온 장로들은 "와서 우리의 지휘관이 되어주십시오. 그러면 우리가 암몬 사람을 막아낼 수 있을 것입니다"라고 요청합니다. 입다는 "나를 쫓아낼 때는 언제이고, 이제 와서 나와 상관없는 일에 나서달라고 하는가? 왜 내가 이 일에 책임을 져야 하는가?"라고 답합니다. 장로들이 다시 말합니다. "당신이 우리와 함께 가서 암몬 자손과 싸운다면 당신은 모든 길르앗 사람의 통치자가 될 것입니다." 입다가 다시 묻지요. "정말이오? 여호와께서 내게 승리를 주시면 당신들은 정녕 나를 통치자로 삼을 것이란 말이오?" 장로들은 다짐합니다. "여호와의 사심을 두고 맹세합니다. 그렇게 하겠습니다."

여호와의 이름을 내세우며 대화하는 것으로 보아 이들이 매우 깊은 신앙심을 가졌다고 생각하기 쉽지만 사실 그렇지 않습니다. 당시 이스라엘에는 여호와 신앙이 널리 퍼져 있었지만 이스라엘 사람들은 여호와 하나님이 어떤 분인지에 대해 깊이 이해하지 못했습니다. 이런 한계 때문에 그들은 자기네의 정체성을 제대로 이해할 수 없었습니다. 그래서 이 신앙을 제대로 누릴 줄도, 자기네에게 일어난 일을 신앙으로 어떻게 살아내야 할 줄도 몰랐던 것입니다.

장로들의 간곡한 요청을 받아들여 입다는 전투에 나섭니다. 그가 기꺼이 나설 수 있었던 것은 자신의 인생을 건달패와 어울려 다니면서 허비할 수는 없었기 때문일 것입니다. 기회는 주어졌고 선택의 여지는 없습니다. 그는 열심히 해서 이 일로 자기 인생을 반전시켜보고자 합니다. 그래서 서원하지요. 여호와께서 승리를 주신다면 암몬 자손을 이기고 무사히 돌아올 때에 먼저 자기를 맞으러 나오는 사람을 여호와께 바치겠다고 말입니다.

전투에 나간 입다는 승리합니다. 이 승리와 서원 간에 어떤 연관이 있는지는 좀 더 깊이 생각해야 할 주제입니다. 사실 입다가 한 서원은 의도와 내용이 서로 모순됩니다. 입다는 여호와의 이름을 부르며 진정성을 갖고 서원하지만 하나님이 요구하시지도 않은, 아니 하나님이 싫어하시는 내용이 서원에 들어 있습니다. 이 둘이 왜 모순되는지를 이해하기 위해 레위기 20장을 보겠습니다.

여호와께서 모세에게 말씀하여 이르시되 너는 이스라엘 자손에게 또 이르라 그가 이스라엘 자손이든지 이스라엘에 거류하는 거류민이든지 그의 자식을 몰렉에게 주면

반드시 죽이되 그 지방 사람이 돌로 칠 것이오 나도 그 사
람에게 진노하여 그를 그의 백성 중에서 끊으리니 이는
그가 그의 자식을 몰렉에게 주어서 내 성소를 더럽히고
내 성호를 욕되게 하였음이라 (레 20:1-3)

몰렉에게 자식을 바치는 자는 반드시 죽이라고 합니다. 몰렉은 당시 가나안 지방에 있었던 우상인데, 이 우상을 섬기는 방법은 자식을 불에 태워 제물로 바치는 것이었습니다. 하나님이 이런 짓을 하는 자를 절대 살려두지 말라고 하신 것은 가나안 원주민을 살려두지 말라고 하신 것과 일맥상통합니다.

나는 그런 하나님이 아니다, 나는 공포의 하나님이 아니다, 나는 부도덕하지 않으며 너희에게 이런 행위를 요구하여 그에 보상해주는 하나님이 아니다, 나는 은혜와 진리와 긍휼과 자비의 하나님이다, 그러니 몰렉에게 자식을 바치는 자는 절대 용납해서는 안 된다, 라는 말씀입니다. 그런데 입다가 이렇게 서원해 버린 것이죠.

누구든지 내 집 문에서 먼저 나를 맞으러 나오는 사람을 번제물로 드리겠습니다, 라니 이 얼마나 무서운 서원입니까? 그러나 이 서원의 내용이 얼마나 큰 죄인가를 생각하기에 앞서 이런 행위를 금하는 하나님이 어떤 분이신지를 먼저 생각해야 합니다. 여호와는 공포의 하나님이 아니다, 그는 자비로운 하나님이다,

그는 긍휼이 풍성하신 분이다, 이 얼마나 다행인가, 천만다행이다, 하는 생각이 먼저 들어야 합니다.

한편, 승리하고 돌아온 입다를 맞이한 것은 칭찬과 감사가 아니라 질시와 비난이었습니다. 에브라임 지파가 입다에게 덤벼듭니다. 에브라임은 대단히 큰 지파이고 나중에 북 왕국 이스라엘을 세운 우두머리 지파입니다. 이런 에브라임 지파에 비하면 길르앗은 조그마한 지방일 뿐입니다. 에브라임이 "너는 암몬 자손을 치러 건너갈 때에 왜 우리를 불러 같이 가지 않았느냐?"라고 따집니다. 이 시비에는 무슨 뜻이 담겨 있을까요?

에브라임은 막상 입다가 암몬과 싸울 때는 모른 척 방관하고 있다가 입다의 승리로 전투가 끝나자 시샘하는 것입니다. 자신들의 정치적 입지가 흔들릴까 봐 입다를 치러 온 것이지요. 에브라임은 "네가 우리를 부르지 않았으니 너와 네 집을 불태워버리겠다"라고 위협합니다. 사람을 불태우는 것은 몰렉에게 제사 지낼 때에나 하는 일인데 말입니다. 입다의 이야기에는 이처럼 힘께 있을 수 없는 일들이 한데 모여 있습니다. 모순으로 가득하지요. 그런데 이것은 우리의 현실이기도 합니다.

다 품으시는 하나님의 진정성

신자의 삶을 보면, 자신이 예수를 믿는 것인지 아닌지 스스로도 납득하기 어려울 때가 많습니다. 소원은 있으나 정체성은 빈약합니다. 간절한 소원과 정답을 되뇌면서도 막상 그렇게 살지는 못하여 자꾸 자책합니다. 이것이 우리의 현실입니다. 그런데 이보다 더 심한 내용이 입다의 이야기에 담겨 있습니다. 성경은 이 지점에서 우리에게 더 깊은 이해를 요구하는 것입니다. 시편 12편에 가봅시다. 무슨 이런 시가 시편에 들어 있을까 싶은 내용이 여기 등장합니다.

> 여호와여 도우소서 경건한 자가 끊어지며 충실한 자들이 인생 중에 없어지나이다 그들이 이웃에게 각기 거짓을 말함이여 아첨하는 입술과 두 마음으로 말하는도다 여호와께서 모든 아첨하는 입술과 자랑하는 혀를 끊으시리니 그들이 말하기를 우리의 혀가 이기리라 우리 입술은 우리 것이니 우리를 주관할 자 누구리오 함이로다
>
> (시 12:1-4)

시편의 시들은 전부 감동적이어서 읽으면 고개가 끄덕여지고 아멘과 할렐루야가 절로 나오는 내용을 담고 있을 것이라고 생각

하십니까? 신자의 인생은 언제나 그렇게 거룩하고 진실하고 감탄스럽고 평안할까요? 그렇지 않습니다. 명분은 그렇더라도 현실이 그렇지 않습니다.

1절을 보면 '경건한 자가 끊어지며 충실한 자들이 인생 중에 없어'진다고 합니다. 모두가 세상의 악에 전염되어 다 교만하여 자신을 힘으로 삼으며, 이기는 것 외에는 아무것도 받아들일 줄 모르는, 비열한 악당이 되어버린 세상을 한탄하고 있습니다. 하나님, 온 세상이 이런 자들로 충만합니다, 그들은 하나님이 없는 것같이, 자기들이 궁극적 권위이고 자기들이 쟁취한 승리야말로 진짜 행복이고 자랑인 것같이 떠들며 마음대로 살고 있습니다, 라고 탄식하는 시입니다.

그런데 이 시편을 곰곰이 읽으면 시인의 기도에는 이런 내용도 함께 담겨 있음을 알 수 있습니다. 하나님, 그러나 그럴 리 없습니다, 온 세상이 그런 자들로만 충만한 것은 아닙니다. 왜냐하면 저는 그리하지 못하기 때문입니다, 제가 악딩이 아니라거나 비열하지 않다는 뜻이 아닙니다, 저는 그럴 힘이 없습니다, 저는 비열할 수 있는 머리도 악당 짓을 할 담력도 없습니다, 그러면 저 같은 사람은 어떻게 되는 것입니까, 악인이 가득한 시대에 악당 노릇을 할 실력조차 없는 자들은 어떻게 되는 것입니까, 라고 묻고 있습니다. 이어서 5절을 봅시다.

> 여호와의 말씀에 가련한 자들의 눌림과 궁핍한 자들의
> 탄식으로 말미암아 내가 이제 일어나 그를 그가 원하는
> 안전한 지대에 두리라 하시도다 (시 12:5)

놀라운 반전이며 놀라운 약속입니다. 가련한 사람이 짓밟히고 가난한 사람이 부르짖으니, 하나님이 이제 일어나겠다고 하십니다. 그런데 이 말씀에 대한 시편 저자의 반응이 놀랍습니다. 6절입니다.

> 여호와의 말씀은 순결함이여 흙 도가니에 일곱 번 단련
> 한 은 같도다 (시 12:6)

여기서 말하는 순결함은 입다 같은 대책 없는 인생을 걸러내버리는 도덕적 무흠을 가리키지 않습니다. 이것은 하나님의 진정성, 어떤 인생도 품어내시는 하나님의 진정성을 의미합니다. 그러니 시인의 말을 풀어보면 이렇습니다. 하나님의 진정성은 얼마나 대단한가, 이 진정성은 우리 모두에게 진실한 해답이 되도다, 우리의 처지에 충분하도다, 우리의 인생을 구하는 일과 우리의 인생을 이해하는 일에 참으로 마땅하고 만족스럽고 놀랍도다, 마치 흙 도가니에 일곱 번 단련한 은과 같도다, 이렇게 노래하고 있습니다.

이것은 흙 도가니에 일곱 번 단련되는 시험을 받은 적이 없으며 낙심하거나 비명을 질러본 경험이 없는 사람들은 알 수 없는 진정성입니다. 그러니 쉽게 이야기하지 마십시오. 다른 사람의 인생에 시도 때도 없이 끼어들어 이래라 저래라 하며 훈수 두지 마십시오. 자기 인생 하나 살아내기도 버거운 인생입니다. 그렇게 버거워하는 인생들에게 내가 알고 있으니 낙심하지 말라고 하나님이 말씀하시는 것입니다. 여러분의 인생이 버겁더라도, 큰소리치고 잘난 척하는 사람들에게 지지 마십시오. 여러분의 인생을 포기하지 마십시오.

은혜 안에 있는 입다

입다가 바로 그런 존재입니다. 그는 억울합니다. 비통합니다. 아무리 길르앗의 통치자가 된다고 해도 자기 딸을 번제로 바쳐야 한다면, 그 마음에 무슨 즐거움과 감사가 있겠습니까? 그리고 이제 에브라임이 쳐들어옵니다. 입다는 얼마나 성질이 났는지 다 때려 쳐부수어버렸다고 합니다. 길르앗 사람들이 여기에 동참합니다. 그들은 무엇 때문에 입다와 함께 성질을 부렸을까요? 사사기 12장 4절에 가봅시다.

> 입다가 길르앗 사람을 다 모으고 에브라임과 싸웠으며 길르앗 사람들이 에브라임을 쳐서 무찔렀으니 이는 에브라임의 말이 너희 길르앗 사람은 본래 에브라임에서 도망한 자로서 에브라임과 므낫세 중에 있다 하였음이라
> (삿 12:4)

길르앗이 에브라임에게 들은 말이 무엇입니까? 너희는 본래 우리 중에서 쫓겨난 자들이야, 도망간 놈들이야, 너희는 실패한 자들이야, 이 얼마나 모욕적인 말입니까? 이 말에 입다와 길르앗 사람들이 있는 힘을 다해 달려들어 싸운 것입니다.

에브라임은 요단강 왼쪽에 있고 길르앗은 요단강 오른쪽에 있습니다. 이 싸움에서 길르앗 사람들은 에브라임보다 앞서 요단강 나루턱을 차지합니다. 강을 건너려면 배를 타야 하는데, 이 길목을 길르앗 사람들이 먼저 막고 선 것입니다. 거기서 도망치는 에브라임 사람들을 잡으려는 속셈인 것이지요. 강을 건너가게 해달라는 사람이 나타나면 그를 붙잡아 에브라임 사람이 아닌지를 묻지요. 에브라임 사람이 아니라고 하면 '쉽볼렛'이라는 단어를 발음해보게 합니다. 그 단어를 제대로 발음하지 못하고 '십볼렛'이라고 하면, 길르앗 사람들이 나루터에서 죽이지요. 왜 이렇게 죽이기까지 해야 하는 심각한 싸움이 된 것일까요? 에브라임의 도발에 성질이 나기도 하고, 스스로의 인생이 비통하기

도 해서 길르앗 사람도, 입다도, 이렇게까지 한 것입니다.

그런데 성경은 입다를 사사로 소개하여 그의 행적을 기록하고 있습니다. 더 나아가 히브리서 11장에는 위대한 믿음의 선조에 입다의 이름이 들어가 있기까지 합니다. 정작 입다 자신은 자기 인생을 납득하지도 자랑하지도 못했을 텐데 말입니다. 그러나 이런 인생을 살아간 사람도 있으니 우리에게 위로가 되는 것입니다. 하나님이 여기까지, 이런 인생까지 당신의 품에 안고 계시다고 성경에 기록해놓은 것입니다. 이런 처지, 이런 인생도 헛되지 않으며 하나님의 은혜 안에 있다고 입다의 인생이 증언해주고 있습니다. 고린도전서 1장에 가봅시다.

> 십자가의 도가 멸망하는 자들에게는 미련한 것이요 구원을 받는 우리에게는 하나님의 능력이라 기록된 바 내가 지혜 있는 자들의 지혜를 멸하고 총명한 자들의 총명을 폐하리라 하였으니 지혜 있는 자가 어디 있느냐 선비가 어디 있느냐 이 세대에 변론가가 어디 있느냐 하나님께서 이 세상의 지혜를 미련하게 하신 것이 아니냐 하나님의 지혜에 있어서는 이 세상이 자기 지혜로 하나님을 알지 못하므로 하나님께서 전도의 미련한 것으로 믿는 자들을 구원하시기를 기뻐하셨도다 (고전 1:18-21)

반복해서 나오는 단어가 있습니다. 바로 '미련함'입니다. 18절을 보면, 십자가의 도가 멸망하는 자들에게는 미련한 것이라고 합니다. 20절을 보면, 하나님께서 이 세상의 지혜를 미련하게 하셨다고 하고, 21절에서는 하나님께서 전도의 미련한 것으로 구원하기를 기뻐하신다고 말씀합니다.

흔히 '미련함'이라고 하면 똑똑하지 못한 것을 떠올립니다. 그러나 초대교회에서 이야기하는 '미련함'은 '말이 되지 않는 것'이라는 뜻입니다. 십자가의 도는 미련한 것, 곧 말이 되지 않는 것입니다. 그러나 하나님의 구원이 이 십자가로 이루어집니다. 놀라운 반전이지요.

하나님은 후회스럽고 억울하고 낙심되고 절망뿐인 여러분의 인생에 반전이 있다고 하십니다. 잘살고 힘 있어서 모두가 납득하는 인생을 사는 것, 그렇게 여러분 생각에 성공한 인생을 사는 것을 전부로 여기도록 놔두지 않겠다고 하십니다. 여러분의 인생을 그것으로 끝나게 하지 않겠다고 하십니다.

이 세상이 주는 것 때문에 늘 평안하다고 말하는 사람들은 다 사기꾼입니다. 여러분이 부러워하는 지위와 부를 가진 사람들에게 물어보십시오. 인생이 평안하다고 대답하는 사람은 아무도 없습니다. 이 세상의 것으로는 영혼의 평안을 얻을 수 없기 때문입니다. 성공해보십시오. 성공과 지위를 가지면 책임이 생길 뿐 자랑할 틈이 없습니다. 자랑하는 건 바보들뿐이죠. 명예도 다 짐이 될 뿐입니다. 성공이나 지혜나 명예를 누리게 되는 자리는 책임이 주어지는 곳이지 권리가 주어지는 곳이 아닙니다.

답이 있는 인생은 없습니다. 평생을 현실에 시달리며 겁내고 전전긍긍하고 사는 것이 우리 모두의 인생입니다. 아닌 척하며 살 뿐입니다. 그러니 '저 사람에게는 답이 있나 보다'라고 생각한다면, 그것은 성경을 읽을 줄 모르는 것입니다.

성경은 인생의 진실을 고발하고 있습니다. 또한 하나님의 진정성을 우리에게 소개하고 있습니다. 그러니 여러분 각자가 성경 앞에 서서 대답하십시오. 이 진실 앞에 대답해야 합니다.

십자가 안에 있는 인생

십자가의 도는 믿지 않는 자들에게는 미련한 것입니다. 말이 안 되는 것입니다. 인간을 구원하기 위하여 왔다는 신이 구원하려는 대상인 인간들의 손에 죽는데, 이것이 어찌 구원이라는 말입니까? 말이 안 되지 않습니까? 구원자는 우리보다 훨씬 더 세야 할 것 아닙니까? 지위와 권세와 능력과 형편에서 더 우위에 있어야 할 것 아닙니까?

그러나 예수는 죽습니다. 우리가 그를 죽입니다. 그런데 거기서 구원이 일어납니다. 이것이 바로 십자가입니다. '전도의 미련한 것'이란 무엇일까요? 전도는 방송에 나와 증언하고 유명 인사가 설득력 있게 설명해주며 또 어떤 기적을 보여주는 것이 아닙니다. 자기 인생 하나도 어찌할 바를 몰라서 헤매는, 이 아무것도 아닌 못난 우리로 하나님은 당신이 누구신가를 증명하시며 당신 나라의 백성들을 낳으신다고 합니다. 이러니 얼마나 말이 안 됩니까? 이것이 '전도의 미련한 것'입니다.

그러니 여러분, 교회가 욕먹는 것을 제발 겁내지 마십시오. 세상의 눈을 의식하여 우리 교회가 빨리 훌륭해져야 한다고 조바심내지도 마십시오. 각자의 인생을 잘 사십시오. 어떻게 살아야 할까요? 울며 사십시오. 하나님이 이 눈물을 변하게 하여 찬송이 되게 하실 것이라고 약속하셨습니다.

우리는 하나님 앞에 탄식합니다. 하나님, 세상은 온통 죄인들로 가득하고 우리는 설 자리마저 없습니다, 그러나 세상을 따라 살기에는 우리가 너무 소심합니다, 연약합니다, 하나님, 대체 어디에 가야 쉴 자리와 안심을 얻을 수 있을까요, 라고 말이지요. 우리의 이 질문에 하나님이 답하십니다. 걱정 말아라, 내가 너희를 위하여 일어나리라, 너희를 구원하리라고 말씀하십니다. 이 약속이 십자가요, 그 완성이 십자가입니다. 여러분의 삶은 하나님의 지혜와 능력인 신비한 십자가 안에 있습니다.

사사 입다의 이야기를 읽고 편한 결론을 빨리 내리려고 하지 마십시오. 옛날에도 이렇게 죽을 것 같은 인생을 산 사람이 있었구나, 지금 이 꼴이 나만 그런 것이 아니었구나, 이 현실이 나에게만 그런 것이 아니었구나, 나만 예외인 것도 나만 잘못한 것도 아니었구나, 나에게도 길이 있구나, 희망이 있구나, 이렇게 깨달으라고 여기 입다가 등장한 것입니다. 이 일을 위해서 사사기가 성경에 기록되어 있는 것입니다.

그러니 우리의 한숨과 자신을 아무것도 아닌 존재라고 생각하게 하는 일들로 하나님이 일하고 계신다는 것을 알지 못하면, 인생은 다만 죽어나는 일일 것입니다. 하나님이 우리를 놓아버리시는 일은 없습니다. 그러나 이를 모르기에 우리에게는 감사함과 넉넉함이 없는 것입니다. 하나님은 우리 인생을 그렇게 끝내지 않으십니다. 결국 우리로 하나님의 일하심을 알게 하실 것입니다. 그래서 이런 현실 속에서도 감사함과 넉넉함이 생길 것입니다. 이것이 예수 믿는 일의 진실입니다.

이 죽어나는 인생을 왜 반복해야 합니까, 라는 질문에 하나님께서는 걱정하지 말아라, 너희는 이길 수밖에 없다, 그러니 네 인생을 명예와 영광의 기회로 가져라, 이렇게 말씀하십니다. 이 말씀을 힘입어 여러분의 인생을 명예와 영광의 기회로 삼기 바랍니다. 욥기 1장에 가봅시다.

> 하루는 하나님의 아들들이 와서 여호와 앞에 섰고 사탄도 그들 가운데에 온지라 여호와께서 사탄에게 이르시되

네가 어디서 왔느냐 사탄이 여호와께 대답하여 이르되 땅을 두루 돌아 여기저기 다녀왔나이다 여호와께서 사탄에게 이르시되 네가 내 종 욥을 주의하여 보았느냐 그와 같이 온전하고 정직하여 하나님을 경외하며 악에서 떠난 자는 세상에 없느니라 사탄이 여호와께 대답하여 이르되 욥이 어찌 까닭 없이 하나님을 경외하리이까 주께서 그와 그의 집과 그의 모든 소유물을 울타리로 두르심 때문이 아니니이까 주께서 그의 손으로 하는 바를 복되게 하사 그의 소유물이 땅에 넘치게 하셨음이니이다 이제 주의 손을 펴서 그의 모든 소유물을 치소서 그리하시면 틀림없이 주를 향하여 욕하지 않겠나이까 여호와께서 사탄에게 이르시되 내가 그의 소유물을 다 네 손에 맡기노라 다만 그의 몸에는 네 손을 대지 말지니라 사탄이 곧 여호와 앞에서 물러가니라 (욥 1:6-12)

욥기의 시작은 이렇습니다. 사탄이 하나님 앞에 나옵니다. 하나님이 "너는 왜 그 모양이냐?"라고 하자, 사탄이 "제가 왜 이 모양이겠습니까? 저한테 잘해주지 않으시니 그렇죠"라고 불만을 터트립니다. 그러자 하나님이 욥을 보라고 하십니다. 사탄은 반발합니다. "하나님이 욥한테는 잘해주시니까 욥도 하나님한테 잘할 수밖에 없지요." 그러자 하나님이 사탄에게 이렇게 응수하십니다. "과연 그럴까? 그럼 그동안 내가 욥한테 잘해주었던 것을 다 끊으면 욥이 어떻게 나오는가 보자. 너는 나와 내기하자." 이렇게 시작한 것이 욥의 이야기입니다.

하나님과 사탄이 한 내기에 아무것도 모르고 욥이 걸려들었으니 그는 억울한 지위에 놓이게 된 것일까요? 그렇지 않습니다. 오히려 욥은 명예로운 지위에 놓이게 되었습니다. 하나님이 당신의 명예를 욥의 인생과 존재에 거셨습니다. 이것이야말로 가장 명예로운 대우가 아닐까요.

하나님이 우리의 존재와 인생에 당신의 명예를 거셨습니다. 우리가 진다면 하나님도 패배하실까요? 그렇지 않습니다. 욥기가 이를 말해주고 있습니다. 욥처럼 우리도 이 인생을 지나며 흙 도가니에 일곱 번 단련한 은같이 된다는 사실을 알게 될 것입니다. 하나님이 누구시며 인생이 무엇이며 내가 누구인가를 알아 우리의 참된 정체성을 발견하고 그 내용을 채워 영광스럽게 될 것입니다. 이것이 예수 믿는 것입니다. 쓸모 있는 존재가 되는 것이 우리의 목표가 아닙니다. 그러니 걱정하지 마십시오. 하나님이 목적하시는 것은 여러분 자신입니다. 여러분의 인생을 당신의 능력과 지혜로 인도하고 계십니다. 이를 이해하고 기억하여 감사와 자랑을 누리기 바랍니다.

기도

하나님 아버지, 은혜를 감사합니다. 우리는 그저 오늘만 살고 말았으면 좋겠다는 비명만 밤낮 지르는 인생입니다. 이런 우리를 하나님이 복되게 하셨고 영광되게 하셨다고 하나님의 말씀으로 확인하게 하시니 감사합니다.

하나님, 우리는 세상의 것들로는 답이 되지 않는 존재입니다. 세상의 것들이 정말 헛되다는 것과 인생이 하나같이 낡고 부끄럽다는 사실을 우리 주변에서 실컷 보고 있습니다.

오직 하나님께만 답이 있습니다. 하나님, 은혜 위에 은혜를 더하셔서 우리가 하나님의 영광 아래 사는 인생인 줄 알게 하옵소서. 쓸데없는 것 달라고 바라지 않고 하나님의 진실하심과 복되심에 내 인생을 묶어달라고 기도하게 하옵소서. 그리고 살아내게 하옵소서. 예수님 이름으로 기도합니다. 아멘.

Chapter 14

삼손[1] _
한심한
그리고
위대한

10 삼손의 아버지가 여자에게로 내려가매 삼손이 거기서 잔치를 베풀었으니 청년들은 이렇게 행하는 풍속이 있음이더라 **11** 무리가 삼손을 보고 삼십 명을 데려와서 친구를 삼아 그와 함께 하게 한지라 **12** 삼손이 그들에게 이르되 이제 내가 너희에게 수수께끼를 내리니 잔치하는 이레 동안에 너희가 그것을 풀어 내게 말하면 내가 베옷 삼십 벌과 겉옷 삼십 벌을 너희에게 주리라 **13** 그러나 그것을 능히 내게 말하지 못하면 너희가 내게 베옷 삼십 벌과 겉옷 삼십 벌을 줄지니라 하니 그들이 이르되 네가 수수께끼를 내면 우리가 그것을 들으리라 하매 **14** 삼손이 그들에게 이르되 먹는 자에게서 먹는 것이 나오고 강한 자에게서 단 것이 나왔느니라 하니라 그들이 사흘이 되도록 수수께끼를 풀지 못하였더라 (삿 14:10-14)

한심한 사사, 삼손

삼손은 잘 알려진 인물입니다. 사사 중에서도 제일 유명하지요. 히브리서 11장에 기록된 위대한 믿음의 선조들 명단에도 그의 이름이 등장합니다. 그것만 보면 삼손은 대단한 사람처럼 보입니다. 그러나 사사기에서 만나는 삼손은 둘째가라면 서러울 만큼 한심해 보입니다. 모든 것을 가졌으나 그 모든 것을 그저 허비한 사람에 불과하기 때문입니다.

성경은 삼손의 출생 기사를 자세히 소개하고 있습니다. 사사기 13장 전체가 그의 출생을 다루고 있지요. 성경에서 출생 기사가 소개된 인물은 몇 안 됩니다. 구약에서는 야곱, 모세, 삼손 정도이고 신약에서는 세례 요한과 예수님뿐입니다. 야곱의 경우에는 그가 형의 발뒤꿈치를 잡고 태어났다는 정도만 소개되어 있지요. 우리가 훌륭하다고 여기는 아브라함이나 다윗마저도 그 출생 기사가 성경에 따로 나와 있지 않습니다. 바울도 마찬가지입니다. 이에 비하면 삼손은 처음부터 얼마나 많은 것을 받고 태어난 사람인지 성경은 그의 출생 기사를 통해 보여주고 있습니다.

여기서 잠깐 삼손의 출생 기사를 살펴봅시다. 소라 땅에 거주하는 단 지파 중에 마노아라는 사람이 있었는데, 그의 아내는 아이를 낳을 수 없는 여자였습니다. 그런데 어느 날 여호와의 사자가 마노아의 아내에게 찾아와 그가 아들을 낳게 될 것이라고 예언합니다. 이 예언과 함께 이제 아이를 갖게 될 여인에게 포도주나 독주를 마셔서도, 부정한 어떤 것을 먹어서도 안 된다는 주의를 줍니다. 잉태하게 될 아이는 모태에서부터 나실인이기 때문입니다. 이 아이가 바로 삼손입니다.

삼손은 '태양의 사람'이라는 뜻을 지닌 이름입니다. 이름이 가리키듯, 삼손은 강한 자입니다. 그는 힘이 아주 세어 하고 싶은 것은 무엇이든 다 할 수 있는 강한 능력을 지녔지요. 그런 삼손이 얼마나 허망한 삶을 살았는지 보여주는 세 가지 사건이 소개되는데 모두 다 여인과 관계있습니다. 딤나의 여인, 가사의 기생, 블레셋의 들릴라, 이렇게 세 여인에게 끌려다니느라 삼손은 자신의 삶을 다 망가트립니다. 그는 한 나라의 사사인데도 자신이 받은 많은 은사를 제대로 사용해보지 못합니다. 자신의 정체성과 책임을 한번도 의식하지 못한 것이지요.

그래서 우리는 이런 궁금증을 갖게 됩니다. 성경이 삼손의 이야기를 기록으로 남겨둔 이유는 무엇일까, 그리고 또 왜 하필 이런 방식으로 기술하였을까, 묻게 되지요. 사사기 전체가 그렇듯, 삼손에 대한 이야기도 감정이 배제된 채 담담한 어조로 기록되어 있습니다. 변명하지도 교훈하지도 않으며 마치 남 이야기 하듯 냉정하게 삼손의 인생을 펼쳐 놓습니다. 여기에 깊은 뜻과 유익이 담겨 있습니다. 바로 오늘 우리가 발견하게 되는 내용입니다.

삼손의 생애를 이해하기 위해서는 오늘 본문의 수수께끼를 주의해서 보아야 합니다. 삼손의 생애를 이해할 수 있는 좋은 실마리가 있기 때문입니다.

당시는 블레셋이 이스라엘을 다스리던 때였습니다. 삼손이 딤나에 있는 한 블레셋 여인을 보고 반합니다. 삼손은 그 여인과 결혼하게 해달라며 부모에게 조르지만 부모는 반대하지요. 그러나 삼손의 완강한 고집에 못 이겨 마침내 그의 부모는 결혼을 허락하기에 이릅니다.

이제 삼손은 부모와 함께 딤나로 내려가는데 한 포도원을 지나가다 사자를 만납니다. 젊은 사자가 삼손에게 달려들지요. 그러나 삼손은 새끼 염소를 찢듯이 사자를 손쉽게 죽입니다. 얼마 후 삼손은 블레셋 여인을 아내로 맞이하려고 그 포도원을 다시 지나가는데, 자기가 죽인 사자의 주검에 벌 떼가 모여들고 여기에 꿀이 고인 것을 봅니다. 삼손은 손으로 그 꿀을 떠먹은 후 부모에게도 갖다 줍니다. 하지만 그 꿀이 죽은 사자의 몸에서 나왔다는 사실은 말하지 않습니다. 죽은 사자의 몸에서 꿀이 나온 것은 삼손의 사건을 이해하는 데 중요한 실마리가 됩니다.

그 후 삼손은 당시 혼인 풍습에 따라 신부인 블레셋 여자의 집에 내려가서 잔치를 베풉니다. 블레셋 사람들은 삼손을 보자 젊은이 삼십 명을 데려다가 그와 한자리에 앉게 합니다. 삼손은 이 사람들과 재미삼아 내기를 합니다. 내가 수수께끼를 하나 내겠다, 잔치가 계속되는 이레 동안에 이 수수께끼를 풀면 내가 당신들에게 각각 베옷 한 벌과 겉옷 한 벌씩을 줄 것이다, 그러나 당신들이 풀지 못하면 나에게 베옷 삼십 벌과 겉옷 삼십 벌을 주어야 한다, 내가 내려는 수수께끼는 이것이다, 먹는 자에게서 먹는 것이 나오고 강한 자에게서 단 것이 나왔다, 이것이 무엇인지 맞춰봐라. 배짱도 두둑하게 삼십 대 일로 내기를 건 것입니다. 이 수수께끼는 아무도 풀지 못할 것이라는 자신감이 삼손에게 있던 것이지요. 잔치에 참석한 서른 명 중 누구도 이 수수께끼를 풀지 못합니다. 당연합니다.

이레째가 되자, 내기에 응했던 사람들이 삼손의 아내를 협박하기 시작합니다. 너는 우리로 손해를 보게 하려고 초대한 것이냐, 네 남편에게서 답을 알아내어 우리에게 알려주지 않으면 너와 네 친정을 불살라버릴 것이다, 이 일로 너희 집안과 우리 민족이 손해보면 좋겠냐, 너는 대체 누구 편이냐, 하면서 들들 볶습니다. 삼손의 아내는 울면서 남편을 채근합니다. 할 수 없이 삼손은 수수께끼의 답을 말하고 말지요. 이 해답이 블레셋 사람들에게 전해지고 내기에 응한 사람들은 삼손에게 정답을 말합니다. "무엇이 꿀보다 달겠으며 무엇이 사자보다 강하겠느냐"라고 말이지요.

이 이야기는 삼손이 결코 진지한 사람이 아니라는 사실을 시사해줍니다. 그러니 그가 이 수수께끼를 낼 때에도 어떤 깊은 의

도가 있었던 것은 아닙니다. 이 점을 기억하기 바랍니다. 삼손이 어떤 심오한 의도에서 이 수수께끼를 냈다고 생각하면, 사사기가 말하지 않은 것에 주목하는 실수를 범하게 됩니다.

그저 삼손은 있을 수 없는 일, 일어날 수 없는 일을 본 것뿐입니다. 삼손이 본 것은 사자가 죽었는데 거기에 벌들이 모여들어 꿀이 나오는 광경입니다. 그런 일은 잘 일어나지 않는 법인데, 어찌 된 일인지 삼손의 눈앞에서 펼쳐졌습니다. 그래서 삼손이 그 꿀을 떠먹은 것이지요. 그는 이 일을 부모에게 말하지 않았습니다. 무슨 그런 말도 안 되는 소리를 하느냐는 이야기를 들을까 봐 조용히 있었던 것일지도 모릅니다. 있을 수 없는 일을 수수께끼로 내면 누가 풀 수 있겠습니까? 있을 수 없는 일, 일어날 수 없는 일이 실제로 일어난 것, 이것이 바로 삼손의 생애인 것입니다.

삼손이 낸 수수께끼에서 보듯, 그의 생애는 한심합니다. 그 수수께끼의 내용이 '뭐 이런 일이 다 있어?'인 것처럼, 그의 삶 역시 마찬가지입니다. 이런 일은 있을 수 없습니다. 그래서 삼손이 그걸 수수께끼로 낸 것입니다.

그런데 이 장면은 우리에게 더 깊은 생각을 하게 합니다. 삼손의 경박한 행동과 그의 한심한 삶을 보면서 어떻게 사람이 이럴 수 있을까, 이처럼 많은 것을 받아 누린 사람이 이렇게까지 한심할 수 있단 말인가, 하는 질문에 이르게 됩니다. 성경은 왜 이런 이야기를 기록하고 있을까요?

말이 안되는 인생, 말이 안되는 은혜

삼손의 생애와 같이 이게 무슨 일일까 싶은 사건의 대표적 예가 신약에 나옵니다. 사도행전 2장으로 가봅시다. 오순절 성령 강림으로 말미암아 초대교회에 일어난 소동이 소개되어 있습니다. 사람들이 이게 뭔가, 하며 어리둥절하는데 베드로가 성령 강림의 의미를 설명합니다. 성령이 오셨다, 이것은 성경에 기록된 약속의 성취이다, 요엘 선지자의 예언이 이루어진 것이다, 예수는 부활하셨고 그의 구원은 완성되었다, 이렇게 이야기하고 있습니다.

> 이스라엘 사람들아 이 말을 들으라 너희도 아는 바와 같이 하나님께서 나사렛 예수로 큰 권능과 기사와 표적을 너희 가운데서 베푸사 너희 앞에서 그를 증언하셨느니라 그가 하나님께서 정하신 뜻과 미리 아신 대로 내준 바 되었거늘 너희가 법 없는 자들의 손을 빌려 못 박아 죽였으나 하나님께서 그를 사망의 고통에서 풀어 살리셨으니 이는 그가 사망에 매여 있을 수 없었음이라 (행 2:22-24)

하나님이 우리를 위해 보낸 메시아를 우리가 죽입니다. 그러나 우리가 죽인 그 메시아는 다시 살아납니다. 메시아가 다시 살아나서 한 일은 당신을 죽인 우리에 대한 보복이 아니라 죄로부터의 구원입니다. 도리어 구원을 베푸신 것입니다. 이러한 일련의 사건들은 전후 연결이 자연스럽지 않습니다. 발생한 결과를 야기할 원인이나 조건이 없는데, 일이 이루어졌기 때문입니다. 아니, 오히려 발생한 결과와 반대되는 결말을 야기할 조건밖에 없습니다. 그런데 이런 일들로는 절대 일어날 수 없는 일들이 뒤따른 것입니다. 사건의 앞뒤가 잘 연결되지 않습니다.

그런데 이 일이 정말 일어났다는 사실을 어떻게 확인할 수 있습니까? 여러분이 예수를 믿고 있는 것으로 확인됩니다. 비록 논리적으로 자연스럽게 설명할 수 없더라도 이것은 엄연한 사실입니다. 말이 안 되는 일이 벌어진 것입니다. 메시아가 온다면, 그는 우리를 장악하는 강한 자여야 마땅합니다. 그런데 메시아가 오셔서 오히려 우리 손에 죽습니다. 우리가 이 구원자를 죽인 것입니다. 우리를 구원할 자가 죽어버렸으니 구원이 이루어질 리 없고, 우리는 그를 죽인 자들이니 우리가 대접을 받을 수는 없을 것입니다. 그런데 우리가 구원을 입습니다. 말이 안 됩니다. 먹어치워버리는 강한 자인 사자가 죽었는데 오히려 그에게서 단 꿀이 나오듯, 말이 안 되는 일입니다. 그러나 이런 일이 우리에게 벌어졌습니다. 고린도전서 1장에 가봅시다.

십자가의 도가 멸망하는 자들에게는 미련한 것이요 구원을 받는 우리에게는 하나님의 능력이라 기록된 바 내가

> 지혜 있는 자들의 지혜를 멸하고 총명한 자들의 총명을
> 폐하리라 하였으니 지혜 있는 자가 어디 있느냐 선비가
> 어디 있느냐 이 세대에 변론가가 어디 있느냐 하나님께
> 서 이 세상의 지혜를 미련하게 하신 것이 아니냐 하나님
> 의 지혜에 있어서는 이 세상이 자기 지혜로 하나님을 알
> 지 못하므로 하나님께서 전도의 미련한 것으로 믿는 자
> 들을 구원하시기를 기뻐하셨도다 (고전 1:18-21)

십자가의 도는 멸망하는 자들에게 미련한 것이라고 합니다. 초대교회 당시의 헬라 사상에서 '미련하다'는 것은 '말이 안 된다'는 뜻입니다. 십자가는 말이 안 되는 것입니다. 구원자라면 구원받아야 할 자들보다 더 많은 능력과 더 높은 지위를 가지고 와야 할 것 아닙니까? 그런데 구원하러 온 자가 구원받아야 하는 자들 속에 들어와 수치와 모욕과 폭력 속에, 그들의 손에 죽어갑니다. 이것이 어찌 구원의 방법일 수 있습니까? 말이 안 됩니다. 그러니 십자가의 도는 멸망하는 자들에게 미련한 것입니다.

그러나 여기에 하나님의 능력이 담겨 있습니다. 이 능력은 세상이 알 수 없는 것이나, 구원받은 이들에게는 하나님의 능력입니다. 그래서 하나님은 복음을 세상의 지혜가 아닌 전도의 미련한 것으로 전하셨습니다. 세상의 지혜로는 알지 못할 일을 말이 안 되는 방법으로 전하기로 하셨다는 말입니다.

전도는 어떻게 하는 것일까요? 우리가 믿고 있다는 바로 이 사실이 복음의 능력에 대한 증거입니다. 우리 자신이 증거가 되는 것이지요. 우리는 구원을 논리적으로 다 설명할 수는 없습니다. 우리가 논리적으로 잘 설명하려 할수록, 듣는 사람들이 "네 말은 모순이야. 그건 말이 안 돼"라고 합니다.

그럼에도 복음을 전하는 강력한 증거는 이런 것입니다. 정신이 멀쩡한 내 고등학교 동창이, 언제나 말이 통하던 그 친구가 어느 날부터 열심히 예수 믿으라고 아우성을 치는 것입니다. 왜 그렇게 되었을까요? 그에게 일어난 사실 때문입니다. 이것이 전도의 미련한 것입니다.

삼손과 방불한 우리

이 지점에서 우리는 삼손의 생애에서 보는 이 말도 안 되는 일을 성경이 왜 그렇게 상세히 소개하는지 생각해보아야 합니다. 삼손의 생애에서 일어난 일은 비단 삼손 한 사람에게만 해당하는 일이 아니고 우리 생애에서도 반복하여 일어나는 일이기 때문입니다. 삼손의 한심한 생애는 바로 우리의 생애이기도 합니다.

삼손이 하나님의 약속 속에 잉태된 나실인이라면, 신자인 우리는 예수 그리스도를 만나 하나님의 약속 속에 있는 사람들입니다. 예수를 만난 경우와 정황은 각각 다르고 감동의 경험도 서로 다르지만, 예수를 만난 것만은 사실입니다. 그래서 신자가 되었지요. 우리가 예수를 만난 것은 너무나 분명합니다. 그러나 그 이후의 삶은 삼손과 같습니다. 삼손처럼 삽니다. 복음을 알고 난 후에도 한심하게 살고 있으니 어쩌면 사실 삼손 정도에도 못 미칩니다. 전에는 가진 것 없이 한심했다면 지금은 가지고도 한심합니다. 대체 이런 인생이 뭘까 싶습니다. 삼손 같은 인생은 무엇일까요?

삼손은 어떤 존재인가, 그는 어째서 히브리서 11장의 위대한 믿음의 선조 명단에 올라가 있는가, 이 문제를 여기서 풀어야 합니다. 사도행전 2장으로 가봅시다.

이스라엘 사람들아 이 말을 들으라 너희도 아는 바와 같이 하나님께서 나사렛 예수로 큰 권능과 기사와 표적을 너희 가운데서 베푸사 너희 앞에서 그를 증언하셨느니라 그가 하나님께서 정하신 뜻과 미리 아신 대로 내준 바 되었거늘 너희가 법 없는 자들의 손을 빌려 못 박아 죽였으나 하나님께서 그를 사망의 고통에서 풀어 살리셨으니 이는 그가 사망에 매여 있을 수 없었음이라 다윗이 그를 가리켜 이르되 내가 항상 내 앞에 계신 주를 뵈었음이여 나로 요동하지 않게 하기 위하여 그가 내 우편에 계시도다 그러므로 내 마음이 기뻐하였고 내 혀도 즐거워하였으며 육체도 희망에 거하리니 이는 내 영혼을 음부에 버리지 아니하시며 주의 거룩한 자로 썩음을 당하지 않게 하실 것임이로다 주께서 생명의 길을 내게 보이셨으니 주 앞에서 내게 기쁨이 충만하게 하시리로다 (행 2:22-28)

베드로는 오순절 설교에서 다윗의 찬송이 들어 있는 시편 16편을 인용하고 있습니다. '내가 항상 내 앞에 계신 주를 뵈었음이여 나로 요동하지 않게 하기 위하여 그가 내 우편에 계시도다'라는 말씀은 자신이 한심한 존재라는 것을 잘 알고 있는 다윗의 고백입니다. '나로 요동하지 않게 하기 위하여 그가 내 우편에 계시도다.' 내가 요동하는 인생인 것을 잘 아시는 주님께서 매일 내 옆에 계신다는 것입니다. 그러니 괜찮다는 고백이지요.

이 한심함을 윤리 도덕적 차원으로 생각하지 마십시오. 인간은 자기가 소원하는 대로 살지 못하는 존재입니다. 설령 아무리 기특한 소원을 가졌더라도 그 기특한 생각조차 오래 지속하지 못하는 존재입니다. 그래서 정신을 차리고 보면 이게 뭔가 싶은 인생을 살고 있는 자신을 발견합니다. 삶의 모든 정황과 소원이 만만치 않습니다. 그리고 무엇보다 우리 스스로가 자기 자신을 괴롭힙니다. 다윗도 그런 인생을 살았던 것입니다.

삼손은 우리보다 좀 더 좋은 조건을 많이 갖춘 사람이라서 그의 한심함과 허망함이 더 두드러져 보일 뿐입니다. 우리는 삼손처럼 좋은 조건이 없기에 삼손만큼 크게 한심해 보이지 않을 뿐입니다. 우리는 자기 자신이 그리 크게는 잘못하지 않았다고 생각할지 모르나, 한심한 인생을 사는 점에서는 삼손과 마찬가지입니다. 우리는 모두 다 한심한 인생들입니다.

삼손의 한심한 인생에서 하나님의 일이 이루어진 것처럼, 메시아를 대적하던 우리에게서 구원이 열매 맺습니다. 삼손의 생애에 이해할 수 없는 일이 일어나듯이, 우리에게도 이해할 수 없는 예수의 구원이 열매 맺힌 것입니다. 삼손의 한심한 인생을 하나님의 일하심이 삼켜버렸듯이, 그리스도의 구원이 우리의 한심한 인생을 덮는 일이 지금도 일어나고 있습니다.

우리의 한심한 인생을 하나님의 일하심이 덮고 품어낸 사실을 모르면, 교회는 잘난 사람들의 모임에 불과하게 됩니다. 그러나 예수의 구원이 삼손처럼 말이 안 되는 우리의 인생을 덮었습니다. 그 모든 좋은 조건에도 불구하고 자신을 망쳐버린 이 말이 안 되는 삼손 같은 우리의 인생을 말입니다. 더 말이 안 되는 능력으로 덮은 것입니다. 삼손의 능력이 너무 한심해서 말이 안 되는 것이라면, 예수의 능력은 그 은혜와 긍휼을 측량할 수 없어 말이 안 되는 능력입니다.

성경은 하나님을 문제 해결사로 소개하고 있지 않습니다. 하나님은 자비롭고 은혜롭고 노하기를 더디 하며 인자와 진실이 풍성하신 분으로 소개됩니다. 그런 하나님이시기에 이 한심한 인생들을 덮어내시는 것입니다. 이것을 보여주기 위해 삼손의 생애를 기록한 것입니다. 이것이 사사기를 기록한 의의이며, 사사기가 가진 가치입니다.

사사기는 온갖 못난 인생들을 하나님 안에 담아내고 있습니다. 그 못난 인생들을 비난하라고 사사기를 기록한 것이 아닙니다. 그런 삶에도 하나님이 얼마나 많은 것을 담으시는가를 보여주기 위해 역사로 남긴 것입니다. 너희보다 더 한심한 사람들, 너희보다 더 엇나간 사람들도 하나님이 품으셨는데 하물며 너희일까 보냐, 이렇게 사사기는 증언하고 있는 것입니다. 그래서 저들의 못난 것을 담담히 서술하고 있습니다. 우리는 이런 자리까지 내려간 존재들이다, 그런데 그 자리까지 전부 하나님이 당신의 팔 안에, 당신의 품속에 품으신 자리였다, 이렇게 사사기의 인물들이 그들의 삶을 통해 증언하고 있는 것입니다.

우리에게 베푸신 말이 안 되는 은혜

그러므로 우리는 이런 말이 안 되는 하나님의 진실, 은혜와 긍휼과 기적으로밖에는 설명할 수 없는 그분의 진실을 놓쳐서는 안 됩니다. 로마서 4장에 가봅시다.

기록된 바 내가 너를 많은 민족의 조상으로 세웠다 하심과 같으니 그가 믿은 바 하나님은 죽은 자를 살리시며 없는 것을 있는 것으로 부르시는 이시니라 아브라함이 바랄 수 없는 중에 바라고 믿었으니 이는 네 후손이 이같으리라 하신 말씀대로 많은 민족의 조상이 되게 하려 하심이라 그가 백 세나 되어 자기 몸이 죽은 것 같고 사라의 태가 죽은 것 같음을 알고도 믿음이 약하여지지 아니하고 믿음이 없어 하나님의 약속을 의심하지 않고 믿음으로 견고하여져서 하나님께 영광을 돌리며 약속하신 그것을 또한 능히 이루실 줄을 확신하였으니 그러므로 그것이 그에게 의로 여겨졌느니라 그에게 의로 여겨졌다 기록된 것은 아브라함만 위한 것이 아니요 의로 여기심을 받을 우리도 위함이니 곧 예수 우리 주를 죽은 자 가운데서 살리신 이를 믿는 자니라 예수는 우리가 범죄한 것 때문에 내줌이 되고 또한 우리를 의롭다 하시기 위하여 살아나셨느니라 (롬 4:17-25)

하나님의 일하심의 의지와 목적과 최고의 능력이 창조와 부활에서 나타났다, 그런 하나님이 우리 인생과 함께하신다, 그러니 세상의 그 어떤 것도 우리를 낙심하게 하거나 포기하게 할 수 없다, 라고 17절은 전합니다.

여기서 믿음은 '보상이 아닌 것'을 뜻합니다. 그러니 믿음을 조건으로 제시하여 상대방에게 "그것 봐. 믿어야 해"라고 강요하면 안 됩니다. 하나님의 일하심의 크기와 깊이를 보십시오. 모두를 담아내는 그 일하심의 크기를 성경은 믿음이라고 표현하고 있습니다.

이런 맥락에서 25절을 읽어야 합니다. "예수는 우리가 범죄한 것 때문에 내줌이 되고 또한 우리를 의롭다 하시기 위하여 살아나셨느니라." 이 말씀을 자꾸 신파조로 읽지 마십시오. 우리가 저지른 범죄를 기억하여 울라는 말씀이 아닙니다. 우리에게 일어난 일을 엄연한 사실로 받아들이라는 것입니다.

하나님께서 당신의 능력으로 행하신 일이 우리의 기대와 능력의 범위를 넘어 이미 일어났다는 사실을 깨달아야 합니다. 예수는 우리의 죄 때문에 죽임을 당하셨습니다. 그리고 우리를 구원하기 위해 살아나셨습니다. 우리가 그를 죽였는데 살아나신 것입니다. 예수는 우리에게 보복하기 위해 무덤을 박차고 나오신 것이 아니라 당신을 죽인 우리를 구원하려고 살아나신 것입니다. 이렇게 예수는 사망에 길을 내십니다.

오늘 설교를 들으면서 "목사님, 왜 그렇게 앞뒤가 안 맞는 말을 열심히 하세요?"라고 불평할지도 모르겠습니다. 그러나 이사야 53장에 나온 이런 예언을 생각해봅시다. 사람들이 예수를 얼마나 이해하지 못할 것인지에 대해 이사야 53장은 내내 이렇게 증언합니다. 여기서 특히 중요한 부분만 인용해보겠습니다.

> 그가 곤욕을 당하여 괴로울 때에도 그의 입을 열지 아니하였음이여 마치 도수장으로 끌려 가는 어린 양과 털 깎는 자 앞에서 잠잠한 양 같이 그의 입을 열지 아니하였도다 그는 곤욕과 심문을 당하고 끌려 갔으나 그 세대 중에 누가 생각하기를 그가 살아 있는 자들의 땅에서 끊어짐은 마땅히 형벌 받을 내 백성의 허물 때문이라 하였으리요 (사 53:7-8)

이 죽음이 어떤 죽음인지 그 누가 알았겠습니까? 이해력이 부족해 알아듣지 못한다는 말이 아닙니다. 이런 죽음은 우리에게는 없는 것이라서 알 수 없다는 것입니다. 우리로서는 만들 수 없는 이야기이니 이해할 수도 없습니다. 예수는 우리가 죽을 일 때문에 죽으신 것이다, 곧 죽어 마땅할 우리 대신 죽은 것이다, 이것을 그 누가 생각이라도 했겠느냐, 하는 말입니다. 메시아 예언은 바로 그런 이야기를 담고 있습니다.

수수께끼를 하나 내보겠습니다. 우리 손에 죽었는데 우리를 구원한 사람이 누구일까요? 삼손의 수수께끼에 들어 있는 것과 동일한 원리입니다. 말이 안 되는 것, 그것이 기독교 복음입니다. 이 복음을 여러분의 생애에 적용할 수 있어야 합니다.

삼손이 반복한 못난 짓을 비난하면서도 여러분은 여전히 삼손처럼 한심한 자리에 있습니다. 우리는 우리 자신이 만들어낼 수 없는 것을 소원하면서도 후회와 자책과 절망밖에는 만들어내지 못합니다. 이처럼 한심한 우리에게도 호전될 기미가 있는가, 우리 인생도 가치 있게 될 것이라는 희망이 보이는가, 이렇게 한심한데도 더 살 필요가 있는가, 하며 신음하는 우리에게 오늘 말씀이 답을 주고 있습니다.

괜찮다, 내일 또 보자

복음이란 무엇입니까? 예수가 너를 구원한다, 너를 하나님의 찬송이 되게 할 것이다, 이것이 복음이 선포하는 메시지입니다. 가만히 생각해보면 말이 안 됩니다. 삼손이 수수께끼를 냈듯, 하나님이 우리에게 문제를 내십니다. "내가 질문을 하나 던지마. 내가 너를 위하여 죽을 수 있다면, 너를 사랑해서 무덤까지 따라갈 수 있다면 너는 믿겠느냐?"라고 물으십니다.

그런데 우리는 "아, 하나님, 믿는 것도 중요하겠지만 우선 제 이를 좀 튼튼하게 해주시면 안 될까요? 맛있는 음식이 있어도 먹을 수 없으니 속상합니다. 제 이 좀 튼튼하게 해주세요"라고 답합니다. 하나님이 우리의 요구에 응하셔서 "그래. 그렇다면 우선

네 이를 튼튼하게 해줄게"라고 하시면, 다시 우리는 "아, 하나님, 이만 튼튼하면 뭐해요? 맛있는 것도 함께 주셔야지요"라고 대답합니다. 이처럼 우리는 여전히 한심하게 살아갑니다. 그렇게 해서 무엇이 만들어지는지 우리 인생이 보여주고 있습니다.

여러분이 젊고 건강했던 시절에 열심히 멋부리고 돌아다니면서 한 일이 뭐가 있습니까? 시간만 보냈지요. 그래서 무엇을 알게 되었습니까? 우리가 가진 어떤 소원도 참된 가치를 만들어내지 못한다는 것을 배웠습니다. 우리가 바라는 가치는 세상에서 만들어내지 못하며 우리도 만들어내지 못한다는 것을 알게 되었습니다. 우리의 소원은 세상이 줄 수 있는 것보다 크다는 사실을 깨닫게 된 것입니다. 그래서 하나님께 부르짖습니다. 하나님, 하나님이 계시다면 답을 주십시오.

이 절규에 대한 답이 복음입니다. 하나님은 그 답이 예수 안에 있다고 하십니다. 예수가 누구이기에 그럴까요? 예수는 길이고 진리이고 생명입니다. 지금 어떤 법칙을 말하는 것이 아닙니다. 길이나 진리나 생명은 예수 안에만 있다는 것입니다. 이런 것은 다 예수 안에만 있다, 예수는 하나님께로부터 나서 너희에게 지혜와 자랑과 영광과 가치가 되었다, 그러니 예수 안에 들어와야 한다, 라고 하나님이 말씀하시는 것입니다. 우리는 하나님, 이런 일이 어떻게 가능합니까 하고 묻습니다. 하나님은, 네가 부모에게서 태어나는 것같이 예수 안에서 새로 태어날 수 있다, 그게 복음이다, 라고 답하십니다.

그렇습니다. 여기서 성경의 이야기가 보여주는 컨텍스트와 텍스트를 우리 현실에 적용하여 생각해보십시오. 세상이 할 수 있는 것은 컨텍스트에 윤을 내는 것뿐입니다. 아무리 윤을 내도 컨텍스트는 컨텍스트일 뿐, 결코 텍스트가 되지 않습니다. 하나님이 거기에 내용을 담아주셔야 합니다. 하나님은 우리를 그 자리로 인도하고 계십니다. 로마서 5장에 가봅시다.

> 그러므로 우리가 믿음으로 의롭다 하심을 받았으니 우리 주 예수 그리스도로 말미암아 하나님과 화평을 누리자 또한 그로 말미암아 우리가 믿음으로 서 있는 이 은혜에 들어감을 얻었으며 하나님의 영광을 바라고 즐거워하느니라 다만 이뿐 아니라 우리가 환난 중에도 즐거워하나니 이는 환난은 인내를, 인내는 연단을, 연단은 소망을 이루는 줄 앎이로다 소망이 우리를 부끄럽게 하지 아니함은 우리에게 주신 성령으로 말미암아 하나님의 사랑이 우리 마음에 부은 바 됨이니 우리가 아직 연약할 때에 기약대로 그리스도께서 경건하지 않은 자를 위하여 죽으셨도다 의인을 위하여 죽는 자가 쉽지 않고 선인을 위하여 용감히 죽는 자가 혹 있거니와 우리가 아직 죄인 되었을 때에 그리스도께서 우리를 위하여 죽으심으로 하나님께

서 우리에 대한 자기의 사랑을 확증하셨느니라 (롬 5:1-8)

하나님과의 화목 이후에도 환난이 따라옵니다. 이 환난은 감격스러운 구원을 누렸으나 아직도 예전처럼 한심하게 살아가는 자기 자신 때문에 빚어지는 현실입니다. 예수를 믿는다고 언제나 시원스러운 마음으로 승리하는 것은 아닙니다. 믿고 난 다음에도 우리 삶은 거의 다 한심합니다. 그래서 주일날 좋은 표정으로 교회에 나오는 사람이 매우 드문 것입니다.

이래서야 내가 맛본 이 구원이 과연 나를 승리로 이끌 것인지 의아스럽습니다. 그런데 이런 환난이 인내를, 연단을 만든다고 합니다. 어떻게 우리가 인내하게 됩니까? 포기할 수 없어서 인내하는 것입니다. 여러분이 주일마다 교회에 와서 가장 많이 하는 기도가 무엇입니까? 자책이며 회개입니다. 그게 현실이지요. 이 자리가 바로 환난이고 인내의 자리입니다. 그렇게 한 주, 한 주 견디는 것입니다. 거기서 연단이 생깁니다. 버릴 수 없고 포기할 수 없는 믿음이 서서히 큽니다.

그러니 이렇게 다짐해보십시오. 잘했고 못했고 하는 자책에 너무 사로잡히지 말자, 잘못은 잘못일 뿐이다, 잘못했다고 해서 내가 이미 믿은 것을 놓을 수는 없다, 그러니 징징거리지 말자, 그리고 내 인생이 하나님 안에 있다고 들었으니 목사님이 가르쳐주신 대로 한번 웃어보자, 좋은 표정을 지어보자, 내 옆에 사는 이웃에게 가서 험한 표정으로 "너 왜 그렇게 살아?" 이런 말은 하지 말자. 그의 인생도 하나님이 책임질 것이다. 이렇게 하루하루를 보내다 보면 어느덧 훌륭해질 것입니다. 이것이 4절에서 말하는 연단입니다.

이런 연단의 길을 걸으면 결국 이기게 될까요? 소망은 어떻게 가질 수 있을까요? 성경이 우리에게 가르칩니다. 예수가 언제 왔나 봐라, 네가 죄인일 때 왔다, 네가 찾지 않을 때 왔다, 네가 예수의 필요를 모를 때 왔다, 아직도 모르겠느냐, 네 의지가 이기겠느냐, 하나님의 의지가 이기겠느냐, 네 능력이 이기겠느냐, 하나님의 능력이 이기겠느냐.

이 모든 것을 다 아는 데도 잘하지 못하겠다고요? 잘 안된다고요? 그래도 괜찮습니다. 삼손은 죽어서 끝납니다. 삼손의 죽음을 보면서 이게 뭐야, 라는 생각이 드십니까? 괜찮습니다. 삼손은 죽어서 명예의 전당에 들어갑니다. 이게 말이 됩니까? 그렇게 한심하게 살다가 어떻게 명예의 전당에 들어갑니까? 삼손의 마지막 기도를 생각해보십시오. "한 번만 더 힘을 주사 내가 죽을 때 이 원수들과 다 함께 죽게 해주소서"라는 기도가 어떻게 은혜로운 기도입니까? 한심한 기도일 뿐입니다. 그러나 삼손은 명예의 전당에 들어가 있습니다.

내 아들들아, 내 딸들아, 너희는 아직도 모르겠느냐, 내가 누군지 모르겠느냐, 내가 어떻게 너희와 일하고 어떻게 너희에게 승리를 주는 하나님인지 아직도 모르겠느냐, 이렇게 말씀하시는 하나님의 사랑이 있습니다. 이것이 삼손의 이야기입니다.

왜 여기서 갑자기 하나님의 사랑을 말하는 것일까요? 사랑에는 조건이 없기 때문입니다. 내가 그렇게 하기로 했단다, 너희는 내 모든 것이란다, 이 세상이 너희를 이기지 못한단다, 내가 가만히 있지 않을 것이란다, 아직도 힘들다고 여겨지느냐, 아직도 못나게 구느냐, 괜찮다, 내일 또 보자. 하나님이 오늘 우리에게 주시는 말씀입니다. 예수 믿는 신자의 이 명예로운 자랑과 운명을 기억하십시오. 우리가 어떠한 능력 속에 있는지를 깨달아 이 명예와 자랑을 누리는 신앙 인생이 되기를 바랍니다.

기도

하나님 아버지, 은혜를 감사합니다. 성경에 나온 못난 사람들 중에 삼손만큼 한심한 사람도 없습니다. 그러나 우리는 삼손을 비난할 수 없을 만큼 못난 자들입니다. 히브리서 11장에 삼손의 이름을 기록하신 하나님이 우리 모두를 생명책에 기록하시고 지우시지 않는다는 사실을 압니다. 하나님이 우리를 사랑하시니 누가 우리를 대적하겠습니까? 하나님이 우리 편을 들면 그 무엇이 우리를 예수 안에 있는 하나님의 사랑에서 끊겠습니까? 이런 자신감과 믿음을 가지고서 우리 삶을 더 소중히 여기며 살게 하옵소서. 시험과 유혹에 우리를 내주지 말고 명예와 승리로 걸어가는 우리의 인생 되게 하옵소서. 예수님 이름으로 기도합니다. 아멘.

Chapter 15

삼손[2]_
보복을
넘어선
뮤임

27 그 집에는 남녀가 가득하니 블레셋 모든 방백들도 거기에 있고 지붕에 있는 남녀도 삼천 명 가량이라 다 삼손이 재주 부리는 것을 보더라 **28** 삼손이 여호와께 부르짖어 이르되 주 여호와여 구하옵나니 나를 생각하옵소서 하나님이여 구하옵나니 이번만 나를 강하게 하사 나의 두 눈을 뺀 블레셋 사람에게 원수를 단번에 갚게 하옵소서 하고 **29** 삼손이 집을 버틴 두 기둥 가운데 하나는 왼손으로 하나는 오른손으로 껴 의지하고 **30** 삼손이 이르되 블레셋 사람과 함께 죽기를 원하노라 하고 힘을 다하여 몸을 굽히매 그 집이 곧 무너져 그 안에 있는 모든 방백들과 온 백성에게 덮이니 삼손이 죽을 때에 죽인 자가 살았을 때에 죽인 자보다 더욱 많았더라 **31** 그의 형제와 아버지의 온 집이 다 내려가서 그의 시체를 가지고 올라가서 소라와 에스다올 사이 그의 아버지 마노아의 장지에 장사하니라 삼손이 이스라엘의 사사로 이십 년 동안 지냈더라

(삿 16:27-31)

체념과 반발

사사기에 행적이 많이 소개된 사사를 대★사사라 부릅니다. 드보라, 기드온, 입다, 삼손이 여기에 속합니다. 이 중에서도 사사기의 가장 많은 장이 할애된 사사는 삼손입니다. 사사기는 총 스물한 장인데, 삼손의 생애와 행적이 무려 네 장에 걸쳐 소개되어 있지요.

지난 장에서 확인한 대로 삼손에 대한 그 많은 기록은 하나같이 그가 다만 소모하고 마는 허망한 삶을 살았다는 것을 보여줍니다. 삼손의 일생은 크게 세 가지 사건이 얽혀 있는데, 모두 여인과 관계있다고 말씀드렸습니다. 처음에는 딤나에 내려가 블레셋 여자와 결혼한 일, 다음에는 가사의 기생에게 들어간 일, 마지막으로는 들릴라의 유혹에 넘어간 일입니다. 들릴라와의 관계에서 비롯된 오늘 본문의 사건은 삼손의 최후와 함께 이 일로 많은 사람이 죽게 된 사실을 그리고 있습니다.

삼손은 들릴라의 유혹과 거짓말에 넘어가 머리가 깎이고 두 눈이 뽑힌 채 블레셋의 노예가 됩니다. 블레셋의 통치자들은 오랜 원수였던 삼손을 사로잡게 된 것을 기뻐하여 자기들의 신 다곤에게 큰 제사를 바치려고 모입니다. 그들은 흥을 돋우기 위해 이 잔치 자리에 삼손을 불러들입니다. 기둥 사이에 삼손을 세워 놓고, 자기들 앞에서 재주를 부리게 하려는 것이지요. 이렇게 끌려나온 삼손이 기도합니다. "하나님, 이번 한 번만 힘을 주셔서 내 두 눈을 뽑은 원수들을 단번에 죽일 수 있게 해주옵소서"라고 부르짖지요. 그리고 그는 두 기둥을 붙들어 쓰러트립니다.

이날 삼손이 죽으면서 죽인 사람의 수가 그가 살았을 때 죽인 사람의 수보다 더 많았다고 성경은 전합니다. 그가 나귀 턱뼈로 죽인 사람만 해도 천 명이었고, 여우 삼백 마리를 잡아 그 꼬리에 횃불을 매달아 불을 지른 사건에서도 꽤 많은 사람이 죽었을 것입니다. 그런데 이 신전에서의 사건으로 이보다 더 많은 사람이 죽었다고 합니다. 27절에서 보듯 옥상에 있는 사람들만 해도 삼천 명이라고 했으니, 아마도 이 신전은 지금의 대형 경기장에 버금가는 규모였던 것으로 추측됩니다. 이곳에서 삼손은 극적인 최후를 맞게 됩니다.

삼손의 최후를 보면, 일단 누구나 통쾌함을 느낄 것입니다. 막판에 속이 다 후련하게 원한을 갚고 장렬하게 삶을 마친 삼손의 모습 때문에 그럴 것입니다. 그런데 이 통쾌함은 그저 유쾌하기만 한 것이 아닙니다. 이 통쾌함 뒤에는 오히려 비통함이 감돕니다. 우리가 느끼는 이 비통함은 어디서 오는 것일까요?

지난 장에서 보았듯, 삼손은 성경에 출생 기사가 소개된 몇 안 되는 인물 중 하나입니다. 그의 출생 기사에서 보듯, 삼손은 모태에서부터 나실인으로 선택되어 좋은 것들을 많이 받고 태어난 사람입니다. 그토록 많은 것을 받은 이가 이렇게 비참한 최후를 맞게 되다니, 하는 탄식이 나올 만하지요. 그러니 그의 말로를 보며 비통함을 느끼는 것도 당연합니다.

이처럼 삼손은 태어나면서부터 하나님에게서 좋은 것들을 받아 누린 사람입니다. 그는 무척 강한 사람으로 소개되는데, 비단 힘만 센 것이 아니라 여러 면에서 우월했을 것입니다. 그런데 이런 삼손에게 모자란 것이 있었으니 그것은 바로 자신의 정체성에 대한 이해, 곧 소명의식입니다. 삼손은 자신의 지위에 부여된 책임을 전혀 의식하지 못했습니다. 다만 인생을 허비하며 마음 내키는 대로 마구 살다가 결국 이런 최후를 맞이한 것입니다.

삼손의 죽음을 보며 우리가 비극적 분위기를 느끼는 것은 더 심오한 이유가 있습니다. 삼손에게서 인간이라는 존재의 비극을 보기 때문입니다. 어찌 보면, 그는 결국 그렇게 죽을 수밖에 없었을 것이라는 생각이 듭니다. 삼손이 그렇게 죽지 않고 그저 빌빌대며 살다가 늙어 죽었다면 그 꼴이 더 우스웠겠지요. 이렇게 우리는 삼손의 죽음에 공감합니다. 인생은 원래 그런 것이라고 생각하기 때문입니다.

이런 공감의 밑바탕에는 씁쓸한 체념이 자리 잡고 있습니다. 인생에는 반전이 일어날 가능성이 없다는 좌절이지요. 이런 체념을 공감하기에 우리는 삼손의 죽음에서 인류 보편의 비극을 봅니다. 한편, 인생에 대한 이런 체념에는 하나님에 대한 반발도 함께 들어 있습니다. 하나님, 그렇게 요란하게 시작하시더니 고작 이것입니까, 하는 반발이지요.

  삼손의 최후를 보면서 알 수 있듯, 성경은 삼손과 같은 걸출한 인물을 소개하면서도 기이한 영웅담에 초점을 맞추고 있지 않습니다. 오히려 모두가 깊이 공감할 수 있는 생애를 보여주며 그 결말을 이야기하고 있습니다.

  그런데 이런 성경의 의도와 달리 이 이야기를 대하는 우리는 삼손이 영웅이었으면 좋겠다고 생각합니다. 인간에게서 어떤 실낱같은 희망이나 가능성을 발견하고 싶기 때문입니다. 하지만 이런 우리의 기대를 저버리고 삼손은 허망하게 죽고 맙니다. 우리가 더 이상 그를 영웅이라고 치켜세울 수 없게 말이지요. 이런 죽음을 보는 우리에게는 아무리 힘이 세어봤자 필경 최후는 마찬가지 아니냐, 여기저기 휘둘리는 인생을 살다가 결국 허무하게 죽는 것 아니냐, 하는 회의가 생겨날 뿐입니다. 삼손의 이야기가 비통하게 여겨지는 이유입니다.

  여기서 우리는 그러면 삼손은 도대체 뭡니까, 그리고 우리는 대체 뭡니까, 라고 하나님 앞에 묻고 싶어집니다. 그러나 사실 성경이 우리에게 묻고 있습니다. 그러니 너희는 무엇이냐. 이런 비통한 이야기에 분노하는 것은 우리만이 아닙니다. 하나님이 분노하고 계십니다. 성경을 통해서 하나님은 당신의 분노를 우리에게 보여주고 계십니다. 우리는 삼손의 죽음에서 이것을 읽어내야 합니다. 그리하지 못하면, 우리는 여전히 우리에게 익숙한 윤리나 이해의 범주에 갇혀 성경이 말하고자 하는 더 깊은 주제로 나아가지 못하게 됩니다.

끊어내는 죽음, 묶어내는 죽음

하나님은 왜 이런 역사를 허락하셨으며 또 왜 이것을 기록하게 하셨을까요? 사사기를 설교하면서 계속 강조해온 점이 있습니다. 사사기는 아무런 변명이나 교훈도 곁들이지 않은 채 사실을 담담히 써내려가고 있다는 것입니다. 사사기는 그 속에 담긴 비극을 무심하게 기술할 뿐입니다. 그런데도 이런 서술이 힘을 갖는 것은 아무도 외면할 수 없는 인간의 현실과 그 진실이 그 속에 들어 있기 때문입니다. 현재 우리 모두가 사사기와 동일한 현실을 살고 있습니다.

삼손의 죽음에 대해 성경이 말하고 싶은 것은 무엇일까요? 삼손은 사는 내내 그 누구에게도 책임감이 없었던 사람으로 보입니다. 자기 하나 죽어버리면 끝인 인생을 산 것이지요. 이것이 삼손의 죽음에서뿐만 아니라 모든 인생에서 드러나는 가장 허망한 내용입니다. 자기 하나 죽으면 그만인 인생, 자기 하나 죽으면 그동안 누렸던 복도, 지고 있던 짐도 끝나버리는 인생을 여기 그리고 있습니다. 그런데 이 죽음마저도 결국 보복하는 것 말고는 다른 대책이 없어서 내린 결론이었습니다. 달리 어떤 가능성도, 대안도 찾지 못한 인생이 여기 증언되어 있습니다. 아무와도 상관없는 죽음, 자신의 죽음으로 모두와의 관계를 끊어버리는 죽음, 삼손은 그런 인생을 살아온 것입니다.

신약 시대를 사는 우리에게는 예수를 믿는 기독교 신앙의 핵심이 바로 여기에서 선명히 드러납니다. 예수의 죽음은 삼손의 죽음과 극명한 대조를 보입니다. 예수의 죽음은 모두와의 관계를 끊어내는 죽음이 아니라 당신과 우리를 묶어내어 우리를 살리는 죽음이기 때문입니다.

여전히 우리는 삼손의 인생과 죽음을 우리 현실에서도 마찬가지로 확인합니다. 그러나 바로 이 현실 속에서 하나님은 우리를 살려내시고 이기게 하십니다. 예수 안에서 그리하십니다. 예수의 죽음은 살리자는 죽음입니다. 우리는 예수의 죽음에서 우리와 당신을 묶으시는 하나님의 일하심을 봅니다. 그분의 성실함과 거룩함이 예수의 죽음에서 체현되어 하나님이 누구신가 하는 진실의 구체성과 무게를 봅니다.

이처럼 컨텍스트가 구체적으로 형성되지 않으면, 기독교 신앙은 언제나 윤리나 이상으로 설명될 뿐입니다. 여러분도 신앙생활하면서 그래왔듯이 말할 때는 신자이고, 막상 살 때는 신자가 아닌 이유가 여기 있습니다. 로마서 4장으로 가서 이 문제를 좀 더 깊이 생각해봅시다.

> 예수는 우리가 범죄한 것 때문에 내줌이 되고 또한 우리를 의롭다 하시기 위하여 살아나셨느니라 (롬 4:25)

잘 아는 말씀이라서 충분히 이해했다고 생각하기 쉬운 구절인데, 삼손을 염두에 두고 이 구절을 생각해봅시다. 삼손의 최후를 알고서 그의 인생을 바라보면, 그는 헛되게 살려고 그 많은 은사를 받은 것에 불과합니다. 그는 죽고 죽이는 데 자신의 인생을 소모했을 뿐입니다. 타인과 묶이지 않은 채 자기 하나 죽는 것으로 끝난 허망한 삶입니다. 이런 삶은 다른 사람과 아무 상관이 없는 삶입니다.

그러나 예수는 우리 죄를 위하여 자신을 내어주시고 우리를 살리기 위하여 다시 살아나셨습니다. 우리와 묶이기 위하여 우리 죽음의 자리까지 찾아오셨습니다. 그렇게 우리 삶과 운명에 당신을 묶으신 것입니다. 이것이 기독교 복음입니다.

묶고 묶이는 관계

예수가 오셨다, 그가 우리를 위하여 죽으셨다, 그는 다시 살아나셨다, 그의 부활은 우리의 승리이다, 이런 말들은 다만 추상적 개념이나 이상이나 번드르한 설명이 아닙니다. 하나님이 우리를 만드신 이후, 그때부터 지금까지 그 어느 순간도 우리를 떠나 계시지 않는다는 증거입니다. 이렇게 하나님이 당신과 우리를 묶으시는 것, 그것이 사랑입니다. 이런 시각에서 고린도전서 13장에 나오는 사랑에 대해 생각해보겠습니다. '묶는다'는 관점에서 다음 구절을 읽어봅시다.

> 사랑은 오래 참고 사랑은 온유하며 시기하지 아니하며 사랑은 자랑하지 아니하며 교만하지 아니하며 무례히 행하지 아니하며 자기의 유익을 구하지 아니하며 성내지 아니하며 악한 것을 생각하지 아니하며 불의를 기뻐하지 아니하며 진리와 함께 기뻐하고 모든 것을 참으며 모든 것을 믿으며 모든 것을 바라며 모든 것을 견디느니라
> (고전 13:4-7)

여기서 사랑은 추상명사가 아닙니다. 소원과 진심과 정열의 문제도 아닙니다. 구체적인 누구를 사랑하는 일, 누구와 묶여 사는 일과 관계되어 있습니다.

'사랑은 오래 참고'라는 구절을 '사랑은 오랜 고통'이라고 풀어 설명해드린 적이 있습니다. 사랑은 오랜 고통입니다. 도망갈 수 없이 서로 묶여 있으니 겪게 되는 고통입니다. 여러분은 가정, 친척, 이웃, 사회, 시대, 나라에 묶여 있습니다. 이들과 묶여 사는

것이 사랑입니다. 하나님이 우리를 묶으십니다. 당신과 우리를 묶으시고 우리와 우리 이웃을 묶으십니다. 그래서 오래 참음과 온유함, 무례히 행하지 않음과 자기의 유익을 구하지 않음과 같은 사랑의 속성이 우리에게 필요합니다.

어찌 보면 삼손의 일생이 더 편해 보입니다. 죽어버리면 그만이기 때문입니다. 그래서 우리는 힘들 때마다 확 죽어버릴까 하고 생각하기도 합니다. 우리가 좀처럼 의식하지는 못하지만, 사실 이런 생각의 이면에는 어떤 보복 심리가 들어 있는 것 같습니다. 내가 죽으면 그때야 비로소 다들 내 빈자리를 알게 될 거야, 하는 앙갚음이 숨어 있는 것이지요.

우리는 그물코같이 연결되어 살아갑니다. 그물코 하나가 풀리면, 그 풀린 코 하나 못쓰게 되는 것으로 끝나는 것이 아닙니다. 풀린 그물코에서 더 큰 구멍이 생겨나 거기로 다 빠져나가게 됩니다. 이렇게 그물코같이 연결된 인생을 우리는 너무나 잘 알기에, 욱하는 객기로 '내가 확 죽어버리면 그제야 너희가 내 소중함을 알 것이다'라는 생각을 종종 합니다. 보복하고자 하는 마음이 있는 것이지요. 하나님이 서로 앙갚음하라고 그물코처럼 촘촘하게 우리를 묶어놓으신 것이 아닌데 말입니다. 우리를 불러 함께 묶으셔서 서로 엮인 채로 살게 하신 하나님의 뜻이 무엇인지 이해해야 합니다.

우리는 나와 묶여 있는 이웃들을 내 마음에 들게 만들어 나 하나 편하고 싶어 합니다. 그러다가 우리를 그물코처럼 묶어 놓으신 하나님의 일하심이 우리를 훌륭하게 만드는 방법이라는 것을 종종 놓칩니다. 그러니 늘 원망만 남아 "주님, 원수를 갚게 해 주옵소서"라는 기도만 많이 하게 됩니다. 그러나 그렇지 않습니다. 서로 원망하고 보복하라고 하나님이 우리를 묶어놓으신 것이 아닙니다.

한 개인의 삶은 그 사람만의 문제가 아닙니다. 그 삶은 온 세상을 묶으시는 하나님의 방법입니다. 이 묶인 삶에서 한 개인이라는 존재의 명예와 위대함이 드러나며, 하나님이 목적하시는 영광이 이루어집니다. 서로 묶여 있는 우리의 실존을 위대한 것으로 이해하지 못하면 늘 우리는 보상이나 이해관계, 고통과 형통 외에는 자신의 가치를 발견하거나 자신의 삶을 판단할 기준을 갖지 못하게 됩니다. 요한복음 15장에 가면, 묶고 묶이는 관계로 살라고 우리를 부르시는 예수님의 초대를 만나게 됩니다.

> 아버지께서 나를 사랑하신 것 같이 나도 너희를 사랑하였으니 나의 사랑 안에 거하라 내가 아버지의 계명을 지켜 그의 사랑 안에 거하는 것 같이 너희도 내 계명을 지키면 내 사랑 안에 거하리라 내가 이것을 너희에게 이름은 내 기쁨이 너희 안에 있어 너희 기쁨을 충만하게 하려 함이라 내 계명은 곧 내가 너희를 사랑한 것 같이 너희도 서

로 사랑하라 하는 이것이니라 사람이 친구를 위하여 자기 목숨을 버리면 이보다 더 큰 사랑이 없나니 너희는 내가 명하는 대로 행하면 곧 나의 친구라 이제부터는 너희를 종이라 하지 아니하리니 종은 주인이 하는 것을 알지 못함이라 너희를 친구라 하였노니 내가 내 아버지께 들은 것을 다 너희에게 알게 하였음이라 (요 15:9-15)

내 계명을 지켜 내 안에 거하라고 예수님이 말씀하십니다. 흔히 계명이라고 하면, 자기 주장은 포기하고 상대방의 강요에 붙잡히는 것으로 생각합니다. 그러나 예수님이 우리에게 지키라고 명하신 계명에는 우리 생각과 다른 전제가 깔려 있습니다. 이 본문에서 예수님은 사랑을 말씀하십니다. 사랑이란 묶고 묶이는 것이라고 합니다. 너를 나에게 묶어라, 그러면 나도 너에게 묶이겠다, 내가 너희에게 계명을 주는 것은 너희를 사랑하기 때문이다, 너희와 나를 묶었기 때문이다, 너희는 종이 아니고 친구다, 이런 말씀입니다. 종이 아니고 친구라니, 무슨 뜻일까요? 친구란 부탁하는 사이가 아닙니다. 친구 사이는 경우를 따져보아 사리에 어긋나지 않으면 들어주는 관계가 아닙니다. 친구끼리는 요구할 수 있습니다. 당당히 떼쓸 수 있는 사이지요. 그래도 되는 관계가 친구입니다. 이처럼 예수님이 우리를 친구로 부르신 것입니다. 이어 16절을 보겠습니다.

> 너희가 나를 택한 것이 아니요 내가 너희를 택하여 세웠
> 나니 이는 너희로 가서 열매를 맺게 하고 또 너희 열매가
> 항상 있게 하여 내 이름으로 아버지께 무엇을 구하든지
> 다 받게 하려 함이라 (요 15:16)

예수님이 기도를 가르치고 있습니다. 하나님은 우리에게 부탁하지 말고 요구하라고 하십니다. 그것이 기도입니다. 내가 너희에게 이 계명을 지키라고 하는 이유는 너희 기쁨을 충만하게 하기 위해서다, 아버지가 너희에게 요구하는 것은 너희를 속박하기 위해서가 아니다, 너희를 사랑하기 때문이다, 아무에게나 요구하는 것이 아니지 않느냐, 이는 친구 사이에서만 할 수 있는 것이다, 라는 의미가 담겨 있습니다. 의미심장한 말씀입니다.

우리가 흔히 생각하는 기도는 고개 숙여 간절히 빌고 빌어서 얻어내는 보상입니다. 그래서 꼭 사리에 합당한 것을 조건으로 내걸곤 하지요. "하나님이 만일 이렇게 해주시면 저도 이에 상응하는 무엇인가를 내놓겠습니다." 물론 신앙의 초기 단계에서는 이런 기도를 할 수 있습니다. 그러나 기도의 가치는 이보다 큽니다. 기도하여 무엇을 얻어내는 것보다 더 중요한 것이 있습니다. 그것은 우리에게 기도가 허락되어 있다는 사실입니다. 기도할 수 있는 특권이 주어져 있다는 것 자체만으로 충분하지요.

기독교가 여느 종교와 다른 점이 바로 여기 있습니다. 주문을

외우는 종교는 있어도 기도를 하는 종교는 없습니다. 주문은 신을 내 맘대로 부리는 조작법에 불과합니다. 주문이 어떻게 해서 효과를 내는 것인지는 몰라도 됩니다. 그저 원하는 결과를 얻기만 하면 되니, 능력을 가진 신을 조종하는 기술만 있으면 더 필요한 것이 없습니다.

그러나 기도는 그렇지 않습니다. 기도할 때에 우리는 하나님께 설명도 하고 설득도 합니다. 하나님도 한번 생각해보십시오, 하나님이 지금 저라면 가만히 계시겠습니까, 기도에는 이런 밀고 당김이 들어 있습니다. 그러니 하나님이 우리에게 너희는 이렇게 하라고 요구하시는 말씀은 강요도 공포도 아닙니다. 최후의 통첩은 더더욱 아니지요. 엄청난 명예입니다.

한계, 가장 위대한 조건

우리는 삼손에게서 인생의 헛됨을 봅니다. 하나님 없이 사는 인생이 어떤 것인지 봅니다. 잘해야 자신의 선택과 행위대로 보상을 받을 뿐입니다. 그 보상이란 자기를 위해 다른 이들을 죽이고 자기도 죽는 것이지요. 그런 인생에는 참다운 기대도, 위대한 명예로 나아갈 길도 없습니다. 로마서 8장에 가봅시다.

> 내가 확신하노니 사망이나 생명이나 천사들이나 권세자들이나 현재 일이나 장래 일이나 능력이나 높음이나 깊음이나 다른 어떤 피조물이라도 우리를 우리 주 그리스도 예수 안에 있는 하나님의 사랑에서 끊을 수 없으리라
>
> (롬 8:38-39)

이 본문은 막연한 기대와 희망을 말하고 있지 않습니다. 진심으로 말했다고 해서, 확신한다고 단언했다고 해서 확신의 근거와 힘이 생기는 것이 아닙니다. 이 확신의 근거는 오직 예수입니다. 예수는 누구입니까? 우리의 자리와 운명, 우리의 조건과 현실에 찾아오셔서 우리가 도망가버린 자리, 우리가 자멸한 자리까지 쫓아 들어오신 분입니다. 우리의 운명과 선택에 당신을 묶어버리신, 하나님의 구체적이고 역사적인 증언이 바로 예수입니다.

사실 우리에게는 이런 이야깃거리밖에 없습니다. 우리가 가진 원망스러운 조건, 하소연할 누군가를 만나기만 하면 언제라도 바로 쏟아낼 수 있는 온갖 불평, 나는 이렇고 우리 집은 누구 때문에 이렇게 되어 그런 억울한 일이 생겼다는 사연만 있을뿐입니다.

그러나 예수 안에 들어오면 알게 됩니다. 우리의 무지와 잘못된 선택 속에서, 예수의 필요를 알지 못하고 또한 알고도 행하지 못했던 모든 시대와 경우 속에서 하나님은 언제나 우리와 당

신을 묶고 계셨다는 사실을 말입니다. 고통과 상처 외에는 아무 것도 만들 수 없는 우리의 자리, 헛된 원망만 품게 되는 그 자리에 하나님이 들어와 계시다는 것을 알게 됩니다. 심지어 우리가 만들어낸 최악의 결론인 필멸必滅, 사망, 죽어버리고 마는 자리까지 하나님이 찾아오신 것입니다. 여기까지 찾아오신 하나님을 증언하는 분이 바로 예수입니다.

여러분은 다시 묻고 싶을 것입니다. 그런데도 우리 현실은 왜 이러냐고 말입니다. 왜 그럴까요? 묶여 있기 때문입니다. 하나님이 만드시는 '나'라는 존재는 나 하나 잘 되면 그만인 삶이 아니기 때문입니다. 사방에서 받는 오해와 질시, 공포와 의심, 경쟁과 긴장이 없는 세상으로 떠나버리면 그만일까요? 그렇지 않습니다. 그렇게 해서는 답이 되지 않습니다. 이보다 위대한 신자의 삶을 멋지게 살아내야 합니다.

우리가 꿈꾸는 것은 나를 귀찮게 할 아무도 없는 섬에 가서 나 혼자 마음 편하게 사는 것일 겁니다. 그런데 아무리 무인도라고 해도 컴퓨터랑 마트가 없다면 상상하기도 싫습니다. 묶여 있기는 싫고 그렇다고 불편하게 살기도 싫은 것입니다. 이런 식의 생각이 삼손에게 있습니다. 그래서 그가 도달한 자리가 어디입니까? 원하는 대로 살다가 결국 모든 것을 죽음에 몰아넣고 맙니다. 그렇게 허덕이다가 인생을 끝마칩니다.

우리에게 주어진 인생은 그런 허덕거림으로 끝내서는 안 되는 인생입니다. 여러분이 누구에게 묶여 있듯이 여러분도 누군가를 묶고 있습니다. 이것이 우리의 삶입니다. 묶여 있는 우리의 삶에 대해 성경은 이렇게 가르칩니다. 부모라서 할 수 있었던, 자식이기에 할 수 있었던, 버틸 사람이 나 하나뿐이라서 어쩔 수 없이 해야만 했던 바로 그 일이 우리에게 가장 위대한 조건이 된다고 말입니다. 세상의 기준으로 보면 아무것도 할 수 없다고 하는 실패의 조건 속에 있을지라도 위대하게 쓰일 수 있다고 성경은 말합니다. 하나님이 당신의 영광을 예수로 말미암아 증명하기를 가장 기뻐하셨듯이 한계에 불과하다고 생각하는 여러분의 조건들도 그렇게 사용하실 수 있습니다.

하나님이 예수 안에서 증언하시는 것은 무엇입니까? 모든 조건이 제약일 뿐인 가장 억울한 때에도 하나님은 영광과 기적을 만드실 수 있다는 것입니다. 그것이 예수에게서 드러납니다. 예수는 나사렛에서 목수의 아들로 태어나 아무것도 아닌 인생으로 삼십 년을 살아갑니다. 그리고 공생애 삼 년 동안 그 많은 기적과 큰 권능을 행하지만 결국 억울하게 붙잡혀 배신당하고 죽습니다. 그러나 하나님은 이것으로 일하십니다. 하나님의 일하심의 위대함과 예수 그리스도의 참다운 고백을 기억합시다. "아버지여, 이것이 아버지의 기쁘신 뜻입니다. 저도 기쁘게 받겠습니다." 아멘입니다.

예수님이 가신 이 길을 따라 걸을 수 있는 위대함이 우리의 생애에 주어져 있습니다. 그것은 부인할 수 없는 사실입니다. 여러분이 있는 그 자리에서, 여러분의 탄식과 원망 속에서 하나님이 성실하게 일하고 계십니다. 하나님이 여러분의 소원대로 다 들어주셨다면 여러분은 벌써 파멸하였거나 아니면 다른 사람을 파멸시키고 말았을 것입니다. 우리에게는 죽고 죽이는 것 말고는 아무것도 없기 때문입니다.

그러니 기다릴 수 있어야 합니다. 고통도 감수하고 헌신하고 인내해야 합니다. 이는 위대한 일입니다. 삼손의 생애를 본 우리는 이제 예수의 생애와 대조하여 분명하게 확인해볼 수 있습니다. 예수를 믿는 것이 얼마나 위대한 일인가, 우리 삶의 현실과 조건이 얼마나 신비한 것인가, 성경은 이를 말하고 싶어 합니다.

명예로운 길

사랑에 대해서 다시 생각해볼까요. 사랑은 무례히 행하지 않습니다. 사랑은 성내지 않습니다. 누구에게 그리하는 것일까요? 자신과 묶인 사람에게 그렇게 하는 것입니다. 각자 처한 구체적 현실에서 사랑해야 합니다.

사랑은 추상명사로 존재하지 않습니다. 한 인격과 실제 조건 속에서 구현되어야 하는 것입니다. 구체적으로 나타나야 하지요. 여러분 모두 동일한 조건 속에 있습니다. 더 나은 처지도, 더 비참한 처지도 없습니다. 모든 인생이 억울합니다. 누구에게는 큰소리치지만, 또 다른 누구에게는 꾸중을 들어야 하는 조건이 우리 모두에게 동일하게 존재합니다.

조건이 바뀌어야 답이 나오는 것이 아닙니다. 지금의 자리에 답이 있습니다. 바로 이 자리, 때로는 큰소리치지만 결국 떠밀려 도망갈 곳 없이 이른 막다른 이 자리에서, 하나님이 예수 안에서 이미 만들어내셨고 또 우리에게 주시려고 하는 것을 담아내고 살아내야 합니다.

하나님이 요구하시는 일 속에서 하나님의 능력과 지혜와 그분이 열어주시는 기회를 알아보지 못하면 우리는 살아낼 수 없습니다. 그것이 얼마나 위대한 길인지 모르면 신앙과 현실을 분리하여 살 수밖에 없습니다. 세상에 나가서는 겁먹고 살다가 주일날 교회 와서 잠깐 하나님의 사람으로 사는 것밖에 할 것이 없습니다.

예수는 피 흘려 죽으십니다. 말로 때우시지 않습니다. 누가 우리의 말을 진지하게 귀 기울여 들어주기만 해도 얼마나 고맙습니까? 그러나 우리는 각자의 고난에서 벗어날 여유가 없어서 상대방의 이야기를 진지하게 들어주지 못합니다. 누군가 고달픈 이야기를 시작하면 재빨리 말을 가로채어 자신이 그 사람보다 얼마나 더 고달픈가를 이야기하고 싶어 합니다.

이런 우리에게 찾아오셔서 내 이야기를 들어주시고, 나를 따라와주시고, 나와 짐을 나누어지시고, 나를 위하여 눈물을 흘리시고, 마침내 살 찢고 피 흘려 돌아가신 분이 예수입니다. 이와 같은 하나님의 일하심의 진정성과 구체성을 지금 여러분의 현실에서 확인하지 못하면, 여러분의 자리가 여러분을 항상 지켜보고 계시는 전능하신 하나님의 손길이 닿는 자리라는 사실을 모르면, 인생은 다만 억울한 것에 불과할 것입니다.

그러니 생각해보십시오. 우리는 삼손과 같은 삶을 살고 끝나게 될 뿐일까요? 그렇지 않습니다. 삼손과는 비교할 수 없는, 훨씬 깊고 값진 인생을 살게 될 것입니다. 우리에게는 예수가 있기 때문입니다. 빌립보서 1장을 보면, 사도 바울이 이 사실을 실제의 삶에서 적용하는 것을 볼 수 있습니다.

나의 간절한 기대와 소망을 따라 아무 일에든지 부끄러워하지 아니하고 지금도 전과 같이 온전히 담대하여 살든지 죽든지 내 몸에서 그리스도가 존귀하게 되게 하려 하나니 이는 내게 사는 것이 그리스도니 죽는 것도 유익함이라 그러나 만일 육신으로 사는 이것이 내 일의 열매일진대 무엇을 택해야 할는지 나는 알지 못하노라 내가 그 둘 사이에 끼었으니 차라리 세상을 떠나서 그리스도와 함께 있는 것이 훨씬 더 좋은 일이라 그렇게 하고 싶으

> 나 내가 육신으로 있는 것이 너희를 위하여 더 유익하리
> 라 내가 살 것과 너희 믿음의 진보와 기쁨을 위하여 너희
> 무리와 함께 거할 이것을 확실히 아노니 내가 다시 너희
> 와 같이 있음으로 그리스도 예수 안에서 너희 자랑이 나
> 로 말미암아 풍성하게 하려 함이라 (빌 1:20-26)

바울은 지금 감옥에 갇혀 있습니다. 자신이 앞으로 어떻게 될지 모르는데, 빌립보 교회는 여전히 연약합니다. 그러나 그는 담대합니다. 바울의 담대함은 어떤 의미일까요? 내가 있어야 교회가 살고 내가 죽으면 교회가 망하는 것 아니다, 내가 어떻게 될지는 나도 모른다, 나는 살아도 좋고 죽어도 좋다, 어떻게 되든 하나님의 뜻에 달려 있고 어느 쪽이나 다 명예로운 길이다, 사실 생각해보면 죽는 편이 훨씬 낫다, 가서 그리스도와 함께 있는 것이 훨씬 낫다, 사는 것이 내게 무슨 낙이 있을까, 그러나 너희를 위하여 내가 살겠다, 그래야 너희가 한 뼘 더 성장하며 너희 삶에 자랑이 하나 더 늘 것이다, 그러니 나는 여기에 머물러 더 고생해도 좋다, 이런 의미입니다.

그러니 이제 우리는 살아 있는 동안 무엇을 해야 합니까? 짐을 나누며 묶여 있어야 합니다. 지금 여러분이 다 하고 있는 일입니다. 여러분의 생애는 위대합니다. 하나님이 일하고 계시다는 사실을 놓치면 우리는 웃을 수 없습니다. 다만 분노만 남을 것입

니다. 인생을 살면서 감사가 나오지 않고 분노가 나오면 잘못 산 것이라고 말씀드린 적이 있습니다. 그런데 우리는 이렇게 반문하고 싶지요. 하나님, 제 형편이 이런데도 감사하라는 말입니까? 그렇습니다. 감사하십시오.

삼손이 최후의 순간에 했던 기도를 떠올려봅시다. "한 번만 내 기도를 들으사 내 두 눈을 뺀 이 원수들과 함께 죽게 하소서." 반면, 예수님이 하신 기도는 이렇습니다. "아버지여, 저 사람들을 용서하여 주옵소서. 저들은 자기네가 무슨 일을 하는지를 알지 못하나이다." 어느 것이 더 명예롭고 영광스러운 길인지 여러분도 잘 알 것입니다. 예수님은 죽기 전에 괜히 잘난 척 한 번 하고 죽으신 것이 아닙니다. 그들 모두를 다 끌어안아 영광된 몸으로, 새 생명으로 반전시키기 위해 하나님의 뜻대로 이 길을 걸으신 것입니다. 또한 끝까지 우리를 당신과 묶어 마침내 우리를 향하신 목적을 완성하시고 성취하실 것입니다. 이러한 인생으로 부름받은 줄 아는 자랑과 기쁨과 명예가 넘치기 바랍니다.

기도

하나님 아버지, 은혜를 감사합니다. 우리의 인생과 현실이 하나님의 지혜와 능력 안에 있고 은혜와 기적으로 붙잡혀 있다는 사실을 믿습니다. 그러니 더 많이 기도하고 감사하고 사랑하고 용서하고 기다리겠습니다. 이 위대한 인생을 살아내어 하나님의 영광을 보고 함께 나누게 하옵소서. 예수님 이름으로 기도합니다. 아멘.

Chapter 16

미가_
타성과
안일을
깨트리시다

1에브라임 산지에 미가라 이름하는 사람이 있더니 **2**그의 어머니에게 이르되 어머니께서 은 천백을 잃어버리셨으므로 저주하시고 내 귀에도 말씀하셨더니 보소서 그 은이 내게 있나이다 내가 그것을 가졌나이다 하니 그의 어머니가 이르되 내 아들이 여호와께 복 받기를 원하노라 하니라 **3**미가가 은 천백을 그의 어머니에게 도로 주매 그의 어머니가 이르되 내가 내 아들을 위하여 한 신상을 새기며 한 신상을 부어 만들기 위해 내 손에서 이 은을 여호와께 거룩히 드리노라 그러므로 내가 이제 이 은을 네게 도로 주리라 **4**미가가 그 은을 그의 어머니에게 도로 주었으므로 어머니가 그 은 이백을 가져다 은장색에게 주어 한 신상을 새기고 한 신상을 부어 만들었더니 그 신상이 미가의 집에 있더라 **5**그 사람 미가에게 신당이 있으므로 그가 에봇과 드라빔을 만들고 한 아들을 세워 그의 제사장으로 삼았더라 **6**그 때에는 이스라엘에 왕이 없었으므로 사람마다 자기 소견에 옳은 대로 행하였더라

(삿 17:1-6)

사사 시대의 난맥상

사사기 17장부터는 사사 시대의 사회상이 기록되어 있습니다. 16장까지는 이스라엘 백성의 반복되는 실패와 여기에 개입하시는 하나님의 일하심이 사사들의 활동을 중심으로 서술되었다면, 17장부터 마지막 장인 21장까지는 당시 이스라엘 나라 구석구석까지 스며든 사회상을 보여주고 있습니다. 읽어보아도 별로 교훈이 될 만한 것이 없는 난맥상이 펼쳐지는데, 이제껏 그랬듯 사사기는 무심한 어조로 서술합니다. 오늘 본문의 미가 이야기에도 이런 난맥상이 잘 드러나 있지요.

미가는 이스라엘 중부 지방에 거주하던 에브라임 지파의 사람입니다. 어느 날 그는 어머니의 돈 은 천백을 훔칩니다. 미가의 어머니는 그 돈을 훔쳐간 사람이 자기 아들인 줄도 모른 채 자기 돈을 훔쳐간 자를 저주하지요. 그런데 미가가 "어머니, 사실 제가 그 돈을 가지고 갔습니다"라고 실토합니다. 이 말을 들은 미가의 어머니는 "내 아들 참 기특하다. 이처럼 정직한 네가 여호와께 복을 받도록 이 돈으로 신상을 만들겠다"라며 좋아합니다. 그리고 그 돈의 일부를 떼어 신상을 만들게 하여 미가의 집에 두지요. 이런 연유로 미가의 신당에 드라빔이 놓이게 됩니다. 또 미가는 제사장이 입는 에봇도 마련해 신당에 모셔둡니다. 드라빔과 에봇을 갖추었으니 이제 여호와께서 복을 주실 것이라고 믿으면서 말입니다.

 한편 유다 지파에 속한 베들레헴에 거주하던 레위인 청년 하나가 미가의 집을 지나게 됩니다. 살던 곳을 떠나 거할 곳을 찾아다니던 중, 에브라임 산간 지방에 자리한 미가의 집에 이른 것입니다. 미가는 그 청년에게 어디서 오는 길인지 묻습니다. 그러자 이 청년은 거할 곳을 찾아다니는 레위 사람이라며 자신의 신원을 밝힙니다. 이 말을 들은 미가는 자기 집에 함께 살면서 아버지와 제사장이 되어달라고 요청합니다. 그러면 해마다 은 열을 주고 필요한 옷과 먹을 것을 제공해주겠다고 제안하지요. 레위 청년은 미가의 제안을 만족스럽게 여기고 수락하여 미가 집안의 제사장이 됩니다.

 성막 봉사를 맡은 레위 지파는 원래 기업을 분배받지 못하는 지파입니다. 성막 봉사는 레위 지파의 책임이자 동시에 생계 방편이었습니다. 그러나 사사 시대의 분위기로 미루어, 레위인들이 생계를 제대로 보장받기는 어려웠을 것이라고 짐작할 수 있습니다. 아마 이 청년도 이래저래 살 방도를 찾아 길을 떠난 것입니다. 한편, 제사장은 본래 아론의 후손만이 될 수 있었습니다. 그런데 18장에서 보듯 이 청년은 아론의 후손이 아니라 모세의 후손입니다. 그럼에도 그는 기꺼이 제사장이 되기로 합니다. 미가는 자기가 레위 사람을 제사장으로 삼았으니 틀림없이 여호와께 복을 받을 것이라고 생각합니다.

18장으로 넘어가봅시다. 당시는 단 지파가 정착할 곳을 찾던 중이었는데, 아마 단 지파 전체는 아니고 그중 일부만 그랬던 것 같습니다. 인원이 많지 않았던 단 지파는 가나안 족속을 다 몰아내지 못하여 자기네에게 분배된 땅을 다 차지하지는 못했습니다. 그래서 정탐꾼 다섯을 앞서 보내 살만한 곳을 찾기로 합니다. 단 지파 사람들이 정탐하러 다니던 중 에브라임을 지나게 되었고, 이윽고 미가의 집에 이르게 됩니다.

미가의 집 가까이에 이르렀을 때, 그 집에 거주하는 청년의 말투가 다르다는 것을 알아차립니다. 에브라임 사람들의 말투가 좀 다르다는 것은 사사 입다의 이야기에서도 나온 적이 있습니다. 아무튼 레위 청년의 말투를 알아챈 그 정탐꾼들은 그가 어떻게 이곳에 이르게 되었는지, 여기서 무슨 일을 하는지 묻습니다. 청년이 미가의 집에 머무르게 된 경위를 설명하자, 그들은 자기네가 가는 길이 성공할 것인지 여부를 하나님께 물어봐달라고 부탁합니다. 그는 하나님께서 단 지파 사람들을 인도하실 것이니 평안히 가라고 일러줍니다.

제사장이 일러준 형통한 전망을 듣고 길을 떠난 단 지파 정탐꾼들은 라이스라는 성읍을 발견합니다. 그 땅 사람들이 부족함 없이 평화롭게 사는 것을 보자, 단 지파 정탐꾼들은 돌아가서 지파 사람들을 다 불러 모아 정탐 결과를 보고하면서 넓고 평안해 보이는 그 땅을 빨리 차지하자고 합니다. 이에 육백 명의 정예군이 무기를 들고 출전하지요. 성읍을 탈취하러 가는데 군사가 육백 명 정도라면 그리 큰 규모는 아닐 것입니다.

이 정예군이 미가의 집에 이르렀는데, 이번에는 미가의 집에서 제사장과 드라빔과 에봇을 빼앗습니다. 그리고서 계속 진군합니다. 미가와 이웃집 사람들이 이를 알고 쫓아와 왜 자기네 신상과 제사장을 빼앗아 가느냐고 항의하지요. 이에 단 지파 사람이 말합니다. "더 이상 아무 말 말고 가만히 있는 게 좋을 거요. 이 사람들이 성이 나서 당신들을 치고 당신과 당신 가족의 생명을 빼앗을까 염려되오." 미가는 상대가 자기보다 강한 것을 알고 발길을 돌려 집으로 돌아갑니다.

단 지파 사람들도 가던 길을 계속 갑니다. 그들은 평안히 살고 있던 라이스를 완전히 도륙한 후 그 땅을 차지합니다. 그 곳 성읍의 이름을 라이스에서 단으로 바꾸고, 이후 포로로 잡혀갈 때까지 잘 먹고 잘살았다고 기록되어 있습니다.

타성과 안일을 깨우시는 하나님

읽어보면 알 수 있듯이, 사사기는 17장과 18장에 걸쳐 말이 안 되는 줄거리를 비정하다 싶을 만큼 무심한 어조로 기록하고 있습니다. 이 속에 무슨 메시지가 있다는 것인지, 무엇을 알아들으라고 하는 것인지 쉽게 파악하기 어렵습니다. 그러나 우리 보기에 말이 안 되는 이 일들은 사사기 전체를 보는 우리의 시각을 다시 점검하게 합니다. 이쯤에서 사사기의 시작을 살펴보는 것은 의미가 있습니다. 사사기의 시작은 이렇게 되어 있었지요.

> 이스라엘 자손이 여호와의 목전에 악을 행하여 바알들을 섬기며 애굽 땅에서 그들을 인도하여 내신 그들의 조상들의 하나님 여호와를 버리고 다른 신들 곧 그들의 주위에 있는 백성의 신들을 따라 그들에게 절하여 여호와를 진노하시게 하였으되 곧 그들이 여호와를 버리고 바알과 아스다롯을 섬겼으므로 여호와께서 이스라엘에게 진노하사 노략하는 자의 손에 넘겨 주사 그들이 노략을 당하게 하시며 또 주위에 있는 모든 대적의 손에 팔아 넘기시매 그들이 다시는 대적을 당하지 못하였으며 그들이 어디로 가든지 여호와의 손이 그들에게 재앙을 내리시니 곧 여호와께서 말씀하신 것과 같고 여호와께서 그들에게 맹세하신 것과 같아서 그들의 괴로움이 심하였더라
> (삿 2:11-15)

사사기는 어떤 시각으로 읽어야 할까요? 이스라엘 백성이 우상을 섬기면 하나님이 와서 벌하시고, 위기에 빠진 이스라엘이 하

나님께 부르짖으면 구원해주셨는데, 이스라엘은 평안해지면 다시 죄를 짓곤 했다, 그런 이야기만 반복하는 것이 사사기가 아닙니다. 오늘 본문과 연결해서 보면, 사사기가 궁극적으로 하고 싶은 이야기는 이스라엘 사람들이 평안하게 잘살고 있는 것을 하나님이 오셔서 깨우시는 이야기라는 것을 알 수 있습니다. 평안하게 잘 사는 것이 전부가 아니라는 것이지요.

'하나님을 버리고 우상을 섬겼으므로'라는 표현은 단지 그들이 하나님이 아닌 다른 신을 섬긴 행위만을 가리키는 것이 아닙니다. 그들의 삶을 말하는 것이지요. 그들이 다른 신을 섬기자 무슨 일이 일어났습니까? 다른 신을 섬겼을 때 오히려 그들의 삶은 평안했습니다. 이런 평안하고 만족스러운 삶을 하나님이 깨트리러 들어오시는 이야기가 사사기가 전하고 싶은 주제입니다.

이스라엘 백성은 타성에 젖어 살고 있었습니다. 우리가 흔히 쓰는 표현으로 매너리즘에 빠진 것입니다. 이 매너리즘은 '관료주의' 정도로 번역해볼 수 있는데, 이 단어의 사전적 의미는 관료사회에 만연해 있는 독선적, 형식적, 획일적, 억압적 행동양식이나 사고방식을 가리킵니다.

이해를 돕기 위해 우리가 잘 알고 있는 어떤 조직을 떠올려볼까요. 조직은 지향하는 목적이 있고 그 목적을 이루기 위해 직책이 마련되고 거기에는 권한이 부여됩니다. 조직의 발전과 유익을 위하여 직책이 마련되는 것이지요. 이것이 바로 관료입니다.

그런데 조직이 실제 운용되는 것을 보면, 조직이 개인의 보호막으로 전도되어 조직의 일원인 관료가 오히려 조직의 이름 뒤에 숨어 자신의 이익과 안심을 지향합니다. 책임은 외면한 채 조직 안에 숨어버리는 것입니다. 이것을 관료주의라고 합니다.

오늘 본문이 하는 이야기는 인간은 금방 관료화된다는 것입니다. 관료화된다는 것이 무슨 말일까요? 하나님이 인간에게 잘 다스리라고 세상을 맡겼는데, 인간은 하나님의 창조 사역에 동참하는 사명을 거부하고 창조물 속에 숨어버린 것입니다. 그렇게 쉽게 자신의 정체성을 잊고 살아가면서 이것이 인생의 전부라고 생각합니다. 그런데 하나님이 와서 이것을 깨트리시는 것입니다.

관료화되고 쉽게 타성에 젖는 예를 인류 역사 속에서 찾아봅시다. 2차 세계대전 중에 유대인들에 대한 처참한 말살 운동이 있었습니다. 당시 유대인 수용소에서는 인간이 인간에게 도저히 할 수 없을 것 같은 만행이 실제로 저질러졌습니다. 그런데 놀라운 것은 유대인 수용소 경비원들은 이런 비인간적 만행을 아주 지루해했다는 것입니다. 경비원들에게는 이런 학살과 학대가 일상이어서, 그런 참혹한 장면을 보아도 전혀 충격을 받지 않습니다. 상대방이 인간 대접을 받지 못하고 매일 모멸감 속에서 죽어가는데도 아무런 마음의 동요가 없었던 것입니다. 이것이 바로 타성에 젖은 상태의 전형입니다.

오늘 본문에서는 타성에 젖어 살고 있는 예로 라이스 백성을 소개하고 있습니다. 사사기 18장을 봅시다.

> 이에 다섯 사람이 떠나 라이스에 이르러 거기 있는 백성을 본즉 염려 없이 거주하며 시돈 사람들이 사는 것처럼 평온하며 안전하니 그 땅에는 부족한 것이 없으며 부를 누리며 시돈 사람들과 거리가 멀고 어떤 사람과도 상종하지 아니함이라 (삿 18:7)

이것이 타성에 젖어 사는 모습입니다. 매너리즘에 빠진 것이지요. 염려 없이 평온하며 안전하게 살고 있으니 다른 소원이 없습니다. 우상을 섬기는 것은 단지 하나님 말고 다른 신을 부르는 정도의 그렇게 쉽고 간단한 문제가 아닙니다. 우상을 섬기는 것은 하나님이 목적하신 정체성과 책임에서 떠나 있는 것을 말합니다. 하나님이 목적하신 정체성, 당신의 영광을 지닌 백성으로서의 정체성에 대해 책임 있는 이해가 없는 것이지요. 그저 평안하게 사는 것이 인생의 전부입니다. 그러자 하나님이 이런 삶을 깨트리십니다. 이것이 사사기 내내 계속되는 싸움입니다.

이스라엘 백성은 무엇을 하고 있었습니까? 라이스 백성과 똑같이 살고 있었습니다. 그들에게는 편안한 삶이 전부입니다. 무엇을 더 바라겠습니까? 이런 당시의 사회상을 잘 드러내주는 자가 미가입니다. 그런데 매너리즘에 빠지지 않고 자신의 진정한 정체성을 이해하며 산다는 것은 사실 만만치 않은 문제입니다.

참된 정체성

타성에 젖어 살지 않기 위해서는 각자의 진정한 정체성을 발견하고 이해하는 것이 필요합니다. 각자에게 주어진 정체성이 무엇인지, 진정한 정체성을 발견하지 못했을 때 어떤 일이 일어나는지를 이해하기 위해 역사 속에서 한 예를 들어보겠습니다. 일본 근대화의 시작인 메이지유신에서 가장 애를 먹었던 문제는 국민들이 국가라는 개념을 이해하는 데 만만치 않은 세월이 걸렸다는 점입니다. 그들이 근대화로 접어든 것은 서구 열강의 침략 앞에서 개화가 불가피했기 때문입니다. 막부라는 체제로는 서구 열강을 당할 수가 없었지요. 그 당시 일본은 번과 번으로 분열되어 몇 백 개의 번들이 대립 상태로 나뉘어 있었습니다. 이런 분열된 국력으로는 외세를 감당할 수 없자, 번을 없애고 국가를 세운 것입니다. 전국을 통괄하는 부서들을 세우고 각료들도 세웁니다. 수상과 각부 장관을 임명하였지요.

이 노력에 대한 재미있는 지적이 있습니다. 그렇게 힘들여서 국가를 세웠는데 이 국가라는 것이 그저 관료 집단에 불과하더라는 것입니다. 국력이 없기 때문이었지요. 도대체 국력이 무엇인데 그럴까요? 이때 국력은 부富일까요? 물론 그것도 맞습니다. 하지만 부富가 전부는 아닙니다. 그렇다면 국방력일까요? 물론 그것도 필요합니다. 그런데 이보다 더 중요한 힘은 국민들이 국민의식을 가지는 데에서 나옵니다. 국민이 국가를 '내 나라'라고 생각해야 국력이 생기는 것이지요. 국민에게 이런 의식이 없으면 국력이 나올 수 없고 국가가 존재하지 못합니다. 하지만 이것은 쉽게 길러지지 않습니다.

우리나라의 근대화는 어땠을까요? 하루아침에 왕조가 몰락하고 민주공화국이 탄생했을까요? 우리나라의 근대화는 일본의 식민지가 되면서 시작되었습니다. 서구 열강의 무서움을 먼저 보았던 일본에 의해 촉발된 일이지요. 서구를 흉내 내느라 근대화를 시작한 것입니다. 그러니 우리에게도 국가 의식이나 국민의식은 애당초 없었지요.

그러면 우리는 어떻게 국민의식을 갖게 되었을까요? 서구 열강을 대하자 우리는 왜소한 동양인이고 백인이 아니라는 사실을 우리 스스로 실감한 데서 나왔을 것입니다. 그냥 딱 보아도 그들과 우리가 다르다는 것을 알 수 있지요. 그러니 우리끼리 편을 들 수밖에 없다고 느낀 것입니다. 분열되어서는 상대할 수 없으니 뭉칠 수밖에 없다는 것을 알게 된 것입니다. 우리에게 국가 의식은 그렇게 시작되었습니다.

성경으로 돌아와서 생각해보면, 이스라엘은 처음부터 멋진 정체성을 약속받은 민족입니다. 그들의 정체성은 제사장 국가로 사는 것이지요. 그런데 이 점을 놓치게 되자, 그저 하루를 별 탈 없이 넘어가는 것 외에 아무 소원이 없게 됩니다.

이렇게 정체성을 잊고 살아가는 이스라엘의 모습을 구약에서 확인할 때마다 여러분은 그들을 쉽게 비난해서는 안 됩니다. 그렇게 비난하고 지적하는 것으로 여러분의 정체성을 삼을 수 없기 때문입니다. "이 바보 같은 놈들은 왜 우상을 섬겼을까? 홍해를 가른 하나님을 왜 믿지 못했을까?"라며 비난하고 말 일이 아닙니다. 여러분이 비난하는 이스라엘의 모습이 지금 여러분에게서도 발견되기 때문입니다.

자신의 진정한 정체성을 잊고 사는 일은 비단 이스라엘에게만 일어난 일이 아닙니다. 인류 역사 내내 반복되어 온 일입니다. 세상은 자기 이익을 지키는 일 밖에는 할 줄 아는 것이 없습니다. 단 지파가 라이스를 점령하듯이, 편하게 살고 부족한 것이 없었던 라이스가 약탈당하듯이, 우리의 진정한 정체성을 이해하지 못하면 우리는 뺏고 빼앗기는 짓 외에는 다른 삶의 방식을 알지 못합니다.

이런 모습을 오늘 본문에서도 만납니다. 사사 시대의 중요한 특징으로 사사기 17장과 18장에서 드러나는 삶의 태도는 기만과 폭력입니다. 기만은 속이는 것입니다. 자신을 속여 자신의 책임을 외면하는 것이지요. 폭력은 힘으로 빼앗고 빼앗기는 싸움에서 필요한 것입니다. 사사 시대 이스라엘은 기만과 폭력이라는 방법 외에는 살아가는 이유와 삶의 명예와 가치를 알지 못합니다. 본문은 이 점을 지적하고 있습니다. 그렇다고 여러분도 사사기를 읽고 "이스라엘은 정말 한심하구나"라고 지적하는 데 그쳐서는 안 됩니다. 타인을 그렇게 비난하고 지적하는 것으로 자신의 정체성이 확인되지 않기 때문입니다. 그것은 자신의 진정한 정체성이 아닙니다.

먼저 자신이 누구인지를 깨달아야 합니다. 우리는 신약의 성도이기에 예수가 오시고 그 후에 우리에게까지 이른 하나님의 일하심을 알고 있습니다. 이런 우리가 구약을 들여다보면, 이스라엘은 정말 한심하기 짝이 없습니다. 그들은 왜 밤낮 이럴까 싶습니다. 그러나 "왜 이럴까?"라는 질문을 우리 자신에게 먼저 던져야 합니다.

여러분은 무엇을 위해 기도합니까? 여러분 자신이 평안하게 사는 것 말고 무슨 간구를 할 줄 압니까? 아무 탈 없이 하루를 보내는 것을 넘어서는 기도의 제목을 가지고 있습니까? 다만 안심과 편안함만으로는 설명되지 않는 가치를 알고 있습니까? 무엇이 여러분을 여기 나온 미가나 라이스 백성보다 낫다고 여기게 합니까? 여러분의 정체성이 미가를 비난하는 것 외에 다른 적극적인 내용을 담고 있지 않다면, 여러분은 어리석은 사람들입니다. 여러분 각자의 정체성은 적극적인 내용을 만드는 데 있으며, 그것을 위해서 인생이라는 구체적 현장을 살아내야만 한다는 것을 기억하십시오. 이 사실을 모른 채 남의 이야기를 듣고 비평만 하는 심사위원으로 살아가서는 안 됩니다.

세상과 전혀 다른 우리의 정체성

구약에서 이스라엘을 다루셨던 바로 그 하나님이 당신의 목적을 위해 구체적인 시간과 공간 속에 우리를 보내신 이 현실을 깨달아야 합니다. 그렇지 않으면, 이스라엘 백성이 제사장 나라로 부름받았으나 감당하지 못한 것같이, 사사기에 나온 이스라엘 백성이 가나안 땅을 허락받았으나 원래 감당해야 했던 책임을 하나도 완수하지 못한 것같이, 이스라엘이 남을 약탈하여 자신의 존재와 생명을 유지하려 했던 것같이, 이런 어리석은 일을 우리도 반복하게 됩니다. 그러니 예수를 믿는다고 하면서도 하나님의 창조에 동참하여 그분의 넉넉하심을 드러내고 영광과 자랑을 만드는 일에 우리가 여전히 실패하고 있다는 사실 앞에 서야 합니다. 이스라엘이 실패했듯이 말입니다. 에베소서 4장으로 가봅시다.

그러므로 내가 이것을 말하며 주 안에서 증언하노니 이제부터 너희는 이방인이 그 마음의 허망한 것으로 행함 같이 행하지 말라 그들의 총명이 어두워지고 그들 가운데 있는 무지함과 그들의 마음이 굳어짐으로 말미암아 하나님의 생명에서 떠나 있도다 그들이 감각 없는 자가 되어 자신을 방탕에 방임하여 모든 더러운 것을 욕심으로 행하되 오직 너희는 그리스도를 그같이 배우지 아니하였느니라 (엡 4:17-20)

세상은 어떻게 자신을 방탕에 방임하고 있습니까? 그들에게는 참된 정체성의 확인이 없습니다. 자신이 어떤 존재인지를 모릅니다. 존재의 유지와 보존, 그리고 자존심을 세우는 일 외에 아무 목표가 없어 그저 시간을 죽이고 세월을 허송할 뿐입니다. 가지고 있는 것이 모두 있으나 마나 한 것들입니다. 모든 조건을 다 갖추었다고 해서 마음이 뿌듯합니까? 그렇지 않습니다. 늘 골치가 아픕니다. 여러분은 어느 계절이 가장 좋습니까? 어느 계절이나 다 귀찮습니다. 봄은 바람이 불고 여름은 덥고 가을은 처량하고 겨울은 춥습니다.

현재 한국 사회가 당면한 갈등과 대립은 어떻게 해결해야 할까요? 함께 감수해야 합니다. 시간이 필요합니다. 이것저것 다 해보아야 합니다. 그리고 마침내 진실을 아는 날이 오기를 소망해야 합니다. 우리가 죽은 다음에 나아지면 무슨 소용이 있을까, 그런 생각이 드십니까? 걱정하지 마십시오. 우리 자식들이 그 덕을 볼 것입니다. 그때도 안 되면 우리 손주들이 우리의 덕을 볼 것입니다. 그 정도의 희망과 자신감을 가질 수 없다면 예수 믿는 것이 아닙니다.

모든 것이 합력하여 선을 이룬다는 약속이 예수 안에서 어떻게 실현되었는지, 역사 속에서 어떤 모습으로 실증되었는지를 모르고는 인생을 살 수 없습니다. 누구를 믿고 누구에게 속을 드러내겠습니까? 생각해보십시오. 늘 겁먹어야 하고, 늘 치사할 수밖에 없는 삶일 것입니다. 그러나 하나님은 우리의 삶은 세상의 삶과 다르니 그들을 따라 살지 말라고 하십니다. 우리에게 예수 믿는 사람의 얼굴을 갖고 살라고 하십니다.

예수 믿는 자랑을 빼앗긴 채 세상에 속고 사는 것은 분한 일입니다. 감각이 없고 총명이 없는 것입니다. 창조할 가치와 진리를 지닐 수 없게 됩니다. 사람은 자기 자신에게든 다른 사람에게든 진리와 의를 만들어줄 수 없습니다. 그것은 하나님만이 하시는 일입니다. 예수 안에서만 할 수 있는 일이며, 예수를 믿는 우리의 삶에서 그 일이 이루어져야 합니다.

이것은 다른 사람을 설득하고 신문에 광고하여 이룰 수 있는 일이 아닙니다. 하나님이 일하시는 방법은 세상과 다릅니다. 하나님은 그렇게 일하시지 않습니다. 이 일은 여러분 자신에게서 이루어져야 합니다. 이어지는 에베소서 4장 21절, "진리가 예수 안에 있는 것 같이 너희가 참으로 그에게서 듣고 또한 그 안에서 가르침을 받았을진대"에서 보듯, 진리는 예수 안에 있습니다. 그분만이 주시고, 그분만이 이루십니다. 그래서 다음과 같이 권면하지요.

> 너희는 유혹의 욕심을 따라 썩어져 가는 구습을 따르는 옛 사람을 벗어 버리고 오직 너희의 심령이 새롭게 되어 하나님을 따라 의와 진리의 거룩함으로 지으심을 받은 새 사람을 입으라 (엡 4:22-24)

부디 이 구절을 도덕적 덕목이나 종교적 명분으로 적용하지 마십시오. 몇 마디 말이나 몇 가지 행동으로 때울 수 있는 것이 아닙니다. 우리 안에 이미 이루어진 사실을 선포하고 권면하고 있는 말씀입니다. 하나님이 하신다, 예수 안에서 그리하셨다, 너희는 그렇게 거듭난 자들이다, 또한 이 모든 것을 너희는 알고 있다, 그런데 왜 너희는 그렇게 하지 않느냐, 이렇게 들어야 합니다. 그러니 이 구절을 이해했다고 밖에 나가서 말로 떠들지 마시고 여러분 자신부터 몸소 그렇게 사십시오. 자기 인생을 사십시오. 남을 쫓아다니며 충고하지 말고, 여러분 자신이 그렇게 사십시오. 이 말씀을 듣는 한 사람 더 이렇게 살아주십시오. 이어지는 말씀을 계속 봅시다.

> 그런즉 거짓을 버리고 각각 그 이웃과 더불어 참된 것을 말하라 이는 우리가 서로 지체가 됨이라 분을 내어도 죄를 짓지 말며 해가 지도록 분을 품지 말고 마귀에게 틈을 주지 말라 도둑질하는 자는 다시 도둑질하지 말고 돌이켜 가난한 자에게 구제할 수 있도록 자기 손으로 수고하여 선한 일을 하라 (엡 4:25-28)

25절에는 거짓을 버리라, 28절에는 도둑질하지 말라는 명령이 나옵니다. 기만과 약탈이 제거된 삶을 권면하고 있습니다. 사사기가 이스라엘 백성의 가장 큰 특징이라고 고발했던 기만과 약탈이 여기서 제거되는 것입니다. 이웃에게서 약탈하여 우리를 채울 수 있는 것이란 없습니다. 우리는 그런 것들로 채워질 수 있는 존재가 아닙니다. 우리는 예수 안에서만 채워집니다.

그런데도 무엇이 겁나십니까? 도대체 세상이 우리에게서 빼앗아 갈 수 있는 것이 무엇이며, 세상이 우리에게 도와줄 수 있는 것은 또 무엇입니까? 세상과 현실은 하나의 무대일 뿐입니다. 정황일 뿐입니다. 거기에 여러분이 들어오신 것입니다.

예수 안에서 죽음을 뒤집어 승리하실 수 있는 하나님께서 여러분이 처한 조건과 현실에서 영광을 이루시리라 약속하셨습니다. 이 진리를 아는 자의 늠름함을 여러분의 멋진 표정과 성실한 실천으로 체현해주십시오. 억울하고 불가능한 조건밖에 없다고요? 감사하십시오. 가장 억울한, 가장 불가능한 조건 속에 있어야 더 빛이 날 것이니 말입니다.

감수하는 명예

얼마 전에 방영된 〈미생未生〉이라는 TV 드라마가 있습니다. 그 이야기에서 가장 억울한 사람이 누구라고 생각합니까? 저는 '안영이'가 가장 억울할 것 같습니다. 한국 사회에서 여자로 산다는 것은 남자보다 몇 배나 더 힘듭니다.

억울한 처지에서 어떻게 살아가는 것이 과연 이기는 것일까요? 감수하는 것입니다. 감수하는 것이 제일 잘하는 것입니다. 감수하는 것은 때려치우고 나가는 것보다 몇 배나 더 어렵습니다. 어떻게 해야 이 상황이 끝날까요? 본인이 포기하면 끝날 것입니다. 그런데 왜 포기하지 않고 계속 붙어 있을까요? 먹고살기 위해서요? 그럴 것입니다. 아마 세상은 그 이유밖에 없어 포기하지 않을 것입니다.

그러나 우리는 다릅니다. 하나님이 이 억울함 속에서도 기적을 만드시는 줄 알기 때문에 우리는 포기하지 않습니다. 내가 꼭 이겨야 할 필요도 없습니다. 하나님이 우리 안에 주신 정체성을 우리는 알고 있습니다. 하나님의 목적과 하나님의 약속이 우리로 말미암아 이웃에게 실현된다는 것을 믿기 때문입니다. 이웃이 나에게 항복해야 보상을 받는 것이 아닙니다. 하나님이 개입하고 계십니다. 하나님은 멀리서 구경만 하고 계시지 않습니다. 우리의 시간과 공간 속에 함께하시고 이 역사의 현실과 지금의 이 자리에 동참하십니다. 이런 명예를 우리가 누리고 있습니다.

유진 피터슨이 했던 말로 기억합니다. 요즘 미국에서는 공중 음식점에서 식사 기도를 하는 이들이 거의 없습니다. 어느 날 한 식당에서 그가 홀로 식사 기도를 하고 있는데, 이를 본 누군가가 묻습니다. "당신 지금 무얼 한 것인가?" "음. 잠깐 명예를 누렸지." 참 멋진 말이며 멋진 신앙 인격입니다. 에베소서 5장에 가봅시다. 이 구절이 의미하는 바가 무엇인지 생각해봅시다.

> 그러므로 이르시기를 잠자는 자여 깨어서 죽은 자들 가운데서 일어나라 그리스도께서 너에게 비추이시리라 하셨느니라 그런즉 너희가 어떻게 행할지를 자세히 주의하여 지혜 없는 자 같이 하지 말고 오직 지혜 있는 자 같이 하여 세월을 아끼라 때가 악하니라 그러므로 어리석은 자가 되지 말고 오직 주의 뜻이 무엇인가 이해하라
> (엡 5:14-17)

여러분 각자가 하나님이 일하시는 손길로, 그분의 개입과 동행과 임재의 주인공으로 서 있는 것입니다. 여러분의 현실, 여러분이 억울해하는 일, 이건 정말 아니라고 생각하는 모든 일들로 하나님이 일하십니다.

앞에서 언급한 드라마 〈미생〉에 나오는 말단 사원들의 역할이 무엇이라고 생각합니까? 그들이 거기서 무엇을 할 수 있을까요? 더 나은 자리로 승진할 수 있는 어떤 건수를 올리는 일이 중요한 것이 아닙니다. 괴로움과 억울함 속에서 어떻게 반응하느냐가 더 중요합니다.

그냥 죽어버릴 수도 있습니다. 하지만 주인공이 죽어버리면 그 드라마는 끝납니다. 그러니 드라마가 계속되는 한 주인공도 계속 버텨야 할 것입니다. 우리가 주인공에 대해 갖는 믿음은 무엇입니까? 저 사람이 일찍 죽을 리 없다는 것이지요. 아마 〈미생〉에서 '장그래'는 오래 살며 잘 버텨낼 것입니다. 주인공인데 당연히 그래야지요. 우리는 이 드라마에 나오는 온갖 치사하며 역부족인 일과 불가능한 처지에서 그가 어떻게 이기며 견디는가, 때로는 그 억울함을 어떻게 호소하는가를 봅니다. 이것이 큰 재미이지요.

여러분의 인생을 돌아보십시오. 어리석은 자가 되지 마십시오. 깨어 있어 세월을 아끼십시오. 여러분의 모든 시간은 내용이 담겨야 하는 시간입니다. 자신의 인생을 어떻게 살아내야 하는지 모르고, 그 인생이 하나님의 일하심에 붙잡혀 있다는 것을 몰라 여러분의 정체성을 잃으면, 그것으로 끝장입니다. 그렇게 되면 우리 인생은 사사기와 다를 바 없게 됩니다. 그래서 사사기의 기록이 무섭습니다. 에베소서 말씀은 우리에게 어디로 가라고 권면합니까?

> 술 취하지 말라 이는 방탕한 것이니 오직 성령으로 충만함을 받으라 (엡 5:18)

굉장한 이야기입니다. 골방에 들어가 금식 기도한다고 해서 성령 충만해지는 것은 아닙니다. 저잣거리로 나와야 합니다. 눈물과 한숨과 고함 소리 속에 성령님이 함께 계십니다. 너, 울어라, 울어도 좋다, 그리고 일어나라, 괜찮다, 네가 잘못한 것은 다 어제 일이다, 지금부터는 달라져라, 과거를 만회하려 들지 말고 현재를 잘 살아내라, 하는 말씀입니다.

회개 기도하여 과거를 만회하려 들지 말라고 제가 여러 번 이야기했습니다. 옛날의 과오를 가슴에 얹고 기억하여 더 나은 사람이 되십시오. 그 실패가, 그 부끄러움이 하나님의 일을 낳습니다. 그때는 그럴 수밖에 없었다고 변명하지 마십시오. 변명은 필요 없습니다. 달라지세요. 멋있는 인생을 사세요.

하나님은 창조의 하나님이시고 부활의 하나님이십니다. 여러분이 가진 어떤 과거도 손해보지 않게 만드실 수 있는 분입니다. 이 하나님을 바라보며 씩씩하고 늠름하게, 자랑과 믿음을 가지고 인생을 살아가는 복된 신자가 되기 바랍니다.

기도

하나님 아버지, 은혜를 감사합니다. 우리는 겁날 것이 없습니다. 창조의 능력과 부활의 능력을 가지신 하나님이 우리 아버지이십니다. 하나님은 우리가 행한 대로 갚지 않으시고, 하나님의 긍휼과 자비와 은혜와 기다리심으로 우리를 기어코 승리케 하신다고 말씀하셨습니다. 그러니 우리가 무엇을 더 바라겠습니까? 충분합니다. 이제 가슴을 펴고 우리의 인생을 살겠습니다. 우리 가족, 우리 이웃, 우리 믿음의 식구들, 우리나라, 이 시대 앞에서 멋있게 살아가겠습니다. 하나님이 우리 인생에 함께하셔서 어떤 영광과 명예를 입히시는지 자랑하고 나누게 하옵소서. 예수님 이름으로 기도합니다. 아멘.

Chapter 17

기브아의 불량배들_
살육의
반복

1 이에 모든 이스라엘 자손이 단에서부터 브엘세바까지와 길르앗 땅에서 나와서 그 회중이 일제히 미스바에서 여호와 앞에 모였으니 2 온 백성의 어른 곧 이스라엘 모든 지파의 어른들은 하나님 백성의 총회에 섰고 칼을 빼는 보병은 사십만 명이었으며 3 이스라엘 자손이 미스바에 올라간 것을 베냐민 자손이 들었더라 이스라엘 자손이 이르되 이 악한 일이 어떻게 일어났는지 우리에게 말하라 하니 4 레위 사람 곧 죽임을 당한 여인의 남편이 대답하여 이르되 내가 내 첩과 더불어 베냐민에 속한 기브아에 유숙하러 갔더니 5 기브아 사람들이 나를 치러 일어나서 밤에 내가 묵고 있던 집을 에워싸고 나를 죽이려 하고 내 첩을 욕보여 그를 죽게 한지라 6 내가 내 첩의 시체를 거두어 쪼개서 이스라엘 기업의 온 땅에 보냈나니 이는 그들이 이스라엘 중에서 음행과 망령된 일을 행하였기 때문이라 7 이스라엘 자손들아 너희가 다 여기 있은즉 너희의 의견과 방책을 낼지니라 하니라 8 모든 백성이 일제히 일어나 이르되 우리가 한 사람도 자기 장막으로 돌아가지 말며 한 사람도 자기 집으로 들어가지 말고 9 우리가 이제 기브아 사람에게 이렇게 행하리니 곧 제비를 뽑아서 그들을 치되 10 우리가 이스라엘 모든 지파 중에서 백 명에 열 명, 천 명에 백 명, 만 명에 천 명을 뽑아 그 백성을 위하여 양식을 준비하고 그들에게 베냐민의 기브아에 가서 그 무리가 이스라엘 중에서 망령된 일을 행한 대로 징계하게 하리라 하니라 (삿 20:1-10)

기브아 사람들의 악행

사사기 19장과 20장에는 끔찍한 사건이 기록되어 있습니다. 어떤 레위 사람이 친정으로 가버린 첩을 데리고 돌아오는 길에 베냐민 지파에 속한 기브아에 머물렀다가 변을 당합니다. 기브아 사람들 때문에 첩이 죽게 되지요. 이에 격분한 레위 사람이 첩의 시체를 열두 토막 내어 이스라엘 지파들에게 보냅니다. 이에 각 지파마다 몰려와 이스라엘 온 회중이 미스바에 모입니다. 성경의 표현대로 하면, 전 국민이 미스바에 모인 셈입니다. 정말 한 사람도 빠지지 않고 다 모였을 리야 없겠지만, 그만큼 온 백성이 분노했다는 것을 이 표현으로 미루어 짐작해볼 수 있습니다.

이스라엘 각 지파들은 어찌 이런 일이 우리에게 일어날 수 있느냐 하며 시체를 쪼개어 보낸 레위 사람에게 자초지종을 묻습니다. 레위인에게서 사건의 전말을 들은 사람들은 이 일을 완전히 해결하기 전에는 집에 돌아가지 않겠다고 다짐합니다. 그래서 베냐민 지파에게 사람을 보내 이 악한 일을 행한 자들을 내놓아라, 우리가 그들을 처형하겠다, 라는 말을 전하게 합니다. 그런데 뜻밖에도 베냐민 지파가 이를 거부하고 맞서는 바람에 급기야 전쟁이 일어나게 됩니다.

미스바에 모인 백성들이 하나님 앞에 묻습니다. "우리가 이 베냐민 지파와 전쟁을 해야 합니까? 싸워야 한다면 누가 먼저 앞장서서 올라가야 할까요?" 그러자 하나님께서 유다 지파더러 앞장서라고 말씀하십니다. 베냐민 지파를 제외한 지파들로 이루어진 이스라엘 동맹군은 사십만 명이고 베냐민에서 온 용사의 수는 이만 육천 칠백 명입니다. 그런데 이스라엘 동맹군은 수적인 우세에도 불구하고 첫 전투에서 이만 이천 명이나 죽습니다. 어이없는 패배를 맛본 이스라엘은 울며 하나님 앞에 다시 묻습니다. "하나님, 내일 다시 싸울까요, 말까요?" 하나님은 싸우라고 하십니다. 이에 다시 가서 싸우지요. 그런데 이번에도 만 팔천 명이나 죽습니다. 이스라엘은 눈물로 금식하며 다시 기도합니다. "하나님, 이 전쟁을 할까요, 하지 말까요?" 이스라엘의 반복되는 이 질문에 하나님은 "전쟁을 해라. 내일은 이길 것이다"라고 답하십니다. 그리하여 그다음 날 이스라엘은 승리하고 이 전투로 베냐민은 이만 오천백 명이 죽어 완전히 패배하고 맙니다.

오늘 본문을 이해하기 위해서는 도움을 좀 받아야 합니다. 그저 아무 생각 없이 죽 읽어 가면 뭐가 뭔지 잘 모르고 지나칠 수 있습니다. 성경 말씀이니 전부 옳은 말만 기록되었을 것이라고 생각해서인지 이런 처참한 기록을 보고도 우리는 별로 놀라지 않습니다. 참혹한 사실이 기술되어 있는데도 크게 놀라지 않고 그냥 읽어 넘깁니다. 성경을 통독하느라 빨리 읽어 넘기기 때문일까요? 이 말씀의 의미가 무엇이며 그 속에 담긴 뜻이 무엇인지에 대해 생각할 틈이 없어서 이 말씀의 중요성을 놓치곤 하는데,

주의깊게 살펴보아야 할 대목입니다.

우선, 당시 이스라엘 사회에서는 나그네를 대접하는 것이 굉장히 의미 있는 일이었다는 것을 기억할 필요가 있습니다. 오늘날 어려운 이웃을 돌보는 구제만큼이나 중요한 의무이자 책임이었던 것입니다. 해 저물 무렵 성문 앞에 낯선 사람이 앉아 있으면 그에게 숙소와 필요한 여러 가지 것들을 제공하여 하룻밤 자고 갈 수 있게 해주는 것이 보통의 관례였습니다. 그런데 오늘 본문의 레위 사람과 첩이 지나갔을 때에는 누구도 그들에게 이런 대접을 해주지 않았습니다.

다행히 한 노인이 이 레위 사람 일행을 자기 집에 데려가 재웁니다. 그런데 밤에 그 성읍의 불량배들이 모여들어 손님으로 머물고 있는 레위인을 내어달라고 요구합니다. 이 노인은 자신의 딸과 레위인의 첩을 대신 내어주어 불량배들을 달랩니다. 이 불량배들은 레위인 대신 이들을 능욕하고 이 일로 두 여자가 죽습니다.

여기까지 읽으면 우리는 이 레위인이 생각 밖의 어려운 재앙을 당했다는 것을 알 수 있습니다. 그런데 이어지는 이 레위인의 행적을 보면 그도 만만치 않게 이해하기 어려운 행동을 한 것을 알 수 있습니다. 첩의 시체를 열두 토막 내어 이스라엘 각지로 부치니 말입니다.

잘려진 시체 토막을 본 온 이스라엘은 이게 무슨 일이냐, 이럴 수는 없다, 아무리 심한 일을 당했어도 이렇게 할 수는 없다, 하며 격분합니다. 그런데 와서 사연을 들어보니 레위인에게 그럴 만한 사정이 있었다는 것을 알게 되지요. 그래서 레위인에게 더 이상 따지지 않고 기브아 곧 베냐민 지파와 전쟁을 하기에 이른 것입니다.

전쟁의 진정한 목적

전쟁이 진행되는 양상을 보면, 왜 하나님은 이스라엘이 관심을 집중하여 임하는 이 전쟁에 별 성의 없이 대답하시는가 하는 생각이 듭니다. 여기에서 우리는 중요한 사실을 발견할 수 있습니다. 이 내용을 잘 이해하려면 사무엘상 4장에 나온 사건을 보며 도움을 받을 필요가 있습니다. 본문의 사건과 유사한 일이 여기에도 반복되어 있지요.

> 사무엘의 말이 온 이스라엘에 전파되니라 이스라엘은 나가서 블레셋 사람들과 싸우려고 에벤에셀 곁에 진 치고 블레셋 사람들은 아벡에 진 쳤더니 블레셋 사람들이 이스라엘에 대하여 전열을 벌이니라 그 둘이 싸우다가 이스라엘이 블레셋 사람들 앞에서 패하여 그들에게 전쟁에

서 죽임을 당한 군사가 사천 명 가량이라 백성이 진영으로 돌아오매 이스라엘 장로들이 이르되 여호와께서 어찌하여 우리에게 오늘 블레셋 사람들 앞에 패하게 하셨는고 여호와의 언약궤를 실로에서 우리에게로 가져다가 우리 중에 있게 하여 그것으로 우리를 우리 원수들의 손에서 구원하게 하자 하니 이에 백성이 실로에 사람을 보내어 그룹 사이에 계신 만군의 여호와의 언약궤를 거기서 가져왔고 엘리의 두 아들 홉니와 비느하스는 하나님의 언약궤와 함께 거기에 있었더라 여호와의 언약궤가 진영에 들어올 때에 온 이스라엘이 큰 소리로 외치매 땅이 울린지라 블레셋 사람이 그 외치는 소리를 듣고 이르되 히브리 진영에서 큰 소리로 외침은 어찌 됨이냐 하다가 여호와의 궤가 진영에 들어온 줄을 깨달은지라 블레셋 사람이 두려워하여 이르되 신이 진영에 이르렀도다 하고 또 이르되 우리에게 화로다 전날에는 이런 일이 없었도다 우리에게 화로다 누가 우리를 이 능한 신들의 손에서 건지리요 그들은 광야에서 여러 가지 재앙으로 애굽인을 친 신들이니라 너희 블레셋 사람들아 강하게 되며 대장부가 되라 너희가 히브리 사람의 종이 되기를 그들이 너희의 종이 되었던 것 같이 되지 말고 대장부 같이 되어 싸우라 하고 블레셋 사람들이 쳤더니 이스라엘이 패하여 각기 장막으로 도망하였고 살륙이 심히 커서 이스라엘 보병의 엎드러진 자가 삼만 명이었으며 하나님의 궤는 빼앗겼고 엘리의 두 아들 홉니와 비느하스는 죽임을 당하였더라 (삼상 4:1-11)

이 기록에서 당시 이스라엘 백성의 신앙 수준과 그에 대한 하나님의 반응을 가늠해볼 수 있습니다. 하나님은 이스라엘이 벌이는 전쟁을 보시며 이들이 이 전쟁의 핵심을 전혀 이해하지 못하고 있다는 것을 아셨습니다.

사사 시대 내내 주변에 있는 이방 국가들이 이스라엘 백성을 칩니다. 사실 이스라엘을 친 것은 이방 국가들이 아니라 하나님이셨습니다. 그들의 정체성을 일깨우기 위해서였지요. 그러나 이스라엘은 이를 깨닫지 못합니다. 다만 전쟁에 이겨서 안정을 확보하는 것 외에는 하나님의 뜻이나 자신들의 정체성에 도무지 관심이 없습니다. 그들로 애굽을 벗어나 가나안에 들어가게 하신 하나님의 거룩한 목적을 자신들의 삶과 전혀 연결하지 못하고 있는 것입니다.

전쟁의 승리에만 관심을 두는 이 사람들을 하나님께서는 내버려두십니다. 그러자 이스라엘은 하나님을 강제로 자기편 삼으려고 법궤를 가져오지요. 하나님의 언약궤가 진으로 들어오자 이스라엘 백성은 사기가 충천하여 환호성을 지릅니다. 이 환호성에 두려워진 블레셋은 오히려 죽기를 각오하여 전투에 임하게 되고, 결국 승리는 블레셋에게 돌아갑니다. 이스라엘은 삼만 명이나 죽고 법궤마저 빼앗기지요.

이 법궤 이야기를 염두에 두고 오늘 본문을 살펴봅시다. 왜 하나님은 이스라엘이 베냐민을 치러 모인 이 일에 성의를 보이시지 않을까요? 여기서 벌어진 잔혹한 사건 그 자체가 문제의 핵심이 아니기 때문입니다. 잔인한 폭행이든, 그에 대한 반발로 시체를 열두 토막 내는 짓이든 잘한 일일 수는 없습니다. 그런데 문제의 진정한 핵심은 이스라엘이 자기네의 정체성을 이해하지 못하는 데에 있습니다. 이 끔찍한 사건들은 자신들의 책임과 명예를 하나님과의 관계 속에서 이해하지 못한 데서 나온 부수적 결과에 불과한 것입니다.

예를 들어, 집에 들어와 보니 집 안에 물이 가득 흘러넘치고 있다고 해봅시다. 이런 상황에서 걸레로 물부터 닦아낼 사람은 아마 없을 것입니다. 맨 먼저 수도꼭지부터 잠글 것입니다. 수도꼭지를 잠그기 전에 이 어려움을 토로하려고 전화하거나 도와달라고 이웃을 부르지는 않을 것입니다. 또 하나님께 "이 물 좀 퍼내게 이 성경책이 양동이가 되게 해주세요"라고 기도하며 하나님의 응답을 가만히 기다리고 있지도 않을 것입니다. 이처럼 오늘 본문도 일어난 잔혹한 사건 자체가 핵심이 아니라 이 사건이 일어나게 된 근본 원인이 무엇인지 고민해야 합니다.

오늘 본문은 본말이 전도된 당시 이스라엘의 왜곡된 신앙과 그것이 가져온 시대상을 보여주고 있습니다. 그때의 진실, 역사 속에 일어났던 사실, 반복되는 인류의 실패를 고발하고 있는 것입니다. 이사야 1장에 가보면, 이사야 선지자가 이스라엘에 대한 하나님의 분노를 표현하여 자신의 사역을 시작하고 있는 대목을 만나게 됩니다.

> 하늘이여 들으라 땅이여 귀를 기울이라 여호와께서 말씀하시기를 내가 자식을 양육하였거늘 그들이 나를 거역하였도다 소는 그 임자를 알고 나귀는 그 주인의 구유를 알건마는 이스라엘은 알지 못하고 나의 백성은 깨닫지 못하는도다 하셨도다 슬프다 범죄한 나라요 허물 진 백성이요 행악의 종자요 행위가 부패한 자식이로다 그들이 여호와를 버리며 이스라엘의 거룩하신 이를 만홀히 여겨 멀리하고 물러갔도다 (사 1:2-4)

이 분노의 핵심은 이스라엘이 악행을 일삼고 하나님을 배반했다는 윤리적이고 종교적인 문제에 있지 않습니다. 이스라엘의 본질적인 문제는 하나님과의 관계를 끊어버렸다는 점에 있습니다.

윤리를 넘어서 있는 기독교 신앙

하나님은 단지 윤리적인 존재가 되라고 우리를 부르신 것이 아닙니다. 이 점이 기독교 신앙을 이해하는 데 잘못 생각하기 쉬운 부분입니다. 여기가 가장 어렵습니다. 말할 것도 없이 하나님은 윤리와 도덕을 비롯한 그 모든 덕목, 더 나아가 모든 의미와 가치의 근거자이십니다. 오직 하나님만이 이것들을 만들어내십니다. 인간은 하나님을 외면하고 하나님과 분리된 채 도둑질 안 하고 정직하게 살 수는 없습니다. 이것은 너무나 당연합니다.

물론 하나님과 무관하게 도덕적 덕목과 윤리적 명분을 고수하는 것을 목적으로 삼고 살 수도 있습니다. 하지만 그렇게 사는 것은 메마른 것입니다. 정직함에 담길 수 있는 진정한 영광이나 부요함이 없이, 그저 메마른 윤리에 불과하게 됩니다. 그래서 하나님 없이 윤리가 시행되면 공포와 포악이 따라옵니다. 그러니 도둑질하지 않고 정직하게 살고 있다는 것만으로 잘한다고 할 수는 없습니다. 바로 오늘 본문에서 말하고자 하는 내용입니다.

온 백성이 모여 울며 금식하였지만, 거기에는 칼을 뽑아 잘못을 제거하는 무시무시한 살육만이 있습니다. 온정이나 회복, 용서나 관용이 보이지 않습니다. 칼부림 외에는 따뜻함이나 포용, 기쁨이 들어갈 자리가 없는 것입니다. 로마서 13장에 가봅시다.

> 피차 사랑의 빚 외에는 아무에게든지 아무 빚도 지지 말라 남을 사랑하는 자는 율법을 다 이루었느니라 간음하지 말라, 살인하지 말라, 도둑질하지 말라, 탐내지 말라 한 것과 그 외에 다른 계명이 있을지라도 네 이웃을 네 자신과 같이 사랑하라 하신 그 말씀 가운데 다 들었느니라 사랑은 이웃에게 악을 행하지 아니하나니 그러므로 사랑은 율법의 완성이니라 (롬 13:8-10)

사랑은 이웃에게 악을 행하지 아니하는 것이라고 합니다. 이 말씀을 어떻게 생각하십니까? 이처럼 사랑은 상대방에게 악을 행하지 않는 것처럼 어떤 소극적인 계명에 불과한 것일까요?

우리는 복음서에서 사랑의 적극적 측면을 강조하시는 예수님의 말씀을 본 적이 있을 것입니다. 어느 계명이 가장 중요한 것인지 묻는 율법사의 질문에 예수님이 친히 율법을 이렇게 요약하십니다. 첫째는 하나님을 사랑하는 것, 둘째는 이웃을 자기 자신처럼 사랑하는 것이라고 말입니다. 그러므로 참되게 율법을 지키려는 자는 무엇을 하지 않는 것, 즉 잘못이나 악행을 저지르지 않는 것과 같은 부정적이고 소극적인 이해에 머물 수 없는 것입니다. 오히려 율법은 우리에게 무한히 허락되어 있는, 긍정적이고 적극적인 것들로 나아가는 출발점입니다.

율법의 목표는 사랑하는 것입니다. 거짓말하지 않은 것이 전부가 아니라 정직하게 살아야 합니다. 소극적인 데에 머물지 않고 사랑하는 데로 나아가야 합니다. 사심이 없는 것이 전부가 아니라 하나님을 알아 생명의 풍요함과 아름다움을 누리는 삶, 자랑과 영광이 넘쳐나는 삶을 살아가야 하는 것입니다.

사심이 없는 것 그 자체로는 아무것도 아닙니다. 적극적 가치를 지녀야 합니다. 그런데 세상은 그렇지 않습니다. 누군가 흠을 잡으면 당장 이런 답이 나옵니다. "당신도 이것이 잘못이라고 생각하는가? 그렇다면 나는 더 이상 하지 않겠네." 이는 참으로 가난한 해결책입니다. 흠을 잡히면 다 그만두고 죽는 것 말고는 다른 수가 없습니다. 서로 상대방의 흠을 잡은 채 죽으라는 말만 할 뿐입니다.

기독교는 이 문제에 대한 답을 갖고 있습니다. 세상에서는 잘못하면 죽고 죽이는 것 외에 다른 방법이나 희망이 없습니다. 그래서 웃을 수가 없습니다. 교회는 세상이 이렇다는 것을 알아야 합니다. 그렇지 않으면 교회는 사랑마저도 율법처럼 요구하게 됩니다.

인간의 삶에 어떤 내용이 채워져야 하는지는 기독교만이 답을 알고 있습니다. 누구에게나 동일한 사망의 법칙 속에 신자인 우리도 살고 있습니다. 그러나 우리는 부활과 생명과 용서와 사랑을 갖고 있는 자로서 그 속에 존재합니다. 우리가 모임으로써 죽음밖에 없는 이 세상에 도피처가 생깁니다. 교회는 하나님이 일하시는 기적으로 존재하여 세상의 희망이 되는 것입니다.

하나님이 어떻게 일하실 것인지는 우리도 모릅니다. 교회사 내내 교회는 언제나 오해받고 욕을 먹었습니다. 신자는 우스운 사람으로 여겨졌고 종종 미친 사람 취급도 받았습니다. 그러나 우리는 세상과 다릅니다. 세상에서는 사망이 이기나 우리에게서는 생명이 이깁니다. 우리는 무엇을 안 하는 것으로 자신을 확인하는 존재가 아닙니다. 우리는 무엇을 하여 우리가 누구인지 드러내는 존재입니다. 그런 우리가 모여 교회를 이루고 있습니다. 그러니 여러분, 늠름하고 멋있게 살아가십시오.

율법은 무엇을 안 하는 것이 아니라 힘써 하는 것입니다. 힘써 사랑하라고 했습니다. 사랑은 혼자 할 수 있는 것이 아닙니다. 대상을 빼놓은 사랑은 거짓말일 뿐입니다. 누군가를 사랑한다면, 사랑하는 그 대상에게 무엇을 해주어야 합니다. '사랑은 이웃에게 악을 행하지 않'는다는 로마서 13장 10절 말씀은 표현만 소극적일 뿐, 부정적이고 소극적인 내용을 지향하고 있지 않다는 것을 명심해야 합니다. 그러니 이웃에게 악을 행하지 않는 데서 더 나아가 이웃을 사랑해야 합니다. 고린도전서 13장을 보겠습니다.

> 내가 사람의 방언과 천사의 말을 할지라도 사랑이 없으면 소리 나는 구리와 울리는 꽹과리가 되고 내가 예언하

는 능력이 있어 모든 비밀과 모든 지식을 알고 또 산을 옮길 만한 모든 믿음이 있을지라도 사랑이 없으면 내가 아무 것도 아니요 내가 내게 있는 모든 것으로 구제하고 또 내 몸을 불사르게 내줄지라도 사랑이 없으면 내게 아무 유익이 없느니라 (고전 13:1-3)

내가 아무리 가치 있는 것을 갖고 있고 그 가치 있는 일을 행하고 있더라도 그것이 이웃에게 유익이 되지 않는다면 아무 소용이 없다는 말씀입니다.

여러분이 타인과 분리된 채 홀로 있을 뿐이라면 자신의 가치를 창출할 수도 확인할 수도 없을 것입니다. 여러분의 만족은 전부 여러분과 관계를 맺고 있는 이웃에게서 나옵니다. 거기서 반사됩니다. 사랑은 추상적 관념이 아니라 구체적인 누군가를 사랑하는 것입니다. 말하자면, 사랑은 이렇게 하는 것이지요. 날이 점점 쌀쌀해지는 가을 저녁에 어떤 남녀가 데이트를 합니다. "춥지요?" 여인이 묻습니다. 그 말에 남자가 "그렇군요"라고 말만 하고 만다면, 그는 사랑이 무엇인지 모르는 사람입니다. 그럴 때는 얼른 외투를 벗어서 여인에게 덮어줘야 합니다. 여인이 그 옷을 입어주는 것이 그 남자에게는 행복이고 명예입니다. 그런데 여인이 옷을 받지 않고 "필요 없어요"라고 하면 어떻겠습니까? 망신입니다. 그러니 춥다고 떠는 여자에게 이렇게 말하는 남자는 결혼하기 글렀지요. "난 그럴 줄 알고 내복 입고 나왔어요." 그러면 안 됩니다.

사랑이 무엇입니까? 내 호의를 옆 사람이 고맙게 받아주고, 이 모습에서 행복을 느끼고 그것을 자신의 기쁨과 명예로 받아들이는 것, 이것이 사랑입니다. 손을 내민 사람이 명예롭게 되는 것이 사랑이지요.

하나님이 우리를 사랑하신다고 합니다. 하나님이 우리를 위하여 어떤 일을 행하셨습니다. 우리가 그분의 일하심을 감사로 받는다면, 하나님은 이것을 당신의 명예로 생각하실 것입니다. 그런 분이 하나님이십니다. 너희를 위해서라면 내 목숨도 내놓을 수 있다. 물론입니다. 정말 내놓으셨지요. 그분이 예수입니다.

기독교基督教, 그리스도교라는 말 속에 이 사랑이 담겨 있습니다. 예수를 믿는다는 표현에 이 사실이 담겨 있는 것입니다. 하나님이 우리를 위하여 죽으셨다는 것입니다. 하나님 홀로 죽으심으로 당신의 사랑의 진정성과 비장함을 증명하신 것이 아닙니다. 그 죽으심이 우리에게 온전히 유익이 되게 하심으로 당신의 사랑을 입증하신 것입니다.

여기서 고린도전서 13장에 나오는 표현을 이렇게 적용해봅시다. 네가 천사의 말을 한다고 해도, 네가 모든 지식과 비밀과 능력을 다 갖고 있다고 해도, 네가 구제하고 옳고 바르고 네 몸을 불사르게 내준다고 해도, 네가 네 이웃과 함께하지 않는다면, 네 이웃에게서 항복과 감사와 기쁨을 받아내지 못한다면 그 모든 것은 아무것도 아니다, 라고 말씀하는 것입니다.

질 수 있는 인생

우리는 옳음을 중요한 것으로 여기는 시대에 살고 있습니다. 그러나 우리가 그토록 중요하게 생각하는 옳음이 무엇을 위해 쓰이는지 보십시오. 우리는 자신이 옳다는 것을 자기 혼자 아는 것으로는 만족하지 못하는 존재입니다. 내가 옳다는 것을 항상 이웃에게 확인받고 싶어 합니다. 이 옳음을 확인받기 위해서 인류 역사 내내 서로 죽고 죽여왔던 것입니다. 모두 자기처럼 옳아야 하는데 그렇지 않은 자가 있다면 그들을 죽이고 마는 그런 잔인한 옳음이었지요. 그래서 누구나 칼을 잡으려고 합니다. 칼을 들고서 내가 가진 옳음을 가지지 못한 그 누군가를 죽이는 것입니다. 그러면 이번에는 그렇게 당한 자들이 보복합니다. 이처럼 '죽고 죽이고'가 누적되고 반복되어 온 것이 인류 역사입니다. 이 죽고 죽이는 일을 뚫고 들어오는 한 줄기 빛은 예수 그리스도뿐입니다.

우리는 더 이상 다른 사람을 이기거나 죽이지 않아도 살 수 있는 존재입니다. 우리는 질 수 있습니다. 우리는 죽을 수 있습니다. 그러나 사사기에서는 자신의 옳음을 근거로 타인을 죽입니다. 이런 우리에게 하나님이 "너희는 언제쯤 철이 들겠느냐?"라고 물으시는 것 같습니다.

"우리가 베냐민과 싸울까요?" "그래라." "아니, 하나님, 왜 오늘 우리와 함께해주지 않으셨어요? 내일 다시 싸울까요?" "그래라." 말하자면 누가 이겨도 하나님께는 상관이 없지요. 하나님의 이 대답에 담긴 비통한 심정을 읽어낼 수 있어야 합니다. 그렇지 않으면 하나님이 우리와 어떻게 일하시는지, 우리와 무엇을 하기를 원하시는지 그 핵심을 놓치게 됩니다.

탕자의 비유에 나온 큰 아들처럼 말입니다. 집을 나가 가산을 탕진한 동생이 돌아옵니다. 이에 아버지가 뛸 듯이 기뻐합니다. 소를 잡고 잔치를 벌이지요. 형이 들어와서 아니, 창기와 함께 아버지의 재산을 다 말아먹은 놈을 위하여 잔치를 하시다니요, 하고 불평합니다. 그러자 아버지는 그따위 재산은 아무래도 좋다, 내 아들이 돌아왔다, 이렇게 말합니다. 왜 우리는 이 아버지의 심정을 깨닫지 못할까요? 돌아온 아들은 잃어버린 재산과는 상대도 되지 않는, 비교할 수 없는 기쁨인 것을 우리는 왜 깨닫지 못할까요?

우리는 어디서 기쁨을 놓쳤을까요? 무엇 때문에 아직도 가슴에 칼을 품고 있을까요? 혹 아직도 하나님이 여러분에게 쌍칼을 쥐어주기를 바라고 있습니까? 여러분 마음속에 품은 칼을 내려놓으십시오. 그 칼을 내려놓으십시오. 여러분이 가진 것이 무엇인지를 알아야 합니다. 여러분만이 웃을 수 있고 여러분만이 질 수 있는 존재입니다. 기독교에만 사랑이 있기 때문입니다. 신자만이 사랑할 줄 알기 때문입니다.

예전에 한 부흥회에서 어떤 이가 회개하고 간증한 내용입니다. 어느 날 한 소매치기가 지나가는 아주머니의 핸드백을 확 낚아챈 채 뛰어가는데, 핸드백을 잃어버린 아주머니가 뒤따라오면서 소리칩니다. "아이고, 아저씨, 천천히 가세요. 넘어지면 다쳐요." 나중에 소매치기가 그 핸드백을 열어보았더니 성경책이 나오더랍니다. 그래서 그 성경책을 몇 년 동안 갖고 다니다가 마침내 예수 믿었다고 합니다.

여러분이 어떤 존재인지 아십니까? 솔로몬의 지혜는 이런 것이었습니다. 누가 진짜 엄마냐 하는 다툼이 있었지요. 가짜 엄마, 진짜 엄마 둘 다 자기가 진짜라고 주장하자 솔로몬은 아이를 반으로 가르라고 합니다. 가짜 엄마는 그렇게 하자고 했고, 진짜 엄마는 반으로 가르지 말고 그냥 저 여인에게 이 아이를 주라고 말하지요. 여기서 드러나는 하나님의 지혜와 사랑을 여러분은 이해하시겠습니까?

이 하나님의 일하심을 알았으면 여러분은 그런 은혜를 받은 자, 혜택을 받은 자로만 서 있지 마십시오. 여러분이 친히 생모가 되고, 돌아온 탕자를 맞는 아버지가 되어 살라고 성경은 말씀하고 있습니다. 가서 여러분의 이웃들 앞에 서 있으라고 하십니다. 얼마나 멋진 일입니까?

싸우면 반드시 이겨야 하는 것이 아닙니다. 져도 되고, 질 수 있습니다. 나를 이기겠다는 사람을 위해 기도해줄 수 있는 인생으로 부름받은 우리입니다. 악에게 지지 말고 선으로 악을 이기라, 얼마나 멋진 배역을 맡았는지, 얼마나 멋진 인생과 존재로 부름받았는지 확인하기 바랍니다. 여러분의 궁핍한 것을 채워달라는 기도를 넘어서 "하나님, 이 상황에서는 어떻게 하는 것이 하나님이 원하시는 일입니까? 하나님이 원하시는 것을 할 수 있는 용기와 지혜를 주옵소서"라고 기도하는 여러분이 되기 바랍니다. 말씀을 듣고 돌아가는 표정부터 당장 바꾸십시오. 여러분의 자리를 이 신나는 하나님의 일하심으로 채워서 여러분을 만나는 사람이 여러분을 보면 반가워하게 하십시오. 웃게 하십시오.

기도

하나님 아버지, 은혜를 감사합니다. 우리는 넉넉하게 가졌다고 해서 웃을 수 있는 존재가 아닙니다. 하나님의 자녀이기 때문에 우리는 웃을 수 있습니다. 하나님을 아버지라 부르는데 무엇이 더 필요하겠습니까? 그렇지만 고통스럽습니다. 모든 진지한 것들은 피가 마르고 눈물이 나야 만들어지기 때문이겠지요. 어설프게 입술로만 떠벌리는 것에 어떻게 진지한 것이 깃들 수 있겠습니까. 피땀 흘려 멋진 인생을 이루어 믿음으로 승리하게 하옵소서. 예수님 이름으로 기도합니다. 아멘.

Chapter 18

미스바 총회_
모순과 비극을 보라

1 이스라엘 사람들이 미스바에서 맹세하여 이르기를 우리 중에 누구든지 딸을 베냐민 사람에게 아내로 주지 아니하리라 하였더라 2 백성이 벧엘에 이르러 거기서 저녁까지 하나님 앞에 앉아서 큰 소리로 울며 3 이르되 이스라엘의 하나님 여호와여 어찌하여 이스라엘에 이런 일이 생겨서 오늘 이스라엘 중에 한 지파가 없어지게 하시나이까 하더니 4 이튿날에 백성이 일찍이 일어나 거기에 한 제단을 쌓고 번제와 화목제를 드렸더라 5 이스라엘 자손이 이르되 이스라엘 온 지파 중에 총회와 함께 하여 여호와 앞에 올라오지 아니한 자가 누구냐 하니 이는 그들이 크게 맹세하기를 미스바에 와서 여호와 앞에 이르지 아니하는 자는 반드시 죽일 것이라 하였음이라 6 이스라엘 자손이 그들의 형제 베냐민을 위하여 뉘우쳐 이르되 오늘 이스라엘 중에 한 지파가 끊어졌도다 7 그 남은 자들에게 우리가 어떻게 하면 아내를 얻게 하리요 우리가 전에 여호와로 맹세하여 우리의 딸을 그들의 아내로 주지 아니하리라 하였도다 (삿 21:1-7)

미스바에 모인 이스라엘

 오늘 본문은 지난 장에서 살펴본 열두 토막 사건의 처리를 위해 모인 미스바 총회의 마지막 모습을 그리고 있습니다. 한 레위인의 첩이 기브아에서 불량배들에 의해 죽는 일이 발생했습니다. 이 일에 격분한 그 레위인이 첩의 시체를 열두 토막으로 잘라 각 지파에 보냈고, 이를 받은 이스라엘 지파들이 들고 일어났습니다. 어떻게 우리에게 이런 일이 있을 수 있단 말인가 하여 이 일을 바로 잡기 위해 미스바 총회에 모였던 것입니다.

 기브아는 베냐민 지파에 속했고 베냐민 지파는 열두 지파 중 하나입니다. 이스라엘 사람들이 베냐민 지파에게 레위인의 첩을 죽인 범죄자들을 내놓으라고 하나, 베냐민 지파는 거부합니다. 그리하여 이스라엘 열한 지파의 동맹군과 베냐민 지파가 싸우게 됩니다. 당연히 전력의 차이가 있을 수밖에 없는 상황입니다. 이스라엘 지파의 동맹군은 그 수가 사십만 명이었고 베냐민 지파에서 나온 용사의 수는 이만 육천 칠백 명이었습니다.

 베냐민 지파는 이스라엘 지파 동맹군에 비하면 소수에 불과합니다. 그런데도 이스라엘 지파 동맹군은 베냐민 지파에게 연이어 두 번 패하고, 세 번째 전투에 가서야 이기게 됩니다. 이 전세를 몰아 이스라엘 동맹군이 끝까지 추격하자, 베냐민 지파의 남은 병사들은 림몬 바위가 있는 골짜기까지 도망가서 숨어버립니다. 다시 베냐민 지파의 땅으로 돌아온 동맹군은 기브아를 비롯한 베냐민의 모든 성읍을 불태워 지파 전체를 도륙합니다. 그런데 전투를 마치고 보니 이제 한 지파가 없어지게 된 사실을 비로소 깨닫습니다.

한편, 열 두 토막 사건을 계기로 이스라엘 지파들은 베냐민 사람에게는 딸을 주지 않기로 이미 맹세하였습니다. 3절에 보면 이스라엘의 통곡이 나오죠. "이스라엘의 하나님 여호와여 어찌하여 이스라엘에 이런 일이 생겨서 오늘 이스라엘 중에 한 지파가 없어지게 하시나이까."

이스라엘 지파가 미스바 총회에 모인 일차적 목적은 범죄를 제거하는 데 있었습니다. 나아가 자신들의 정체성을 확인하게 됩니다. 이스라엘에 다시는 이런 범죄가 있어서는 안 된다, 왜냐하면 우리는 거룩한 백성이기 때문이다, 우리는 하나님을 섬기는 백성이다, 라는 사실을 확인하지요. 전투가 끝나고 보니 범죄에 대한 응징은 잘 마무리된 것 같은데, 지파 하나가 없어지게 되었습니다. 그래서 이스라엘은 울부짖습니다. "하나님, 우리가 힘을 다하여 죄악은 제거했는데, 그렇게 하다 보니 베냐민 지파 하나가 없어지게 되었습니다. 이 일을 어떻게 하면 좋겠습니까?" 하고 우는 것입니다.

하나님은 이스라엘의 울부짖음에 대하여 아무런 답을 하시지 않습니다. 그러자 이들은 이제 어떻게 해야 하나 하며 걱정하기 시작합니다. 본문의 정황을 보면 베냐민 지파가 전멸한 것을 알 수 있습니다. 살아남은 사람이라곤 고작 림몬 바위 골짜기에 도망가 있는 패잔병이 전부입니다. 이제 베냐민 지파의 대가 끊기게 된 것입니다. 그러자 새로운 걱정거리가 생겼습니다. 어떻게 해야 이 지파의 대를 잇게 할까, 우리 모두 베냐민 족속에게는 딸을 시집보내지 않기로 맹세했으니 어쩌면 좋을까 하며 걱정하고 있습니다. 이들은 남아 있는 베냐민 지파 남자들에게 아내를 얻어줄 궁리를 합니다.

그러다가 미스바 총회에 불참한 지파가 있는지 조사하기 시작합니다. 그랬더니 야베스 길르앗의 주민이 참석하지 않은 사실이 드러납니다. 그들은 한 사람도 진으로 오지 않았고, 미스바 집회에도 참석하지 않았던 것입니다. 이에 회중은 가장 용감한 군인 만 이천 명을 야베스 길르앗으로 보냅니다. 이 용사들은 결혼한 여자와 남자, 아이는 다 죽이고 사백 명의 처녀를 얻어 옵니다. 그리하여 이 사백 명을 림몬 바위에 숨어 있던 베냐민 사람들에게 아내로 줍니다.

그래도 아직 수가 부족하자, 궁리 끝에 실로에서 매년 벌어지는 축제를 떠올립니다. 해마다 실로에서는 하나님을 경배하는 축제가 열렸는데, 베냐민 사람들더러 그 축제에 숨어 있다가 처녀들을 업고 도망가라고 지시합니다. 또 만일 이 일 때문에 납치된 처녀의 가족이 항의해오면, 이는 다 베냐민 지파를 살려내기 위해서 이스라엘 전체가 암묵적으로 동의한 끝에 벌어진 일이니 그냥 봐주십시오, 라고 대신 답해주기로 합니다. 이 이야기로 사사기는 막을 내립니다.

이스라엘은 자기네가 하나님의 백성임을 깨달아 다시는 일어나서는 안 될 일을 책임지고 제거하는 데 진심과 열심을 보였습니다. 그래서 처음으로 사십만 명의 동맹군이 모이게 된 것입니다. 사사기의 다른 대목에서 유례를 찾을 수 없는 일입니다. 처음으로 거국적 행사를 치른 셈입니다.

그런데 앞뒤를 가리지 않고 너무 맹렬히 일하다 보니 베냐민 지파가 없어지는 일이 발생하죠. 다시 머리를 맞댄 끝에 베냐민 지파 패잔병들의 짝을 맞춰줍니다. 우리가 보기에는 정말 말이 안 되는 해결책을 내놓은 것 같지만 말입니다. 이제 이 문제를 해결한 이스라엘 자손들은 각각 자기 지파와 자기 가족에게 돌아가고 사사기는 끝이 납니다.

폭력으로는 만들 수 없는 공의

무슨 이런 내용이 있을까 싶을 만큼 사사기는 정신이 없습니다. 흔히 성경에는 지당한 말씀, 은혜로운 말씀만 있을 것이라고 기대하기 때문에 이런 실망은 어찌 보면 당연해 보입니다. 또한 사사기를 보면, 읽고서 "아멘"이라고 화답할 부분이 한 군데도 없습니다. 아멘은커녕, 이 사람들은 대체 왜 그랬을까 하며 지적해주고만 싶습니다.

여기 미스바 총회에 모인 이스라엘 백성들은 자신들의 정체성과 책임을 뼈저리게 통감합니다. 그들은 울며 통곡하지요. 하나님을 향한 그들의 열심은 이제 밖으로는 자기 동족을 그들의 아이들까지 진멸하는 행동으로 드러나게 됩니다. 그리고 안으로는 심장이 녹아내리는 것 같은 눈물이 있지요.

그러나 우리가 보기에 이들은 좀 정신 나간 사람들 같습니다. 구약과 신약의 역사를 잘 알고 있는 우리로서는 이런 해결책은 잘못된 것이며 하나님이 이런 일을 의도하셨을 리 없다는 것을 금방 알아차릴 수 있습니다. 그런데도 사사기는 왜 어떤 해설이나 평가도 덧붙이지 않고 이런 사건들을 나열해놓았을까요? 아무런 교훈적 가르침마저 언급하지 않고 말이지요.

이는 이스라엘이 이렇게 행동한 의도가 너무 분명하기 때문입니다. 이 사건을 보이시며 하나님이 말씀하고 계십니다. 그들이 가진 명분을 보아라, 마땅한 일을 대하는 그들의 이해를 보아라, 그들의 진심을 보아라, 그리하여 진실을 직시하라, 이렇게 말씀하는 것입니다.

이 일의 진실이 무엇입니까? 이 일을 통해 이스라엘이 만들어낸 것이 무엇입니까? 폭력을 휘두르고 분노를 폭발하여 응징

한 것으로 도대체 무슨 유익을 끼칩니까? 하나님을 믿는 자에게 주어진 진정한 정체성이 여기 어디에 담겨 있습니까? 너희가 내 세운 명분과 너희의 깊은 진심이 만들어내는 모순과 비극을 보아라, 이렇게 사사기는 이야기하고 있습니다.

이것은 인류 역사 내내 반복되어온 이야기입니다. 스스로 옳다고 생각하는 일을 이루기 위해, 또 세상에 평화를 가져다줄 것이라고 확신하는 일을 이루기 위해, 역사 내내 인류가 쓴 방법은 폭력과 기만 외에는 아무것도 없습니다. 말로 해서는 듣지도 않고 설득도 안 먹히니 결국 폭력을 동원한 것입니다. 아마 선택의 여지가 없어서 그리했을 것입니다. 그런데 폭력을 동원하면 문제가 해결되는 것이 아니라, 오히려 원한과 비극만 남더라는 것을 역사는 증언하고 있습니다.

물론 사회가 유지되려면 원칙은 지켜져야 하고, 그 원칙 위에 질서가 세워져야 합니다. 원칙과 질서가 없으면 세상이 혼돈 속에 빠질 것이기 때문입니다. 그러나 원칙을 준수하고 질서를 유지하기란 굉장히 어렵습니다. 인류 역사상 모두의 공감을 얻어내어 모두가 기꺼이 동참한 일이란 없습니다. 잠시 공감을 얻은 것 같아도 이해관계에 따라 곧 흩어지곤 했습니다. 그러니 폭력을 써야 했을 것입니다. 그러나 폭력을 써보면 원래 의도한 정도에서 멈춰지지 않습니다. 이처럼 폭력으로는 공의를 만들어내지 못합니다. 평화도 행복도 만들어내지 못합니다. 그렇다면 우리는 어떻게 해야 할까요? 우리 삶은 어찌하면 좋을까요? 성경은 이런 우리를 향해 말을 걸고 있습니다.

이런 곤경을 해결할 능력이 우리에게 없다는 것을 고백하지 않는 이상, 인류 역사와 인생은 가치를 지닐 수 없습니다. 인류 역사와 인생의 가치는 해결책을 찾는 데 있지 않고, 우리의 한계를 아는 데 있기 때문입니다.

현실과 생애 속에서 자신의 한계를 알게 된다는 것은 무슨 뜻일까요? 그것은 우리가 선택의 여지가 전혀 없는, 모순되고 제한된 조건 속에 있음을 뜻하는 것이 아닙니다. 그것은 우리의 소원이 이 세상이 가지고 있는 것보다 더 크다는 것을 깨닫는 것을 의미합니다. 우리의 한계를 알게 될 때, 세상이 우리의 영원한 집이 될 수 없으며 우리는 세상이 주는 것으로 만족할 수 없는 존재라는 것을 실감하게 됩니다. 그것이 역사와 인생을 통해 발견하게 되는 가치입니다.

여러분의 분노와 원망은 어디서 오는 것일까요? 할 수 있는데 못했다고 생각하는 데서부터 옵니다. 그런데 해냈다고 해서 반드시 만족스럽지도 않습니다. 우리는 세상이 줄 수 없는 것을 소원하는 존재로 지음받았습니다. 소원하는 것이 무엇인지 우리 스스로는 모릅니다. 인생을 살면서 다들 경험하셨을 것입니다. 다들 저것이 답이라고 하여 애써 얻어 보았으나 답이 아니었다는 사실을 말입니다.

여러분, 다시 젊은 시절로 돌아가고 싶습니까? 다시 돌아간다고 해도, 한 번 더 고생해보는 것 외에 아무것도 나을 게 없습니다. 지금 다시 돌아가자고요? 군대에서 이런 말을 들어본 적이 있을 것입니다. 고참이 자기 밑에 졸병 하나 들어오면 "야, 내가 너라면 지금 목매달고 죽겠다"라고 하지요. 알고는 군대 생활 못한다는 말입니다. 삶도 마찬가지입니다. 몰라서 살게 된 것 아닙니까? 지금 이 이야기를 하고 있는 것입니다. 그러니 정신을 차리고 들어야 합니다.

마땅한 도리를 지켜야 한다, 진심을 바쳐야 한다, 이런 말이 틀린 것은 아닙니다. 우리의 당연한 책임입니다. 그러나 이 당연한 책임을 다하기 위해 우리가 동원할 수 있는 것은 이해관계, 이기적 판단 외에 아무것도 없습니다. 사회와 국가를 위해서 정의를 수호한다고 해도 언제나 폭력이 수반되고 많은 국민이 손해를 봅니다. 이것이 인류 역사의 증언입니다.

여러분이 억울한 일을 당하여 거리에서 아무리 고함을 질러도 지나가는 사람들은 여러분을 보며 조용히 좀 하라고 눈살을 찌푸립니다. 말 못할 괴로움 때문에 참을 수 없어 지르는 비명에도 누구 하나 와서 무슨 일인지 물어봐주는 이가 없습니다. 자신의 형편을 벗어나 다른 사람을 돌아볼 여유가 없기 때문입니다. 여러분, 정의를 추구하고 싶습니까? 그러기 위해서는 먼저 하나님을 알아야 합니다. 하나님의 자녀가 되어야 합니다. 여러분 자신이 진정한 정의 안에 거하는 것 외에 정의를 세울 수 있는 방법은 없기 때문입니다.

사랑, 기다려주는 시간

우리에게 마땅한 도리란 무엇일까요? 도덕일 수도 있고 윤리일 수도 있고 법일 수도 있습니다. 성경은 율법의 완성이 사랑이라고 가르칩니다. 사랑이 무엇입니까? 사랑은 눈물이 그렁그렁해서 자기감정에 도취하는 것이 아닙니다. 모두 알고 있겠지만, 사랑에 관한 말씀을 다시 한 번 오늘 본문에 비추어 생각해봅시다. 고린도전서 13장입니다.

> 사랑은 오래 참고 사랑은 온유하며 시기하지 아니하며 사랑은 자랑하지 아니하며 교만하지 아니하며 무례히 행하지 아니하며 자기의 유익을 구하지 아니하며 성내지 아니하며 악한 것을 생각하지 아니하며 불의를 기뻐하지 아니하며 진리와 함께 기뻐하고 모든 것을 참으며 모든 것을 믿으며 모든 것을 바라며 모든 것을 견디느니라
> (고전 13:4-7)

사랑에는 아주 중요한 두 요소가 있습니다. 하나는 상대를 위하는 것이고, 다른 하나는 기다려주는 것입니다. 이처럼 사랑은 상대가 있어야 하고, 시간이 필요합니다. 사랑과 대조되는 것이 법이고 원칙입니다. 법과 원칙에는 인격이 없습니다.

사랑에는 상대와 상대를 위하는 '나'라는 인격이 존재합니다. 사랑은 상대를 위하는 것입니다. 그러나 법은 누구를 위하지 않습니다. 마치 칼과 같습니다. 칼을 든 사람이 누구냐에 따라, 살해 도구가 되기도 하고 식도가 되기도 합니다. 마찬가지로 법 자체에는 의지도 판단도 관용도 없습니다. 누가 잡느냐에 달려 있지요.

그런데 우리는 법이나 원칙과 같이 인격이 없는 개념에 몰두하는 바람에 자신의 구체적인 현실과 한계 속에서 나는 무슨 일을 해야 하는가, 이런 생각을 늘 외면해왔습니다. 개인과 구체성을 벗어나니 실체가 없는 개념이 칼춤을 추고 있었던 것입니다. 좋은 말일 뿐 어디에도 쓸 수 없는 이야기만 돌아다니게 된 것입니다. 오늘 본문이 그것을 말하고 있습니다.

우리는 서로 사랑해야 합니다. 기다려줄 수 있어야 하고 상대방을 존중해야 합니다. 지금 판단으로 보면 그는 당장 벌을 받아야 할 만큼 가망 없는 존재일지 모르지만, 시간이 지나면 사람은 변합니다. 꼭 나쁜 쪽으로만 변하는 것이 아닙니다. 자라나 크고 성숙하게 됩니다. 어른이 됩니다. 아이 때 가진 생각과 어른이 되어서 가지는 생각은 비교할 수 없는 것입니다.

　세상은 상대를 존중하지 않고 기다려주지 않습니다. 왜 그럴까요? 막연하기 때문입니다. 상대방의 변화를 기다려줄 여유가 없습니다. 기다림은 다만 허비하며 시간을 흘려보내는 것으로 여길 뿐입니다. 상대방을 존중한다 해도 그것은 다만 무관심의 이면에 불과합니다. 기독교에서만 기다림과 존중이 가치를 갖습니다. 하나님이 시간과 존재의 주인이시기 때문입니다. 그런 하나님이 당신의 성품과 의지로 모든 존재들을 만드시고 목적하십니다. 이것이 우리의 믿음입니다. 하나님이 만드신 것 중에 잘못되어 끝나는 경우란, 망하여 끝나는 일이란 없다고 우리는 믿습니다.

　이 믿음을 강요할 수는 없습니다. 신자가 되지 않고는 누구도 깨달을 수 없는 것이기 때문입니다. 그러나 누구나 공감할 수 있는 사실이 하나 있습니다. 하나님이 계시다는 사실을 세상이 거부한다 할지라도 이 사실 하나만은 분명합니다. 하나님 없는 세상에 답이 있는가, 이웃과 나 이렇게 둘이 공존할 수 있는 방법이 있는가, 하고 묻는다면 모두 동일한 답을 할 것입니다. 그런 방법은 없다고 말입니다. 우리는 이것을 너무나 잘 알고 있습니다. 둘은 같은 편일 때만 좋습니다. 그런데 영원한 같은 편이란 있을 수 없습니다. 이처럼 인생은 유한하며 좋은 관계도 일시적입니다.

　그러니 우리가 걷는 인생길이 한계와 억울함과 원치 않는 장애 속에 있다는 것이 무엇을 의미하는지 모른다면, 여러분은 인간 존재와 인류 역사가 우리에게 무엇을 도전하고 있는지도 모르는 것입니다. 우리에게 쏟아져 들어오는 많은 도전이 있습니다. 이게 뭐야, 왜 이래, 왜 나는 이런 데서 태어났을까를 묻게 만드는 이 도전들이지요. 여기에 불만이 있습니까?

이 많은 도전으로 하나님은 우리에게 물으십니다. 무엇이 개선되면 네게 정답일 것 같으냐, 어느 나라에서 살면 나을 것 같으냐, 어떤 지위를 가지면 네가 명예로워질 것 같으냐, 무엇을 가지면 위대해질 것 같으냐, 계속 묻고 계십니다.

역사 내내 위인들은 언제나 위기와 고난 속에서, 억울함 속에서 빛을 발했습니다. 편안함 속에서 빛을 발한 사람은 없습니다. 무엇인가 가지고 있으면 그것을 쓰기 바빠 위대해질 틈이 없습니다. 어느 누가 고난 없이, 억울함 없이, 거스르는 현실 없이 위대해질 수 있을까요? 그러니 위대함이란 세상이 부추겨서 생겨나는 것이 아니라 세상의 한계를 직면하는 데서부터 시작하는 것입니다. 갈라디아서 5장에 가봅시다.

> 그리스도께서 우리를 자유롭게 하려고 자유를 주셨으니
> 그러므로 굳건하게 서서 다시는 종의 멍에를 메지 말라
> (갈 5:1)

자유를 주셨다고 합니다. 무슨 자유입니까? 선택의 자유입니다. 자신의 정체성과 명예를 선택할 자유, 인생을 어떻게 살 것인지를 선택할 자유가 여러분에게 주어졌습니다. 선택할 수 있는 두 길이 주어져 있다고 소개합니다.

> 육체의 일은 분명하니 곧 음행과 더러운 것과 호색과 우상 숭배와 주술과 원수 맺는 것과 분쟁과 시기와 분냄과 당 짓는 것과 분열함과 이단과 투기와 술 취함과 방탕함과 또 그와 같은 것들이라 (갈 5:19-21 상)

이것이 육체의 길입니다. 육체의 일이지요. 여기 나열된 것들은 도덕이나 윤리를 잣대로 탓할 문제가 아닙니다. 굳이 도덕이나 윤리를 들먹이지 않아도 분명한 사실이 있습니다. 이 일들은 모두 인간성을 파괴하는 것들이라는 점입니다. 누구에게 보복하려면 자신부터 먼저 망가져야 한다는 것을 여러분도 잘 아실 것입니다. 육체의 일은 이런 일을 하는 사람부터 망가트립니다. 그런 일에는 어떤 위대함도 없습니다. 먼저 자신의 인간성이 파괴됩니다. 육체의 일을 뒤에 나오는 성령의 일과 비교해보십시오.

> 오직 성령의 열매는 사랑과 희락과 화평과 오래 참음과 자비와 양선과 충성과 온유와 절제니 이같은 것을 금지

할 법이 없느니라 (갈 5:22-23)

성령의 열매는 인간성을 채우고 키워 빛을 발하게 합니다. 제가 왜 여러분에게 좋은 표정을 지으라는 이야기를 자주 하겠습니까? 여러분의 영혼이 빛을 발하지 않고서는 웃을 수 없기 때문입니다. 영혼에서부터 풍겨져 나오는 빛이 없이 얼굴만 살짝 웃는 것을 얼간이라고 합니다. 컨텍스트와 텍스트가 일치하지 않은 것이지요.

한 인간의 가치는 어떤 종류의 도전을 이겨냈느냐에서 확인되는 것이 아닙니다. 참된 가치는 이길 수 없는 일을 이기는 데에 있습니다. 해결할 수 없는 도전을 포기하지 않고 겪어내는 것이 가치 있는 것입니다. 비록 문제를 해결한 것은 아니라 할지라도 그 일로 인해 인간됨의 고유한 가치가 파괴되는 것은 거부했기 때문입니다. 정직이란 무엇일까요? 거짓말하는 것을 거부하는 것입니다. 그리하여 억울해질 수 있지요. 그러나 이렇게 하여 자신을 더럽히지 않기로 한 싸움에서 승리한 것입니다. 그렇게 자신의 존재와 가치를 지켜내는 것입니다.

하나님을 아는 자의 명예

우리는 각각 다른 조건, 다른 정황 속에 사는 서로 다른 인생이지만, 우리 모두가 직면하는 도전은 하나님을 알고 있는가, 그분의 위대하심을 아는가, 그분이 우리에게 어떤 자유를 주셨는지 아는가에 대한 것입니다. 세상은 답이 없으나 우리는 답이 있습니다. 우리만이 답을 알고 있지요.

이 도전에 쉽게 응할 수 있는 사람은 없습니다. 그러나 여러분의 영혼 깊은 곳에서 이 도전에 응하여 성령의 길을 선택해야 합니다. 매일 만나는 일상에서 이 도전에 응하여 실력을 쌓으며 살다가 주일에 모이는 것입니다. 그런데 주일에 잠깐 힘을 얻을 뿐 다시 돌아간 일상에서는 다만 소모되고 견디고 마는 인생이라면, 예배는 짧을수록 좋을 것입니다. 이렇게 가장하며 사는 것은 한계가 있기 때문입니다. 잠수도 겨우 몇 분밖에 할 수 없는 것처럼, 와서 그럴듯한 표정을 짓고 앉아 있는 것도 몇 분밖에 할 수 없을 것입니다. 그러나 그것보다 더 나아가야 합니다.

예배드리고 기도하고 찬송을 불러 얻는 유익, 이것이 전부가 아닙니다. 여러분의 일상은 하나님이 친히 여러분을 데리고 들어간 훈련장입니다. 죽을 것 같은 자리, 아무도 몰라주는 억울한 자리, 그리고 턱없는 싸움의 자리입니다. "나보고 어떻게 하라고?"라는 비명이 쏟아져 나오는 그 일들이 여러분을 다집니다.

그래, 그래봤자 죽기밖에 더하겠어, 이왕 죽기로 했으면 멋있게 죽어야지, 하는 자리까지 가게 될 것입니다. 또한 이 자리까지 가야 합니다.

이런 자리까지 가기로 결심했으면서 도대체 무엇이 겁이 납니까? 죽음도 뒤집을 수 있다는데 무엇이 겁이 납니까? 하나님이 어디에나 은혜를 담을 수 있다는데 무엇이 두렵습니까? 여러분 스스로 그런 그릇이 되어야 합니다. 다른 사람에게 보여주기 전에 여러분 안에서 차고 넘치십시오. 그러면 뜻밖에도 예수 믿는 것은 그런 것이라는 것을 아는 얼굴들이 보입니다. 아직 여러분이 거기까지 이르지 않았기 때문에 안 보이는 것입니다.

지금도 기억나는 일화가 있습니다. 제가 대학생일 때 친구들과 함께 수락산에 올라간 적이 있습니다. 정상에 오른 것이 저 스스로도 정말 기특해서 "야호! 대한민국 만세!"하며 소리치고 있는데 누가 뒤에서 말을 겁니다. "학생들, 떡 사먹어." 할머니 한 분이 말을 붙인 것입니다. 깜짝 놀랐습니다. 할머니 한 분이 한가득 떡 광주리를 이고 올라와서 팔고 계셨습니다. 에베레스트에 오른 것 같은 의기양양한 표정을 짓고 있다가 할머니의 모습을 보며 그만 무색해졌습니다.

하나님이 일하고 계십니다. 여러분 하나만 독립투사처럼 홀로 외롭게 싸우고 있지 않습니다. 돌아보십시오. 산 위에 무수한 떡장수 할머니들과 짐 나르는 할아버지들이 계십니다. 하나님이 일하고 계십니다. 그러니 겁내지 마십시오. 갈라디아서 5장은 이런 구절로 끝이 납니다.

> 그리스도 예수의 사람들은 육체와 함께 그 정욕과 탐심을 십자가에 못 박았느니라 만일 우리가 성령으로 살면 또한 성령으로 행할지니 헛된 영광을 구하여 서로 노엽게 하거나 서로 투기하지 말지니라 (갈 5:24-26)

그렇습니다. 여기는 강제력이 필요한 자리가 아닙니다. 그러니 폭력이 동원되어야 할 이유가 없습니다. 각각 누릴 복이 있는 자리입니다. 예수 믿는 자들만이 누릴 수 있는 복이 여기 있습니다. 하나님이 우리 아버지이시니까요. 그런 아버지가 계시니 여러분의 생애 속에서 당위, 진심, 현실을 묶어내어 웃을 수 있습니다. 때로는 울기도 할 것입니다. 왜 울까요? 셋을 합칠 방법이 없어서겠지요. 명분과 진심과 현실을 묶을 방법이 없어서 말입니다.

  우리는 하나님께 종종 이렇게 항의합니다. 하나님, 왜 이러십니까, 저는 순교까지 각오하고 있는데 왜 현실은 이따위입니까? 여기에 하나님이 답하십니다. 네가 죽어나가라, 선교하러 간다고 설치지 말고 여기서 죽어나가라. 그러면 우리는 자존심을 내세우며, 하나님, 시시한 일상에서 쩔쩔매기보다 차라리 선교지에 가서 장렬하게 죽겠습니다, 라고 반항합니다. 하지만 하나님은 거듭 말씀하십니다. 아니다, 지금 네 자리에서 죽어나가라. 우리가 지금 있는 이 자리가 선교지이며 하나님과 함께 일하는 위대한 자리입니다. 이 점을 잊지 마십시오.

하나님의 일하심의 공평함과 매일 더 깊이 찾아오시는 그분의 성실하심 속에서 이제 눈을 뜨고 하루하루의 은혜를 담아내십시오. 그리하여 우리 삶이 공포가 아니라 명예라는 사실을 아는 인생을 살아가십시오.

기도

하나님 아버지, 은혜를 감사합니다. 예수 믿고 사는 현실, 녹록하지는 않으나 그것은 위대한 길입니다. 우리가 만나는 모든 장애, 고난, 억울함은 다 위대하게 사용될 소품입니다. 우리 안에 하나님이 이루시고자 하는 위대함과 자랑과 영광이 드러나도록 하나님이 우리를 그리 묶으신 것이라 믿습니다. 내가 살아가는 삶, 내가 서 있는 자리, 내가 겪는 인생 속에 하나님과 동행하게 하옵소서. 그리하여 하나님의 자녀라는 명예를 담아 하나님께서 살아계시며 일하고 계신다고 세상 앞에 우리 삶으로 보일 수 있게 하여 주시옵소서. 예수님 이름으로 기도합니다. 아멘.

에필로그_

하나님이 못 담을 자리는 없다

25 그 때에 이스라엘에 왕이 없으므로
사람이 각기 자기의 소견에 옳은 대로 행하였더라

(삿 21:25)

이스라엘에서 왕의 의미

사사기는 우리가 기대하는 이렇다 할 결론도 내지 않고 또 그럴 듯한 교훈도 남기지 않은 채 막을 내립니다. 사사 시대 내내 폭력과 살상이 난무했던 비극적 실상을 이 구절로 마무리하고 있지요. "그때에 이스라엘에 왕이 없으므로 사람이 각기 자기의 소견에 옳은 대로 행하였더라."

이 구절의 의미는 무엇일까요? 왕이 있었더라면 좀 나았을까요? 그럴 거라 생각해서인지 사무엘 사사 때에 처음으로 왕을 세우게 됩니다. 그런데 이후 역사를 보면 알 수 있듯이, 이스라엘은 왕이 없던 시대보다 그리 나을 것 없는 역사를 이어가다 결국 망합니다.

구약 역사와 신약 역사, 이후 교회사까지 전부 알고 있는 우리로서는 '왕이 없어서 각자 옳은 대로 살았다'는 이 표현이 변명에 불과하다는 것을 잘 압니다. 그러니 이 구절이 단순히 사사 시대에 대한 처방을 말하는 것은 아닐 것입니다. 여기에는 훨씬 많은 내용이 들어 있습니다.

왕이 있는 것과 왕이 없는 것은 어떤 차이가 있을까요? 아마도 왕이 있으면 왕이 없을 때보다 정치, 경제, 군사, 사회, 행정 등의 영역에서 더 응집력을 발휘할 수 있을 것입니다. 왕권이 중심이 되어 모든 힘을 국가로 결집하니 동원할 수 있는 힘의 크기도

커지겠지요. 그러나 이스라엘 역사를 따라가보면, 사사 시대와 마찬가지로 왕정 시대에도 실패하는 것을 알 수 있습니다.

열왕기는 이스라엘 왕들의 통치를 소개하는 책입니다. 이 책은 왕이 잘하면 나라가 좋아지고, 왕이 못하면 나라가 몰락한다는 식의 단순한 관점에서 역사를 기록하고 있지 않습니다. 열왕기에 나오는 왕에 대한 평가는 이런 식으로 이루어집니다. 누가 왕이 되었는데 하나님 보시기에 정직히 행하여 그의 생애를 충성스럽게 보냈다, 또는 누가 왕이 되었는데 하나님 보시기에 악을 행하고 우상을 좇아 하나님의 진노를 격발하였다, 라고 평가하지요.

열왕기가 왕을 평가하는 기준은 오늘날 우리가 정치인을 평가하는 기준과 사뭇 다릅니다. 나라를 부강하게 했느냐, 백성을 편안하게 했느냐, 이런 기준은 열왕기의 기준이 아닙니다. 열왕기가 제시하는 평가 기준은 하나님께 순종하여 의를 행했느냐, 아니면 하나님의 명령을 거역하여 우상을 섬겼느냐, 입니다.

그런데 우리는 이 기준을 너무 쉽게 이해해버립니다. 누구는 하나님께 순종했고 누구는 불순종했다로 단순하게 나누지요. 이렇게 되면 초점은 하나님을 향하지 않고 순종한 사람과 불순종한 사람을 향하게 됩니다. 특히나 유교적 명분이 강한 한국 교회에서는 이런 경향이 더욱 심하지요. 하나님께 맞춰야 할 초점이 성실이나 순종과 같은 덕목으로 옮겨가는 바람에 윤리적으로 사는 일 자체가 가장 중요한 기준이 되어버립니다. 이렇게 되면 성경이 말하고자 하는 바를 가리게 됩니다.

이스라엘도 우리처럼 왕이라는 직분을 특권이나 대단한 권력으로 여기고 있었습니다. 그런데 성경이 보여주고자 하는 왕은 그런 존재가 아닙니다. 왕이란 어떤 존재인가를 이해시키기 위해 성경은 사울과 다윗을 대조하여 보여줍니다.

우선 사무엘상 15장에 가서 성경이 사울 왕에 대해 하는 이야기에 귀 기울여봅시다. 하나님은 왕이 된 사울에게 아말렉을 진멸하라는 명령을 내리십니다. 사울은 아말렉을 쳐서 항복시키지만 하나님의 명령대로 순종하기보다는 전리품을 남겨 옵니다. 이 일에 대하여 사무엘이 사울을 꾸짖습니다.

> 사무엘이 이르되 왕이 스스로 작게 여길 그 때에 이스라엘 지파의 머리가 되지 아니하셨나이까 여호와께서 왕에게 기름을 부어 이스라엘 왕을 삼으시고 또 여호와께서 왕을 길로 보내시며 이르시기를 가서 죄인 아말렉 사람을 진멸하되 다 없어지기까지 치라 하셨거늘 어찌하여 왕이 여호와의 목소리를 청종하지 아니하고 탈취하기에만 급하여 여호와께서 악하게 여기시는 일을 행하였나이까 사울이 사무엘에게 이르되 나는 실로 여호와의 목소리를 청종하여 여호와께서 보내신 길로 가서 아말렉 왕

아각을 끌어 왔고 아말렉 사람들을 진멸하였으나 다만 백성이 그 마땅히 멸할 것 중에서 가장 좋은 것으로 길갈에서 당신의 하나님 여호와께 제사하려고 양과 소를 끌어 왔나이다 하는지라 사무엘이 이르되 여호와께서 번제와 다른 제사를 그의 목소리를 청종하는 것을 좋아하심 같이 좋아하시겠나이까 순종이 제사보다 낫고 듣는 것이 숫양의 기름보다 나으니 이는 거역하는 것은 점치는 죄와 같고 완고한 것은 사신 우상에게 절하는 죄와 같음이라 왕이 여호와의 말씀을 버렸으므로 여호와께서도 왕을 버려 왕이 되지 못하게 하셨나이다 하니 (삼상 15:17-23)

하나님이 사울에게 요구하시는 것은 순종입니다. 순종한다는 것은 순종하는 사람이 궁극적 가치를 만드는 존재가 아니라는 점을 함축하고 있습니다. 일의 결정과 가치는 순종하는 자에게 달린 것이 아닙니다. 왕은 하나님이 내리시는 결정을 수행하며 하나님만이 만들어내시는 가치를 나누어주는 통로이며 수단일 뿐입니다. 이것이 왕이라는 직책에 담긴 역할입니다. 그러나 왕은 통로나 수단이 아닌 권력으로 자꾸 오해됩니다. 사울도 왕이라는 자신의 지위를 그렇게 오해하고 있었던 것이지요.

하나님께서 이스라엘에게 왕을 허락하신 이유가 무엇일까요? 이스라엘의 필요를 실제로 채우시는 이는 하나님밖에 없다는 사실을 왕이라는 존재를 통해 분명히 보여주어, 창조자이자 공급자이며 결정자이신 하나님께 모두의 시선을 집중시키기 위해서입니다. 그러니 왕이 잘하느냐 못하느냐는 그다음에 딸려오는 문제인 것이지요.

왕이 자기 역할을 제대로 못하면 이스라엘이 망합니다. 하나님에게서 오는 공급이 차단되기 때문입니다. 생명, 승리, 영광, 가치는 하나님에게서만 나오는 것인데, 왕이 통로 역할을 하지 못하면 백성에게 그것들이 가닿을 수 없습니다. 따라서 왕이 자신의 임무를 잘 수행하느냐의 여부는 비단 왕 한 사람의 운명만이 아니라 이스라엘 나라 전체에 영향이 미치는 중요한 문제가 됩니다.

이스라엘에는 세 가지 중요한 직분이 있었습니다. 왕직, 제사장직, 선지자직이 그것인데, 셋 모두 이와 같은 일을 위해 세워진 것입니다. 책임을 맡은 자들이 궁극적 권위자가 아닙니다. 하나님의 은혜를 나누는 일을 위하여 그들의 지위기 통로로 쓰임 받을 뿐입니다.

선지자직도 왕직과 마찬가지였습니다. 선지자는 혈기를 내며 자기 하나 옳다고 소리 지르는 데 그 사명이 있지 않습니다. 하나님의 뜻과 이스라엘의 거부 사이에서 빚어지는 갈등과 단절을 지적하고 이스라엘의 잘못을 꾸짖어 하나님과 백성간의 막혔던 통로를 다시 열기 위해 선지자가 존재했던 것입니다. 그러나 선지자는 백성들에게 받아들여지지 않고 다 죽습니다. 그러면 나라가 어떻게 될까요? 이스라엘도 망합니다. 나라를 빼앗기고 포로로 잡혀갑니다. 성전이 다 헐려서 제사 지낼 수도 없게 됩니다. 결국 선지자도 왕도 제사장도 모두 사라지게 되지요.

하나님과 백성의 연결 통로, 왕

이 모든 실패를 성경이 역사로 남겨놓은 이유가 무엇일까요? 성공했을 때와 마찬가지로 실패했을 때에도 궁극적 권위자가 누구인가 하는 문제는 확인되어야 하기 때문입니다. 성공이든 실패든 인간의 필요를 채우시는 근원은 변함없습니다. 하나님이 그 근원이십니다.

사무엘이 사울의 불순종에 대하여 책망하지만 막상 사울은 이 책망을 잘 이해하지 못합니다. 사울은 변명할 뿐입니다. 저는 모든 명령을 다 준수했습니다, 전리품을 남긴 것은 여호와께 제사하려고 그리한 것입니다, 라고 말입니다. 사무엘은 그런 것은 전혀 중요하지 않다고 답하지요. 왕에게 중요한 것은 순종입니다, 왕은 하나님이 하라는 대로 해야 하는 사람인데 당신은 하나님께 순종하지 않으니 이제 당신은 더 이상 왕이 아닙니다, 라고 말한 후 돌아섭니다. 그러나 사울은 사무엘을 붙잡습니다.

사울이 사무엘에게 이르되 내가 범죄하였나이다 내가 여호와의 명령과 당신의 말씀을 어긴 것은 내가 백성을 두려워하여 그들의 말을 청종하였음이니이다 청하오니 지금 내 죄를 사하고 나와 함께 돌아가서 나로 하여금 여호와께 경배하게 하소서 하니 사무엘이 사울에게 이르되 나는 왕과 함께 돌아가지 아니하리니 이는 왕이 여호와의 말씀을 버렸으므로 여호와께서 왕을 버려 이스라엘 왕이 되지 못하게 하셨음이니이다 하고 사무엘이 가려고 돌아설 때에 사울이 그의 겉옷자락을 붙잡으매 찢어진지라 사무엘이 그에게 이르되 여호와께서 오늘 이스라엘 나라를 왕에게서 떼어 왕보다 나은 왕의 이웃에게 주셨나이다 이스라엘의 지존자는 거짓이나 변개함이 없으시니 그는 사람이 아니시므로 결코 변개하지 않으심이니이다 하니 사울이 이르되 내가 범죄하였을지라도 이제 청하옵나니 내 백성의 장로들 앞과 이스라엘 앞에서 나를 높이사 나와 함께 돌아가서 내가 당신의 하나님 여호와께 경배하게 하소서 하더라 (삼상 15:24-30)

사울이 보지 못하고 있는 것이 무엇인지 여기서 드러납니다. 사울이 두려워하는 것은 백성입니다. '정치인은 국민을 두려워해야 한다'라는 말 들어보셨을 것입니다. 정치인은 국민을 위해 존재하는 사람이므로 그들을 두려워해야 한다는 뜻입니다. 그렇다고 무조건 국민의 눈치를 보아야 한다는 뜻은 아닐 것입니다. 그런데 사울은 지금 이스라엘 백성의 눈치만 살피고 있습니다. 하나님께 경배하는 일마저 사울에게는 백성의 환심을 사기 위한 수단에 불과합니다. 지금 사울은 윤리적 차원에서 실수하고 있는 것이 아닙니다. 본말이 전도되어 근거와 결과를 혼동하고 있습니다. 모든 것이 하나님에게서만 나오는데, 지금 사울이 두려워하고 염두에 두는 대상은 하나님이 아닌 것이지요.

이런 일화가 있습니다. 시골에 전기가 아직 보급되지 않던 시절의 이야기입니다. 어떤 시골 양반이 서울에 놀러갔다가 전깃불을 처음 보고 무척 신기해합니다. 그래서 주인이 잠시 자리를 비운 틈을 타 몰래 전구를 빼서 옷 속에 감추고 나옵니다. 고향에 돌아가면 동네 사람들을 다 불러다가 전구를 보여주며 놀래줄 요량이었지요. 이제 고향으로 돌아가서는 서울 다녀온 이야기를 들려준다며 사람들을 자기 집으로 불러 모읍니다. 서울 구경한 이야기를 시작하기 전에 먼저 전구를 천장에 붙여놓고서는 아무 이야기도 꺼내지 않고 어두워지기를 기다립니다. 무슨 영문인지 모르는 동네 사람들이 서울 갔다온 이야기를 들려달라며 채근하자, 잠깐 기다려보라며 손사래를 칩니다.

이 양반이 기다리는 것이 무엇일까요? 전구에 불이 들어오는 것이지요. 전구에 불만 반짝 들어오면 백 마디 이야기보다 효과가 클 것이니 말입니다. 그런데 아무리 기다려도 불이 안 들어옵니다. 이 양반은 애꿎은 전구만 계속 쳐다봅니다. 천장에 전구만 달랑 매달아놓았는데 어떻게 전깃불이 들어오겠습니까? 전력이 공급되어야 불이 켜질 것 아닙니까?

이처럼 사울은 전깃불이 어떻게 켜지는지, 어디에서 전력이 공급되는지 모르는 사람과 같습니다. 그는 자신의 힘이 백성에게서 나온다고 착각하고 있습니다. 그러나 왕의 힘은 거기서 나오지 않습니다. 오직 하나님에게서 나옵니다. 하나님으로부터 공급되는 힘을 받아서 백성에게 나눠주어야 하는 것입니다. 사울이 이 점을 틀리고 있지요.

사울과 대비하여 이제 다윗에 대해 생각해봅시다. 다윗은 어떠했을까요? 사울과 다윗의 차이가 자주 오해되기에 여기서 분명히 해둘 필요가 있습니다. 사무엘하 7장에 가봅시다. 다윗이 하나님께 중요한 약속을 받는 장면이 나오는데, 이 본문을 잘 이해해야 합니다.

> 여호와께서 주위의 모든 원수를 무찌르사 왕으로 궁에 평안히 살게 하신 때에 왕이 선지자 나단에게 이르되 볼지어다 나는 백향목 궁에 살거늘 하나님의 궤는 휘장 가운데에 있도다 나단이 왕께 아뢰되 여호와께서 왕과 함께 계시니 마음에 있는 모든 것을 행하소서 하니라 그 밤

에 여호와의 말씀이 나단에게 임하여 이르시되 가서 내 종 다윗에게 말하기를 여호와께서 이와 같이 말씀하시되 네가 나를 위하여 내가 살 집을 건축하겠느냐 내가 이스라엘 자손을 애굽에서 인도하여 내던 날부터 오늘까지 집에 살지 아니하고 장막과 성막 안에서 다녔나니 이스라엘 자손과 더불어 다니는 모든 곳에서 내가 내 백성 이스라엘을 먹이라고 명령한 이스라엘 어느 지파들 가운데 하나에게 내가 말하기를 너희가 어찌하여 나를 위하여 백향목 집을 건축하지 아니하였느냐고 말하였느냐 그러므로 이제 내 종 다윗에게 이와 같이 말하라 만군의 여호와께서 이와 같이 말씀하시기를 내가 너를 목장 곧 양을 따르는 데에서 데려다가 내 백성 이스라엘의 주권자로 삼고 네가 가는 모든 곳에서 내가 너와 함께 있어 네 모든 원수를 네 앞에서 멸하였은즉 땅에서 위대한 자들의 이름 같이 네 이름을 위대하게 만들어 주리라 내가 또 내 백성 이스라엘을 위하여 한 곳을 정하여 그를 심고 그를 거주하게 하고 다시 옮기지 못하게 하며 악한 종류로 전과 같이 그들을 해하지 못하게 하여 전에 내가 사사에게 명령하여 내 백성 이스라엘을 다스리던 때와 같지 아니하게 하고 너를 모든 원수에게서 벗어나 편히 쉬게 하리라 여호와가 또 네게 이르노니 여호와가 너를 위하여 집을 짓고 네 수한이 차서 네 조상들과 함께 누울 때에 내가 네 몸에서 날 네 씨를 네 뒤에 세워 그의 나라를 견고하게 하리라 (삼하 7:1-12)

다윗은 고생을 많이 한 사람입니다. 그는 골리앗을 죽여 국민 영웅이 되었으나 사울의 미움을 받아 계속 피난 생활을 합니다. 도망 다니는 와중에 목숨을 부지하고자 별별 짓을 다하다가 오랜 도피 생활 끝에 비로소 왕위에 오릅니다. 왕위에 등극한 다윗은 이웃 나라들을 정복하여 강성한 나라의 기틀을 닦습니다. 이제 나라가 좀 평안해지자 그는 하나님을 위하여 성전을 지어야겠다는 마음을 먹지요. 그런데 하나님이 선지자를 보내 꾸짖으십니다. 이 부분을 잊지 말아야 합니다.

선지자가 전하는 하나님의 말씀은 이렇습니다. 네가 나를 위해서 해줄 수 있는 것은 없다, 모든 좋은 일은 나에게서만 나온다, 그런 일은 나만이 할 수 있다, 내가 너를 위대하게 할 것이다, 내가 네 몸에서 날 자식을 네 뒤에 세워 네 나라를 견고하게 하겠다, 네 나라와 네 왕권을 영원하게 하겠다, 이것은 나만 할 수 있는 일이다, 내가 그렇게 할 것이다. 하나님께서 다윗에게 하신 약속입니다. 다윗이 기특한 마음을 품어서 하나님이 보상해주시는 것이 아닙니다. 다윗이 사울보다 더 진지해서 이런 약속을 받은 것도 아닙니다. 오직 하나님의 신실함으로 당신의 언약을 지켜

가신 것입니다.

사울의 삶을 보며 우리는 무엇을 확인합니까? 가치 있는 모든 선한 것이 오직 하나님에게서 나온다는 사실을 모르면, 자신의 지위를 제대로 깨닫지 못하게 된다는 것입니다. 겁낼 필요가 없는 자들에게 매이게 되고, 하나님은 우리의 수단에 불과해집니다. 본말이 전도되는 것입니다. 이는 우리도 다 경험하여 알고 있는 우리의 실상입니다.

사울과 다윗이 어떻게 그런 대조적인 삶을 살게 되었는지 성경은 그 원인을 그들에게서 찾고 있지 않습니다. 인간에게서는 선하고 가치 있는 것이 나올 수 없기 때문입니다. 인생이 의미 있게 되어 결국 승리로 귀결하는 일은 하나님만이 주실 수 있는 것입니다. 이 사실을 사울과 다윗의 생애를 통하여 우리가 확인할 수 있습니다.

다윗과 같은 사람을 세워 하나님이 우리에게 주시려고 하는 것은 무엇일까요? 신약을 여는 마태복음 1장 1절은 이렇게 시작합니다. "아브라함과 다윗의 자손 예수 그리스도의 계보라." 예수 그리스도는 모든 역사와 모든 존재와 모든 운명과 모든 가치의 주인공이신데, 이 예수가 다윗의 자손으로 오셨다고 소개되어 있습니다. 다윗을 세워 하나님이 궁극적으로 주시려고 한 것은 예수 그리스도였습니다. 하나님은 예수 그리스도의 필요성과 그의 궁극적 가치를 설명하기 위해 역사를 펼치신 것입니다. 역사와 그 안에 담긴 모든 실존, 모든 경우를 다 동원하여 우리를 예수 앞에 이르게 하십니다.

말이 안 되는 하나님의 일하심

역사 속에서 우리가 보는 것은 무엇입니까? 하나님께서는 당신이 친히 약속하신 것을 기어코 주시기 위해 우리에게 찾아와 예언하시고 설명하십니다. 그리고 우리가 우리 자신의 현실을 깨달을 수 있도록 기회도 주시고 자유도 주십니다. 심지어 하나님의 품을 벗어나려는 자유까지도 허락하십니다. 이 일이 벌어지는 현장이 역사이고 인생입니다.

하나님은 성실하심과 오래 참으심으로 이 모든 일을 허락하십니다. 예수로 목적하신 것을 이루기 위해서입니다. 우리가 원하는 대로 하도록 허락하시지만, 멸망에 이르기까지 내버려두시지는 않습니다. 우리가 돌아올 수 있게 하십니다. 그분은 우리의 못난 것을 돌보시는 의지와 능력을 가지셨기 때문입니다. 성경은 이런 하나님의 행사를 은혜라고 선포합니다. 로마서 4장으로 가봅시다.

그런즉 육신으로 우리 조상인 아브라함이 무엇을 얻었

다 하리요 만일 아브라함이 행위로써 의롭다 하심을 받
았으면 자랑할 것이 있으려니와 하나님 앞에서는 없느니
라 성경이 무엇을 말하느냐 아브라함이 하나님을 믿으매
그것이 그에게 의로 여겨진 바 되었느니라 일하는 자에
게는 그 삯이 은혜로 여겨지지 아니하고 보수로 여겨지
거니와 일을 아니할지라도 경건하지 아니한 자를 의롭다
하시는 이를 믿는 자에게는 그의 믿음을 의로 여기시나
니 일한 것이 없이 하나님께 의로 여기심을 받는 사람의
복에 대하여 다윗이 말한 바 불법이 사함을 받고 죄가 가
리어짐을 받는 사람들은 복이 있고 주께서 그 죄를 인정
하지 아니하실 사람은 복이 있도다 함과 같으니라

(롬 4:1-8)

아브라함은 믿음의 조상입니다. 아브라함이 믿음의 조상이라는 것은 하나님의 사람이 될 자격과 조건이 그에게 있었다, 이런 말이 아닙니다. 하나님이 어떻게 일하시는지 보여주는 대표적인 사람이 아브라함이라는 것입니다.

'아브라함이 하나님을 믿으매 그것이 그에게 의로 여겨진 바 되었느니라'라는 구절을 생각해봅시다. 여기서 믿음이란, 하나님이 일하시는 방법을 가리킵니다. 구원이라는 결과를 만들어내는 것은 하나님의 일하심입니다. 우리가 생각하는 모든 조건을

뛰어넘는 것이지요. 구원을 만들어낼 것이라고 오해하며 우리가 충족시키려는 어떤 조건도 뛰어넘는 것입니다. 즉 믿음은 기계적으로 작동하는 조건이나 이해관계 같은 것을 뜻하지 않습니다. 우리가 이해하거나 소원하는 것보다 더 높고 더 큰 하나님의 일하심, 바로 그것이 믿음입니다.

하나님이 일하시는 방법인 이 믿음이 무엇인지 보여주는 가장 큰 증거가 무엇입니까? 예수입니다. 예수는 언제 오셨습니까? 우리가 죄인일 때에 오셨습니다. 우리가 죄인일 때에 예수가 오셨다는 말의 의미가 무엇일까요? 여기 인용된 다윗의 고백에 등장하는 사람, 불법이 사함을 받고 그 죄가 가리어짐을 받고 주님이 그 죄를 인정하지 아니하실 사람에 대해서 생각해봅시다.

다윗의 이 고백은 사실 말이 안 됩니다. 죄를 지었는데도 없었던 것으로 해주시는 복을 받은 사람이라니요. 불법을 저질렀는데 그냥 사함을 받은 사람을 떠올려보면, 당연히 여러분 마음속에는 '이렇게 그럴 수가 있나'라는 생각이 들 것입니다. 우리에게 익숙한 원인과 결과의 법칙에 정면으로 반하기 때문입니다. 그러나 이 원칙을 넘어서 있는 하나님의 일하심이 여기 있습니다. 우리는 우리 자신도 다 책임질 수 없는 존재입니다. 벌을 받아 마땅한 일을 저질렀는데, 이런 곤경에 처한 우리의 문제를 해결하시는 하나님의 능력이 있습니다. 믿음이 가리키는 것이 이것입니다. 잘못한 자를 처벌하여 세우는 의가 아니라 그런 자를 구원하여 세우는 의가 여기 펼쳐집니다. 우리의 이해를 넘어서는 신비, 그렇게 큰 하나님의 일하심이 예수입니다. 그러니 18절부터 다시 봅시다.

> 아브라함이 바랄 수 없는 중에 바라고 믿었으니 이는 네 후손이 이같으리라 하신 말씀대로 많은 민족의 조상이 되게 하려 하심이라 그가 백 세나 되어 자기 몸이 죽은 것 같고 사라의 태가 죽은 것 같음을 알고도 믿음이 약하여지지 아니하고 믿음이 없어 하나님의 약속을 의심하지 않고 믿음으로 견고하여져서 하나님께 영광을 돌리며 약속하신 그것을 또한 능히 이루실 줄을 확신하였으니 그러므로 그것이 그에게 의로 여겨졌느니라 (롬 4:18-22)

아브라함은 자식이 없는데도 '열국의 아비'라는 이름을 갖게 됩니다. 자식이 없는데 '열국의 아비'로 불리는 것은 아브라함 자신도 받아들이기 어려웠을 것입니다. 비유하자면, 자동차는 없는데 번호판은 있는 것과 마찬가지이지요. 자동차는 없으면서 자동차 등록세는 계속 나오는 형국입니다. 자식은 없는데 열국의 아비가 될 것이라는 이 말씀이 무슨 뜻인가에 대해 25절은 다음과 같이 풀어 설명합니다.

> 예수는 우리가 범죄한 것 때문에 내줌이 되고 또한 우리
> 를 의롭다 하시기 위하여 살아나셨느니라 (롬 4:25)

우리가 예수를 죽입니다. 예수를 죽인 나를 구원하기 위하여 우리 손에 죽은 예수가 다시 살아나 찾아오시는 것입니다. 그것이 부활입니다. 우리가 이건 아니다, 라고 해서 죽인 바로 그 예수, 그렇게 우리 손에 죽은 예수가 부활하여 그 부활 생명에 우리를 끌어넣으십니다. 그래서 예수는 우리에게 이렇게 말씀하실 수 있습니다. 네가 죽인 네 자신, 스스로도 자기 자신을 못 견뎌 죽어버린 네 자신도 내가 다시 살려낼 것이다. 이것이 예수의 부활입니다.

은혜가 품지 못할 자리는 없다

다시 사사기 마지막 구절로 돌아와봅시다. 사사 시대에 대해 '그때에 이스라엘에 왕이 없어서 각기 자기의 소견에 옳은 대로 행하였다'라고 평가한 결론을 앞서 살펴보았습니다. 당시는 왕이 없어서 몰랐다, 왕이 없어서 못했다, 이렇게 변명하는 것입니다. 이미 확인했듯, 왕이 있을 때도 잘하지 못했습니다. 이 일을 사무엘서와 열왕기가 잘 보여주고 있습니다. 왕이 있어도 못했다, 왕

스스로도 몰랐다, 이런 사실이 이스라엘 역사 속에 끊임없이 증명되지요.

그러나 여기에도, 이런 역사에도 하나님은 당신의 은혜를 담으십니다. 우리가 선택한 죄의 자리, 죄로 말미암아 마땅히 받아야 할 징벌과 심판이라는 자리까지 하나님은 포기하지 않으십니다. 그 자리까지 찾아가 일하셔서 오직 하나님 당신에게서만 생명과 승리, 참된 영광이 나온다는 사실을 증거하십니다. 예수로 증거하시는 것이 그것입니다. 왕이 없어서 실패하든, 왕이 있어도 실패하든 하나님은 포기하지 않으셨다는 것을 예수의 오심으로 증거하시는 것입니다.

이런 시각에서 보면, 사사기와 열왕기가 보여주는 참혹한 사건들, 성경에 무슨 이런 내용이 있을까 싶을 만큼 끔찍한 이 모든 사건들이 전부 컨텍스트의 확장에 불과하다는 것을 알게 됩니다. 우리가 경험하고 상상하는 것보다 더 무서운 경우들이 성경에 등장합니다. 우리는 특히 사사기를 통해서 이것을 확인합니다. 배신이 있고 불륜이 있고 어리석음이 있고 공포가 있고 말 못할 잔혹함이 있습니다.

이 사건들을 보여주시며 하나님은 여러분에게 말씀하십니다. 어디까지든지 가봐라, 내가 못 담을 자리는 없다, 왕이 없어서 실패했느냐, 왕이 있어도 실패했다, 나라가 망할 수 있다, 눈 알이 뽑혀서 붙잡혀갈 수도 있다, 그러나 이 모든 것은 다만 컨텍스트에 불과하다, 너희 있는 모든 곳에 은혜와 승리를 담을 수 있다, 거기에 예수를 보내어 이 모든 것을 뒤집을 수 있다, 죽음을 부활로 뒤집을 수 있다, 그러니 망해도 괜찮다.

이제 어느덧 우리는 사사기의 결말에 와 있습니다. 우리가 알고 있다고 생각한 컨텍스트가 실은 훨씬 더 넓고 깊게 펼쳐지는 것을 보게 됩니다. 이렇게 확장되는 컨텍스트를 보며, 우리가 살아가는 삶의 모든 자리가 하나님의 은혜와 그분의 성의 안에 있다는 것을 확인하게 됩니다. 어떤 인생도 거기서 빠져나갈 수 없습니다. 사사기를 붙들고 나는 억울해, 나는 아닐 거야, 라는 생각을 이제 넘어섭시다. 그러면 예수 믿는다는 말의 의미를 더 깊이 이해하게 될 것입니다.

어떤 인생도, 어떤 경우도 하나님의 은혜가 품지 못할 자리는 없다고 사사기는 말씀합니다. 사사기 말씀 속에 담긴 이 은혜를 발견하여 여러분의 억울하고 남루한 인생을 끌어안고 담대함과 늠름함으로 나아가기 바랍니다.

기도

하나님 아버지, 은혜를 감사합니다. 하나님의 은혜가 얼마나 크고 깊고 충만한지 확인합니다. 우리가 서 있는 자리에 주께서 들어오셔서 우리를 끌어안으셨습니다. 또 부활하시고 하늘 보좌에 앉으셨습니다. 이렇게 성경 말씀이 증거하는 이 모든 것을 믿습니다. 이 믿음을 가지고 우리의 현실을 감수하게 하옵소서. 하나님이 어떻게 은혜를 담아내시고 증거하시고 나누어주시는지 깨달아 왕같이, 제사장같이, 선지자같이 우리 인생을 살게 하옵소서. 예수님 이름으로 기도합니다. 아멘.

성구
색인

창세기
창 28:10-15 • 97

출애굽기
출 15:19-21 • 209

레위기
레 20:1-3 • 294

신명기
신 8:1-3 • 155
신 8:15-16 • 159
신 32:1-3 • 163

여호수아
수 24:1-13 • 15

사사기
삿 1:1-7 • 12
삿 1:27-36 • 32
삿 2:1-10 • 56
삿 2:11-15 • 365
삿 2:16-23 • 82
삿 3:1-3 • 152
삿 3:1-6 • 106
삿 3:7-11 • 124
삿 3:16-25 • 148
삿 4:4-10 • 172
삿 5:4-5 • 195
삿 5:12-16 • 194
삿 5:19-21 • 196
삿 6:6-10 • 218
삿 6:7-10 • 223, 251
삿 6:11-13 • 225
삿 8:22-28 • 244
삿 8:29-31 • 267
삿 9:7-15 • 266
삿 12:1-7 • 290
삿 12:4 • 300
삿 14:10-14 • 310
삿 16:27-31 • 336
삿 17:1-6 • 360
삿 18:7 • 368

삿 20:1-10 • 386
삿 21:1-7 • 408
삿 21:25 • 430

사무엘상

삼상 4:1-11 • 392
삼상 8:4-7 • 252
삼상 13:8-12 • 254
삼상 15:17-23 • 434
삼상 15:24-30 • 437
삼상 15:24-31 • 256

사무엘하

삼하 7:1-12 • 441

욥기

욥 1:6-12 • 306

시편

시 8:1-2 • 176
시 12:1-4 • 296
시 12:5 • 298
시 12:6 • 298
시 105:16-22 • 25
시 119:71-75 • 116

이사야

사 1:2-4 • 394
사 1:2-6 • 164
사 42:8 • 115
사 53:1-3 • 75
사 53:4-6 • 76
사 53:6-7 • 138
사 53:7-8 • 326

호세아

호 11:8-9 • 113, 160

마태복음

마 11:20-24 • 180

마 11:25-30 • 181
마 22:34-40 • 110

마가복음
막 4:35-41 • 151

누가복음
눅 1:46-55 • 210
눅 15:11-32 • 93

요한복음
요 8:31-42 • 46
요 15:9-15 • 347
요 15:16 • 348
요 16:1-11 • 183

사도행전
행 2:22-24 • 316
행 2:22-28 • 321

로마서
롬 3:19-20 • 280
롬 3:20-26 • 281
롬 4:1-8 • 444
롬 4:17-25 • 324
롬 4:18-22 • 446
롬 4:25 • 343, 447
롬 5:1-8 • 330
롬 6:19-22 • 50
롬 6:23 • 53
롬 8:18-21 • 120
롬 8:38-39 • 350
롬 13:8-10 • 396

고린도전서
고전 1:18-21 • 301, 318
고전 13:1-3 • 399
고전 13:4-7 • 417
고전 15:51-58 • 168

갈라디아서
갈 5:1 • 100, 420

갈 5:19-21 • 421
갈 5:22-23 • 101, 422
갈 5:24-26 • 425

에베소서
엡 4:17-20 • 40, 374
엡 4:17-24 • 236
엡 4:22-24 • 376
엡 4:25-28 • 377
엡 4:25-32 • 239
엡 5:14-17 • 379
엡 5:15-16 • 258
엡 5:17-18 • 259
엡 5:18 • 381
엡 5:19-21 • 261

빌립보서
빌 1:20-21 • 143
빌 1:20-26 • 356
빌 2:5-11 • 188

골로새서
골 2:12-15 • 277

히브리서
히 5:7-10 • 137

요한일서
요일 4:7-8 • 112